中国信托业发展报告
（2022）

清华大学法学院金融与法律研究中心　著

战略合作伙伴　昆仑信托有限责任公司

北　京

图书在版编目(CIP)数据

中国信托业发展报告.2022／清华大学法学院金融与法律研究中心著. －－北京：中国经济出版社,2022.4
ISBN 978－7－5136－6877－4

Ⅰ.①中… Ⅱ.①清… Ⅲ.①信托业－研究报告－中国－2022 Ⅳ.①F832.49

中国版本图书馆 CIP 数据核字(2022)第 055431 号

责任编辑　严　莉
责任印制　巢新强
封面设计　任燕飞

出版发行	中国经济出版社
印 刷 者	北京力信诚印刷有限公司
经 销 者	各地新华书店
开　　本	787mm×1092mm　1/16
印　　张	15.75　彩页印张　0.5
字　　数	267 千字
版　　次	2022 年 4 月第 1 版
印　　次	2022 年 4 月第 1 次
定　　价	228.00 元

广告经营许可证　京西工商广字第 8179 号

中国经济出版社 网址 www.economyph.com 社址 北京市东城区安定门外大街 58 号 邮编 100011
本版图书如存在印装质量问题，请与本社销售中心联系调换（联系电话：010－57512564）

版权所有　盗版必究（举报电话：010－57512600）
国家版权局反盗版举报中心（举报电话：12390）　　服务热线：010－57512564

中国信托业发展报告
（2022）

高 级 顾 问	黄 达　江 平　高传捷
学术委员会主任	施天涛
专家委员会主任	夏 斌
专家委员会成员	王增业　姚江涛　傅 强　江 龙　崔 斌 陈 赤
编委会主任委员	周小明　邢 成
编委会副主任委员	赵廉慧　矫德峰　袁吉伟　秦红军　曹丽思
编 委 会 委 员	龚先念　陈镜宇　和晋予　徐绍颖　杨靖坤 柴淑琴　谢运博　王 楠　胡 萍　赵 义 孙笑玥　尤浩然　邢知远　徐 倩　胡国文 冯宇楠　辛 清　孙 竟　宫淑梅　刘 庆 高 丽　李 薇　张雅兰
主　　　　编	周小明　邢 成

专家委员会主任：

夏　斌
国务院参事、当代经济学基金会理事长

专家委员会成员：

王增业　昆仑信托有限责任公司　　　董事长

姚江涛　中航信托股份有限公司　　　董事长

傅　强　国投泰康信托有限公司　　　总经理

江　龙　杭州工商信托股份有限公司　总　裁

崔　斌　陆家嘴国际信托有限公司　　总经理

陈　赤　中铁信托有限责任公司　　　总经理

王增业
昆仑信托有限责任公司　董事长

姚江涛
中航信托股份有限公司　董事长

傅　强
国投泰康信托有限公司　总经理

江　龙
杭州工商信托股份有限公司　总裁

崔　斌
陆家嘴国际信托有限公司　总经理

陈　赤
中铁信托有限责任公司　总经理

前　言

清华大学法学院金融与法律研究中心是我国迄今唯一一家将信托与法律融合为一体的专业研究机构，中心长期专注和致力于国内外金融信托与法律理论和实践的研究，深度参与和见证了中国信托业的发展与信托制度建设历程。

《中国信托业发展报告》（2004—2022年）已连续出版十九年。报告以翔实的数据和权威的观点，成为信托业监管、业界经营管理、委托人业投资理财以及信托研究重要的决策参考资料，受到热烈的欢迎。在充分总结前几部《中国信托业发展报告》编著与出版经验的基础上，清华大学法学院金融与法律研究中心继续推出本年度的《中国信托业发展报告（2022）》。本报告沿袭了一贯秉承的以事实案例和数据统计为根据的研究理念，高度贴近市场与实践，以专业的高度、公正的观点，全面分析了2021年信托业发展的现状，总结存在的问题，提出操作性强的方案，并对2022年中国信托业的发展前景和趋势做出预测。报告的研究范围涵盖2021年信托业发展的热点和难点问题，牢牢把握党的十九届六中全会以来提出的防范化解重大金融风险的重大战略决策，围绕"加速转型创新，全力防控风险"这一主线，从行业分析、信托公司、信托产品、信托市场、法规与政策、焦点问题几个方面，对2021年和2022年的中国信托业进行了全景式的回顾、总结、解析与展望，提出了一系列既具理论高度又有操作价值的思路、观点和理念，是一部极具学术价值和实用价值的行业性发展报告。

本报告的主要编写人员为：周小明、邢成、赵廉慧、袁吉伟、矫德峰、秦红军、曹丽思、徐绍颖等。其中周小明、邢成负责创意和总纂；邢成独立及与王楠、秦红军、曹丽思、谢运博等共同撰写完成第一、第二、第四章；袁吉伟撰写第三章；赵廉慧撰写第五章；龚先念等撰写第六章。

本报告在编写过程中，有关数据得到中国银行保险监督管理委员会信托监管部和中国信托业协会的大力支持；报告中部分资料参考、引用了有关专家、机构和网站的数据和观点；本报告在出版过程中，还得到了昆仑信托有限责任公司、中航信托有限责任公司以及中国经济出版社总编辑毛增余、责任编辑严莉的大力支持，在此一并表示衷心的感谢。

清华大学法学院金融与法律研究中心
2022年3月

目 录

第一章　2021 年中国信托业回顾与展望 …………………………………… 1

第一节　2021 年宏观经济形势分析与 2022 年展望 ………………………… 3
一、"后疫情"时代全球经济复苏存在不确定性 ……………………………… 3
二、我国经济强势复苏，产业间差异明显 …………………………………… 5
三、消费与投资缓中趋稳，持续复苏尚存压力 ……………………………… 6
四、企稳政策显效，CPI 与 PPI 剪刀差收窄 ………………………………… 7
五、制造业 PMI 缓慢回升，非制造业 PMI 持续下滑 ……………………… 9
六、外部供给不足促使我国贸易顺差稳步回升 …………………………… 10
七、2022 年经济形势展望 ……………………………………………………… 11

第二节　2021 年金融货币政策分析与 2022 年展望 ……………………… 12
一、广义货币增速回落趋稳 …………………………………………………… 12
二、社会融资规模增速同比回落，债券市场运行趋于平稳 ……………… 14
三、人民币汇率指数持续走强 ………………………………………………… 16
四、金融市场顶层设计频出 …………………………………………………… 17
五、2022 年金融货币政策展望 ……………………………………………… 22

第三节　宏观金融政策对信托业的主要影响 ……………………………… 24
一、信托产品收益回调趋稳、波动放缓 …………………………………… 24
二、信托业务转型露端倪 ……………………………………………………… 25
三、信托业务规范性不断强化 ………………………………………………… 26
四、信托业国际化步伐加速 …………………………………………………… 27

第四节　2021 年中国信托业发展现状与特征分析 ……………………… 28
一、信托资产规模低位企稳，资本实力持续增强 ………………………… 28
二、信托资金结构优化，行业转型成果显现 ……………………………… 32
三、监管新政密集出台，严监管态势有增无减 …………………………… 34

四、标品转型加速,TOF/FOF 序列成主导产品 …… 45
五、慈善信托担当重任,第三次分配彰显优势 …… 47
六、家族信托展业遭遇瓶颈,高质量发展任重道远 …… 51
七、房地产行业"爆雷"不断,地产信托业务"雪上加霜" …… 55
八、加强地方隐债管理,"政信"业务开展受阻 …… 59
九、行业风险加速出清,防控系统性风险仍是第一要务 …… 63
十、推进金融科技创新,助力行业高质量转型 …… 65
十一、绿色信托已成共识,碳信托创新方兴未艾 …… 67
十二、2022 年信托业发展趋势展望 …… 70

第二章　信托机构 …… 81
第一节　喜忧参半:信托公司 2021 年经营指标概览 …… 83
一、营业收入平均值小幅增长,主要由头部信托公司拉动 …… 83
二、净利润的区间分布与增速呈明显分化 …… 85
三、净资产整体增长,ROE 有所下降 …… 86
四、结语 …… 87
第二节　2021 财年现存信托机构数量 …… 88
第三节　信托公司经营分析 …… 90
一、主要财务指标分析 …… 91
二、信托公司资产规模分析 …… 103
三、盈利能力分析 …… 106

第三章　集合资金信托产品 …… 111
第一节　集合资金信托产品及业务发展概况 …… 113
一、2021 年集合资金信托产品发行概况 …… 113
二、信托产品的资金运用方式 …… 115
三、信托产品的资金投向 …… 115
第二节　房地产信托产品及业务发展概况 …… 116
一、整体概况 …… 116
二、房地产信托产品发行概况 …… 118
三、房地产创新产品 …… 118

四、房地产信托发展展望 ·· 120

第三节　工商企业信托产品及业务发展概况 ·· 121

　　一、工商企业信托产品发行情况 ·· 121

　　二、主要创新产品与案例 ··· 123

第四节　基础设施类信托产品及业务发展概况 ··· 126

　　一、基础设施类信托产品发行情况 ··· 126

　　二、基础设施类信托产品创新 ··· 126

　　三、基础设施类信托产品发展展望 ··· 127

第五节　证券投资信托及业务发展概况 ··· 128

　　一、证券市场状况 ·· 128

　　二、证券投资信托产品发行情况 ·· 129

　　三、证券投资信托产品创新 ·· 130

　　四、证券投资信托发展展望 ·· 131

第六节　信托业务创新及特色发展 ·· 132

　　一、培训预付金信托创新发展 ··· 132

　　二、养老信托创新发展 ·· 132

　　三、物业管理服务信托创新发展 ·· 133

第七节　2022年信托产品创新转型趋势和展望 ·· 134

第四章　2021年泛资产管理市场：严监管与促转型　　137

第一节　2021年泛资管市场：抓住机遇、迎接挑战 ································· 139

　　一、银行理财：规模持续调整、业务转型升级 ································· 139

　　二、信托资管：转型成效显著、发展目标明确 ································· 150

　　三、基金管理：规模再创新高、挑战与机遇并存 ······························ 160

　　四、期货资管：业绩再创新高、规模稳步提升 ································· 172

　　五、券商资管：收入有所增加、转型持续进行 ································· 176

　　六、保险资管：持续保持增长、面临崭新环境 ································· 180

　　七、基金子公司：情况喜忧参半、探索转型方向 ······························ 183

　　八、银行理财子公司：开局即逢转型、发展迎来机遇 ······················· 187

第二节　2021年泛资管市场相关政策及解读 ··· 191

　　一、《理财公司理财产品流动性风险管理办法》 ······························ 191

二、《关于规范基金投资建议活动的通知》……193
三、《期货经营机构资产管理业务备案管理规则》……195

第五章　2021年信托法规评述……197

第一节　服务信托的规则和实践……199
一、界定服务信托……199
二、服务信托的类型……200
三、用好服务信托,促进共同富裕……202
四、服务信托的新天地——物业相关服务信托……204

第二节　完善信托法律基础设施建设的新探索……206
一、《关于在上海开展信托财产查询试点的意见》要点……206
二、《关于在上海开展信托财产查询试点的意见》的适用范围有限……207
三、《关于在上海开展信托财产查询试点的意见》适用的交易场景有限……207
四、欠缺违反查询义务的后果……208
五、强行要求金融机构查询效率不高……208
六、财产的原所有人的债权人查询的意义不大……209
七、《关于在上海开展信托财产查询试点的意见》中的"财产所有人"是谁？……209
八、小结……210

第三节　行业对类家族信托业务的新探索……210
一、关于信托产品名称和设立门槛……210
二、关于"他益信托"属性……211
三、关于"不可撤销"……211
四、关于"以主动管理的公募基金为投资标的"……212
五、暧昧的术语、严监管和自我审查用力过猛……212
六、将受益人限定在家庭成员是错误的……212

第四节　信托法修改的展望及建议……216
一、信托登记和信托税制不是修订信托法所能解决的……216
二、坚持信托法是调整民事、商事和慈善信托基本法的定位……216

三、受托人义务的规则只可能是抽象性规范,很难达到人们期待的可操作性 …………………………………………………………………………………… 217

四、法院在民事信托领域的管理权增加,信托法的实施离不开司法功能的变革 ……………………………………………………………………………… 218

五、现行信托法存在的不足 ………………………………………………… 218

六、坚持信托法作为私法的任意性 ………………………………………… 219

七、宣传信托法及信托观念 ………………………………………………… 219

八、一个并非不切实际的期待 ……………………………………………… 219

第六章 焦点探析:日本信托业史上的四次转型及对中国信托业的启示 …………………………………………………………………………………… 221

第一节 日本信托业历史沿革及其借鉴启示 ………………………………… 223

一、始于1922年的规范发展转型 …………………………………………… 223

二、1948年的信托银行混业经营转型 ……………………………………… 225

三、1952—1953年的长期金融功能转型 …………………………………… 226

四、始于1992年的以受益权转换功能为主的转型 ………………………… 228

五、对中国信托业转型的启示 ……………………………………………… 236

第二节 资管新规背景下中国信托业转型方向及市场机遇 ………………… 239

一、"防风险"让位"稳增长",REITs持续扩容下的新基建投资机会 …… 240

二、"双碳"目标路线图落实下的新能源加快布局机会 …………………… 240

三、资本市场制度改革提速下的权益投资长期向好机会 ………………… 241

四、地产"政策底"走向"市场底"下的住宅融资转型商业地产投资机会 …………………………………………………………………………………… 241

五、私行货架固收产品供给不足下的固收+/FOF"非标"替代机会 …… 242

六、银行现金理财整顿下的信托现金管理产品做大机会 ………………… 242

中国信托业发展报告
（2022）

第一章

2021年中国信托业回顾与展望

第一节 2021年宏观经济形势分析与2022年展望

一、"后疫情"时代全球经济复苏存在不确定性

(一)全球经济增长率

随着全球范围应对新冠肺炎疫情冲击的措施趋于成熟和有效,以及主要经济体货币政策的宽松化趋势,全球经济在2021年持续复苏,国际货币基金组织(IMF)于2021年4月发布《世界经济展望报告》并预测,2021年全球经济将结束上一年的萎缩态势实现6%的正增长。但2021年下半年新冠肺炎疫情在部分发达经济体和低收入国家卷土重来,叠加部分发达国家的逆全球化政策,全球经济增长出现一些不确定性,IMF于2021年10月发布《世界经济展望报告》,将全球经济增速预期下调0.1个百分点,修正为5.9%。

具体而言,全球不同国家应对新冠肺炎疫情的策略与效果存在较大差异。IMF预计,2021年发达经济体经济增速较2020年明显提高,将达到5.2%;但低收入发展中国家的经济复苏动力似乎并不太强,新冠肺炎疫情对经济的负面影响将持续较长时间。IMF预计,2021年低收入发展中国家的经济增速仅为3.0%,远低于全球平均水平。此外,新兴经济体和发展中经济体将再次成为拉动全球经济增长的主要引擎。其中,亚洲新兴市场2021年的经济预期增速为7.2%,遥遥领先其他区域的新兴经济体和发展中经济体。相关内容如表1-1所示。

表1-1 全球经济增长率 (%)

项目	2020年	2021年预期	2022年预期
世界产出	-3.1	5.9	4.9

续表

项目	2020年	2021年预期	2022年预期
发达经济体	-4.5	5.2	4.5
新兴经济体和发展中经济体	-2.1	6.4	5.1
亚洲新兴市场	-0.8	7.2	6.3
欧洲新兴市场	-2.0	6.0	3.6
拉丁美洲和加勒比	-7.0	6.3	3.0
中东和中亚	-2.8	4.1	4.1
撒哈拉以南非洲	-1.7	3.7	3.8
低收入发展中国家	0.1	3.0	5.3

资料来源：国际货币基金组织（IMF）《世界经济展望报告》，2021年和2022年数据为预测值。

（二）全球商品和服务贸易情况

2021年，全球贸易展现出较强的韧性和修复能力，新冠肺炎疫情及其可能引发的地缘政治紧张局势并未对全球供应体系造成持续性的负面影响，全球贸易架构的修复体系在本次新冠肺炎疫情中得到检验。表1-2报告了2018年以来世界范围商品和服务贸易的增长情况。IMF于2021年10月发布的《世界经济展望报告》预期，2021年全球商品和服务贸易量年增长率为9.7%，抵消了2020年的大幅衰退（-8.2%），基本回到2019年新冠肺炎疫情前的水平。其中，新兴经济体出口增速为11.6%，进口增速为12.1%，较发达经济体分别高出3.6个百分点和3.1个百分点，展现更加开放的商品与服务市场水平。

从贸易条件来看，2021年发达经济体贸易条件上升趋势依旧较为稳定；新兴经济体贸易条件在经历2019年、2020年的大幅下调后，终于迎来强势回升。但IMF预计这一趋势并不会持续太久，这表明新兴经济体在全球贸易中的贸易利益主导权具有较强的外生性和不稳定性。

表1-2　2018年以来世界范围商品和服务贸易的增长情况（年变化率百分比）　（%）

项目	2018年	2019年	2020年	2021年预期	2022年预期
贸易量	3.9	0.9	-8.2	9.7	6.7
出口：发达经济体	3.6	1.2	-9.4	8.0	6.6
出口：新兴经济体	3.9	0.4	-5.2	11.6	5.8
进口：发达经济体	3.7	2.0	-9.0	9.0	7.3

续表

项目	2018年	2019年	2020年	2021年预期	2022年预期
进口:新兴经济体	4.8	-0.9	-8.0	12.1	7.1
贸易条件:发达经济体	-0.4	0.2	0.8	0.9	0.2
贸易条件:新兴经济体	1.1	-1.2	-1.0	1.6	-0.1

资料来源:国际货币基金组织(IMF)《世界经济展望报告》,2021年和2022年数据为预测值。

二、我国经济强势复苏,产业间差异明显

在全球经济复苏的大背景下,我国依然维持在新兴经济体中较快的经济增长。2021年前三季度,我国以不变价格测算的国内生产总值为79.19万亿元,同比增长9.8%,较上年同期大幅提高9.1个百分点。从产业结构来看,2021年前三季度,第一产业增加值占比为6.59%,与上年同期(6.57%)基本持平;第二产业增加值占比为37.74%,较上年同期下降1.47个百分点;第三产业增加值占比为55.67%,较上年同期提高1.45个百分点。在经济发展成绩面前,我们应注意,以不变价格测算的国内生产总值在前三季度大幅增长,极有可能是对上年新冠肺炎疫情初期经济增长过于"温和"的超调,具有明显的阶段性特征。同时,在新冠肺炎疫情的压力测试下,我国第三产业的抗冲击能力明显优于第二产业。

从季度数据来看,2021年三大产业增加值同比增速均呈下行趋势,但结构差异明显。其中,第一产业增加值同比增速变动最为稳定,前三季度在7%~8%波动;第二产业和第三产业增加值同比增速在前三季度持续下降,分别在第三季度降至3.6%和5.4%,第二产业增加值同比增速较2021年初减少甚至超过20个百分点,展现出较强的季度波动性。如表1-3所示。

表1-3 2021年三大产业增加值同比增速季度数据 (%)

分类	2020年第四季度	2021年第一季度	2021年第二季度	2021年第三季度
第一产业	4.1	8.1	7.6	7.1
第二产业	6.8	24.4	7.5	3.6
第三产业	6.7	15.6	8.3	5.4

资料来源:国家统计局。

三、消费与投资缓中趋稳，持续复苏尚存压力

2021年11月，社会消费品零售总额为41043亿元，同比增长3.9%，增速较10月回落1个百分点。其中，除汽车外的消费品零售额为37266亿元，同比增长5.4%；限额以上单位消费品零售额为16031亿元，同比增长4.2%。从2021年1—11月的累计情况来看，社会消费品零售总额为399554亿元，同比增长13.7%。其中，除汽车外的消费品零售额为360339亿元，同比增长14.0%；限额以上单位消费品零售额为147516亿元，同比增长14.9%。

按消费类型进行划分，2021年11月，商品零售额为36200亿元，同比增长4.8%。其中，石油及制品类、文化办公用品类、饮料类商品零售额同比增速分别为25.9%、18.1%和15.5%，位居前三；餐饮收入为4843亿元，同比下降2.7%，其中限额以上单位餐饮收入为880亿元，同比下降0.3%。

在网络消费方面，2021年1—11月，全国网上零售额为118749亿元，同比增长15.4%，增速较前10个月下滑2个百分点。其中，实物商品网上零售额为98056亿元，累计增长13.2%，占社会消费品零售总额的比重为24.5%，占比较2020年同期回落0.5个百分点；在实物商品网上零售额中，吃类、穿类和用类商品分别增长18.8%、11.1%和13.1%，其中，吃类、用类商品增速与2020年同期相比显著回落，穿类商品增速有所回升。

在宏观投资方面，2021年1—11月，全国固定资产投资（不含农户）为483292亿元，同比增长5.2%，增速较上年同期提高2.6个百分点，复苏趋势逐步稳定。其中，民间固定资产投资281027亿元，同比增长7.7%，增速较上年同期提高7.5个百分点，这表明市场活力逐步释放，投资需求显著提升。

具体分产业来看，2021年1—11月，第一产业投资为12926亿元，同比增长9.3%，增速较前10个月下滑1.8个百分点，较上年同期下滑8.9个百分点；第二产业投资为151028亿元，同比增长11.1%，增速较前10个月下滑0.2个百分点，但修正了上年同期的负增长，增速提高11.8个百分点；第三产业投资为330128亿元，同比增长2.5%，增速较前10个月下滑1.2个百分点，与2020年同期相比下滑1个百分点。

通过对比可以发现，随着新冠肺炎疫情防控趋于常态化以及稳价稳供政策的逐步落实，2021年，中国社会消费品零售总额和固定资产投资额的同比增速在经历大幅回调与拉升后，逐渐回归到新冠肺炎疫情前的稳定水平。消费与投资

的变动依旧展现较高的同向相关特征,中国宏观经济复苏势头逐步显现。但同时,消费增速依然低迷,较高的投资增速主要是2020年的低基数效应导致的,经济复苏仍存在一定压力。如图1-1所示。

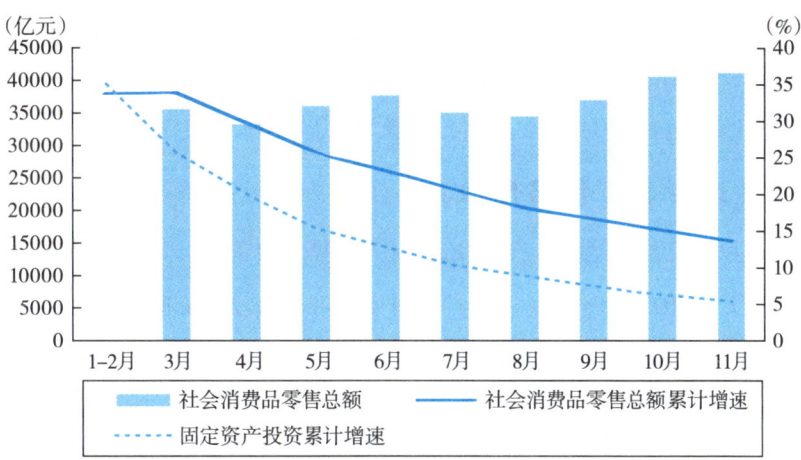

图1-1 2021年1—11月社会消费品零售总额及固定资产投资情况

资料来源:国家统计局。其中,1—2月统计数据未披露,故图中部分数据存在缺失。

四、企稳政策显效,CPI与PPI剪刀差收窄

(一)居民消费价格指数

2021年11月,我国居民消费价格指数(CPI)同比上涨2.3%,其自年初以来稳健上涨,达到前11个月的最高水平。从细分商品类别来看,2021年11月交通和通信类居民消费价格指数同比上涨7.6%,领跑其他类商品,成为拉动当月CPI上涨的重要因素;教育文化和娱乐类居民消费价格指数紧随其后,同比上涨3.0%;其他类居民消费价格指数同比上涨均未超过2%,具体包括:食品烟酒类居民消费价格指数(上涨1.7%)、居住类居民消费价格指数(上涨1.7%)、医疗保健类居民消费价格指数(上涨0.6%)、衣着类居民消费价格指数(上涨0.5%)、生活用品及服务类居民消费价格指数(上涨0.5%)、其他用品和服务类居民消费价格指数(下降0.6%)。

从城乡差异来看,2021年中国城市与农村居民消费价格同比增速月度变动趋势高度相关,其中年初和年末展现微小差距,年中城市、农村居民消费价格同比增速差距呈逐步拉大趋势,并于7月达到峰值0.8%(当月城市、农村居民消费价格同比增速分别为1.2%、0.4%)。食品烟酒类、交通和通信类、教育文化和

娱乐类商品价格变动的城乡差异是导致城市、农村居民消费价格同比增速差距在2021年中拉大的主要因素。

从月度环比数据来看,2021年1—11月,CPI环比最大涨幅出现在1月,CPI环比上涨1.0%;环比最大降幅出现在3月,CPI环比下降0.5%,与往年保持一致。CPI在2月和3月受春节假期等季节性因素影响分别呈现超调与回调特征。3月后,全年月度环比数据呈现明显的分化现象,即上半年环比下降、下半年环比上升。

(二)工业生产者出厂价格指数

2021年11月,我国工业生产者出厂价格指数(PPI)同比大幅上升12.9%,环比与上月持平。2021年1—11月,PPI环比最大涨幅出现在10月,上涨2.5%;其余各月均呈现环比上涨趋势。

在PPI的构成中,2021年11月,生产资料工业生产者出厂价格指数同比上涨17.0%,生活资料工业生产者出厂价格指数仅同比上涨1.0%。在生产资料中,2021年11月,采掘业生产资料工业生产者出厂价格指数同比上涨60.5%,原料业生产资料工业生产者出厂价格指数同比上涨25.0%,加工业生产资料工业生产者出厂价格指数同比上涨10.1%。

在各工业部门中,2021年11月,出厂价格指数增速较快(同比增长超过30%)的四个行业是煤炭开采和洗选业(同比增长88.8%),石油和天然气开采业(同比增长68.5%),石油、煤炭及其他燃料加工业(同比增长53.1%),黑色金属冶炼和压延加工业(同比增长31.0%);另有三个细分行业呈下降趋势,即开采专业及辅助性活动(同比下降2.2%),仪器仪表制造业(同比下降0.3%),金属制品、机械和设备修理业(同比下降0.2%)。

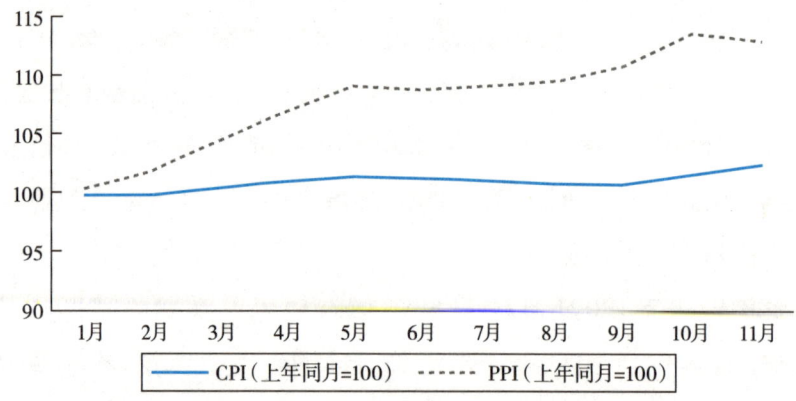

图1-2 2021年1—11月CPI、PPI月度变动情况

资料来源:国家统计局。

图 1-2 显示,2021 年上半年月度 PPI 同比增速呈现快速上升,年末随着稳价政策的落实和温和回调,全年总体呈上升趋势。全年出现两个上升期,2021 年 1—5 月,随着外部国际原油、铁矿石、有色金属等大宗商品价格大幅上涨,以及国内新冠肺炎疫情防控成果释放了国内需求,PPI 持续上涨;9—10 月,国外大宗商品价格继续发力,叠加国内供给约束,PPI 再次上涨。同期,CPI 表现得较为温和,从而进一步拉大剪刀差,但随着年末宏观政策企稳,PPI 温和回落,剪刀差收窄。

五、制造业 PMI 缓慢回升,非制造业 PMI 持续下滑

2021 年 11 月,随着保供稳价政策的落实,全国电力供应能力持续回升,制造业采购经理指数(PMI)达到 50.1,较 10 月上升 0.9,较上年同月下降 3.84%,并自 9 月以来再次超过荣枯分界线。其中,生产经营活动预期指数、主要原材料购进价格指数、生产指数分别为 53.8、52.9、52.0,成为 11 月制造业 PMI 上升的重要推动力;在手订单指数、原材料库存指数、产成品库存指数均未超过 48,这表明制造业企业对未来市场的变化存在不确定预期,仍处在观望中。

2021 年 11 月,国内新冠肺炎疫情点状分布特征明显,受限于各地防控政策的实施,餐饮、娱乐等聚集性服务业活动大幅减少,中国非制造业 PMI 为 52.3,较 10 月小幅下降 0.1,较上年同月下降 7.27%,同比下降速度自 9 月以来再次拉大,服务业成为影响非制造业 PMI 下行的重要因素。其中,新出口订单指数、从业人员指数、存货指数、在手订单指数分别为 47.5、47.3、45.6、43.9,全年各月几乎均未突破荣枯分界线,而是长期在低位徘徊;建筑业商务活动指数、业务活动预期指数、非制造业商务活动指数分别为 59.1、58.2、52.3,这表明建筑业的投资需求被持续释放。

纵观 2021 年全年,虽然非制造业 PMI 在下半年呈现同比下降趋势,但月度平均 PMI 依然达到 52.9,远超过制造业月度 50.6 的平均水平,这展现了"后疫情"时代较强的复苏能力和对社会性负面冲击的低敏感度。

图 1-3 为 2021 年 1—11 月中国制造业、非制造业 PMI 的变动情况。

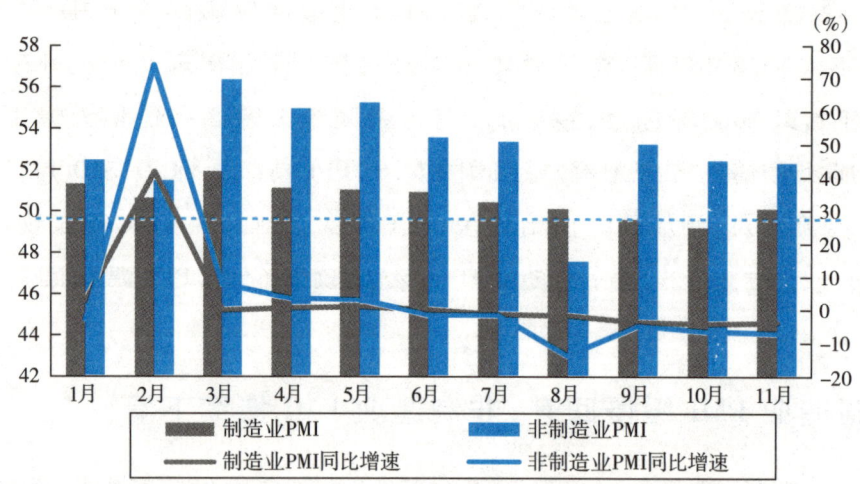

图1-3　2021年1—11月中国制造业、非制造业PMI变动情况

资料来源：国家统计局。

六、外部供给不足促使我国贸易顺差稳步回升

海关总署发布的进出口商品国别（地区）总值表（人民币值）披露，2021年1—11月，我国累计出口额为19.58万亿元，同比增长21.8%；累计进口额为15.81万亿元，同比增长22.2%；贸易顺差为3.76万亿元，同比增长17.1%。

图1-4为2021年1—11月我国进出口额月度变化情况。受季节性因素影响，2021年初进口额和出口额出现较大幅度波动，出口额在2月急剧减少，但与上年相比依然保持当月顺差。3月出口恢复上升趋势，但当月进口额回调速度更快，贸易顺差进一步缩减，达到全年谷底。此后，进口额变动逐步平缓，出口额持续稳定回升，贸易顺差逐步拉大。全球范围新冠肺炎疫情的波动并未给我国企业出口海外市场造成较大冲击，反而是外部供给疲软刺激了中国国内出口，使月度贸易顺差逐步拉大。

2021年1—11月，中国内地累计出口额排名前5的目的国家（地区）分别为美国（人民币33629.56亿元）、中国香港（人民币20251.83亿元）、日本（人民币9790.27亿元）、韩国（人民币8756.68亿元）、越南（人民币8138.34亿元）。其中，中国内地对韩国出口同比增速最快，达到24.9%；对中国香港的出口同比增速紧随其后，达到22.2%；对美国和日本的出口同比增速分别为19.2%和8.8%，与上年同期相比均有不同程度的提升；对越南的出口同比增速为16.1%，与上年同期相比略有回落。

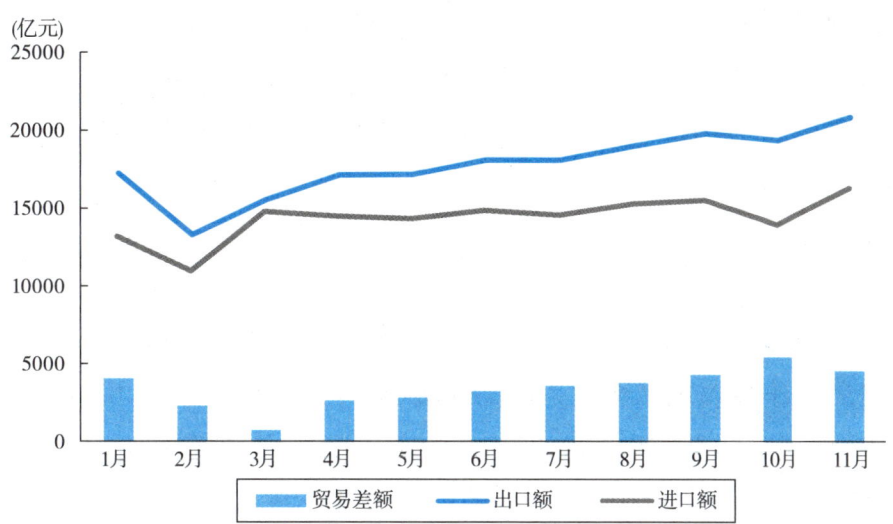

图1-4　2021年1—11月中国进出口额月度变化情况

资料来源：海关总署。

2021年1—11月，中国大陆累计进口额排名前5的来源国家（地区）分别为中国台湾（人民币14709.91亿元）、韩国（人民币12537.26亿元）、日本（人民币12213.13亿元）、美国（人民币10507.83亿元）、澳大利亚（人民币9953.23亿元）。其中，中国大陆地区从澳大利亚的进口同比增速最快，达到32.9%，扭转了2020年同期的下滑趋势，2021年全年中国大陆地区从澳大利亚的进口额将大概率突破万亿元大关；从美国的进口同比增速紧随其后，达到27.5%，较2020年同期提高近20个百分点；从中国台湾的进口同比增速与2020年相比略有回升，达到17.3%；从韩国、日本的进口同比增速也有较大提升，分别达到14.7%和12.2%。

七、2022年经济形势展望

从全球视角来看，2021年各国普遍以宽松的宏观政策应对新冠肺炎疫情的冲击，同时随着全球新冠肺炎疫情防控体系的逐渐成熟，世界经济得以复苏，国际货币基金组织于2021年10月发布的《世界经济展望报告》预期2021年全球经济增速将达到5.9%。但整体宽松的宏观政策也在一定程度上酝酿了全球范围的大通胀，叠加新冠肺炎疫情的长期影响，全球范围内地区、行业间的要素流动壁垒有所增强，同时国际政治局势有所波动，预计2022年全球经济的复苏趋势不会出现太大变化，但程度较2021年将有所减弱。

从国内形势来看，在消费方面，受就业形势严峻和偏紧的宏观政策影响，

2021年的社会消费品零售总额增速低迷。2021年12月,中央经济工作会议明确提到"实施好扩大内需战略,促进消费持续恢复",预计2022年我国将陆续出台消费刺激措施;同时,制造业持续优化升级、疫情防控逐步向好将共同推动中国国内消费需求的释放。

在投资方面,2021年,我国宏观投资产业间分化明显,基建和房地产领域面临极为严格的融资约束,高端制造业的投资规模持续提高,全年投资增速的疲软进一步表明,新兴领域的投资显然没有对传统领域形成充分替代。2021年12月的中央经济工作会议虽蕴含了对基建和房地产投资政策的放松,但也强调了宏观政策不能"急转弯"。因此,2022年,我国宏观投资政策将依旧致力于培育新动能,进而促进经济结构优化升级,重点关注新基建、低碳、高端制造业等领域,同时兼顾传统行业的"软着陆"。

在价格方面,受全球新冠肺炎疫情、地缘政治波动和碳中和的影响,2021年全球范围的供给约束推升了大宗商品价格,PPI被快速推高。2022年,随着全球新冠肺炎疫情逐步得到控制,部分供给约束将得以释放;全球宏观政策的收紧预期、中下游产业的低碳化发展趋势将共同压降大宗商品价格。因此,预期2022年PPI将有所回落。基于PPI的传导和疫情缓解后拉动服务消费的影响,预期2022年CPI将小幅回升。

总的来说,一方面,2021年中国经济强势复苏,但人口老龄化趋势持续加强、外部需求大概率放缓,使2022年中国经济面临下行压力;另一方面,中国国内新冠肺炎疫情持续缓解和制造业转型升级带来的全行业消费复苏,叠加灵活的财政政策,将带动我国经济持续复苏。因此,预计2022年我国经济结构转型将持续推进,经济增速将维持在5%~6%的小幅波动。

第二节 2021年金融货币政策分析与2022年展望

一、广义货币增速回落趋稳

2021年,中国人民银行继续实施精准、灵活、稳健的货币政策,运用准备金率、中期借贷便利、公开市场操作、再贷款、再贴现等多种货币政策工具,结合改革常备借贷便利操作方式、推动贷款市场报价利率（LPR）的运用，有效防控金融风险并保持流动性合理充裕，为经济复苏提供了有效的支撑。一是中国人民银行于2021年7月下调金融机构存款准备金率0.5个百分点；二是2021年前三季度，中国人民银行月均开展1次中期借贷便利（MLF）操作，操作金额在1000亿元至6000亿元，中标利率为2.95%；三是在公开市场业务方面，中国人民银行面向一级交易商常态化开展了2021年央行票据互换（CBS）操作，单次中标量为50亿元，费率为0.10%，期限3个月；四是中国人民银行于9月印发通知，向全国新增支小再贷款额度3000亿元，引导地方法人金融机构加大对小微企业和个体工商户的贷款投放力度，降低其融资成本。此外，中国人民银行于2021年每月中授权全国银行间同业拆借中心公布LPR，2021年前三季度1年期、5年期以上LPR分别为3.85%和4.65%。

在综合的货币政策作用下，截至2021年11月末，我国广义货币（M2）余额为235.6万亿元，同比增长8.47%，增速较2020年同期回落2.26个百分点；狭义货币（M1）余额为63.7万亿元，同比增长3.05%，增速较2020年同期回落6.93个百分点；流通中货币（M0）余额为8.7万亿元，同比增长7.16%，增速较2020年同期回落3.14个百分点。

具体对比2021年月度M2余额的变化情况以及三类货币（M2、M1、M0）余额同比增速，在有效的对冲政策下，M2货币同比增速在2021年较为稳定，维持在8.70%上下波动，明显低于2020年的水平；M1货币同比增速在2021年初维持在较高水平，下半年逐步回落至稳定水平；M0货币在2021年初呈现同比负增长趋势，此后同比增速转为正增长并逐步提高。如图1-5所示。

2021年，中国人民银行注重通过准备金率、中期借贷便利、公开市场操作实行总量货币调控政策，以对冲外部环境的风险、维持稳定的货币供应水平；通过再贷款、再贴现定向精准地实施结构性货币政策，助力实体经济复苏发展。LPR的改革与完善进一步提高了利率市场化程度。

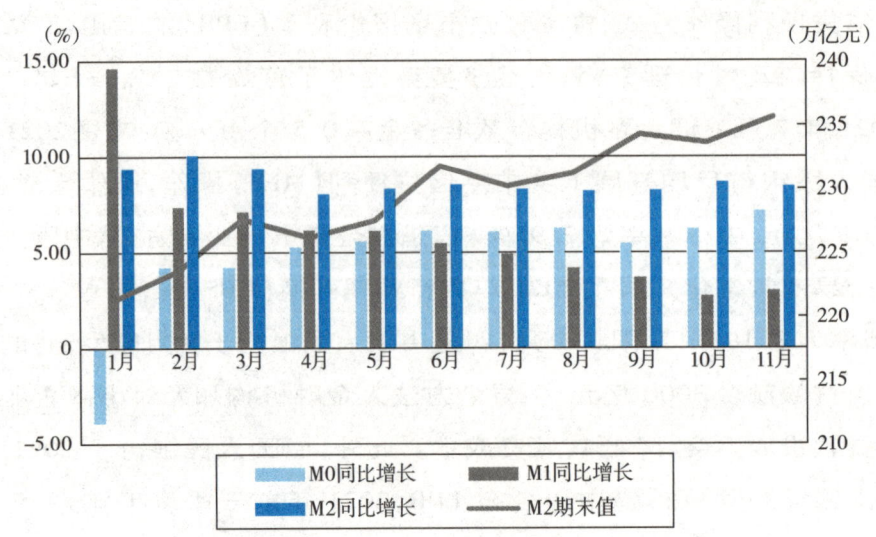

图 1-5　2021 年 1—11 月中国货币供应量

资料来源：国家统计局网站及中国人民银行《金融统计数据报告》。

二、社会融资规模增速同比回落，债券市场运行趋于平稳

（一）社会融资规模

2021 年 11 月末，中国社会融资规模存量为 311.90 万亿元，同比增长 10.1%，增速较上年减少 3.5 个百分点。其中，存款类金融机构资产支持证券（余额为 2.11 万亿元）、政府债券（余额为 51.90 万亿元）、非金融企业境内股票（余额为 9.28 万亿元）规模同比增速位居前 3，分别为 18.8%、14.4% 和 14.0%。委托贷款（余额为 10.92 万亿元）、信托贷款（余额为 4.81 万亿元）、未贴现的银行承兑汇票（余额为 3.16 万亿元）规模同比下降，分别减少 1.8%、29.3% 和 15.3%。此外，人民币贷款余额为 190.50 万亿元，同比增长 11.8%；以人民币计价的外币贷款余额为 2.30 万亿元，同比增长 3.7%；企业债券余额为 29.72 万亿元，同比增长 7.7%。

从增量视角来看，2021 年 11 月，中国社会融资规模增量为 26141 亿元，比上年同期增加 4786 亿元。其中，对实体经济发放的人民币贷款增加 13021 亿元，同比减少 2288 亿元；对实体经济发放的外币贷款折合成人民币减少 134 亿元，同比少减 313 亿元；信托贷款减少 2190 亿元，同比多减 803 亿元；未贴现的银行承兑汇票减少 383 亿元，同比少减 242 亿元；企业债券净融资增加 4104 亿元，同比多增 3264 亿元；政府债券净融资增加 8158 亿元，同比多增 4158 亿元；非金融

企业境内股票融资增加1294亿元,同比多增523亿元;存款类金融机构资产支持证券增加742亿元,同比减少528亿元。

对比2021年1—11月社会融资规模增量中人民币贷款、企业债券、股票融资结构变化的月度数据可以发现,人民币贷款增量占比呈逐月下降趋势,但人民币贷款依然是社会融资的主要渠道。企业债券融资增量占比呈上升趋势,但对社会融资规模增量的贡献度与上年相比有所下降。股票融资增量占比呈上升趋势,且对社会融资规模增量的贡献度与上年相比有所提高,我国企业权益融资占比逐步上升。如图1－6所示。

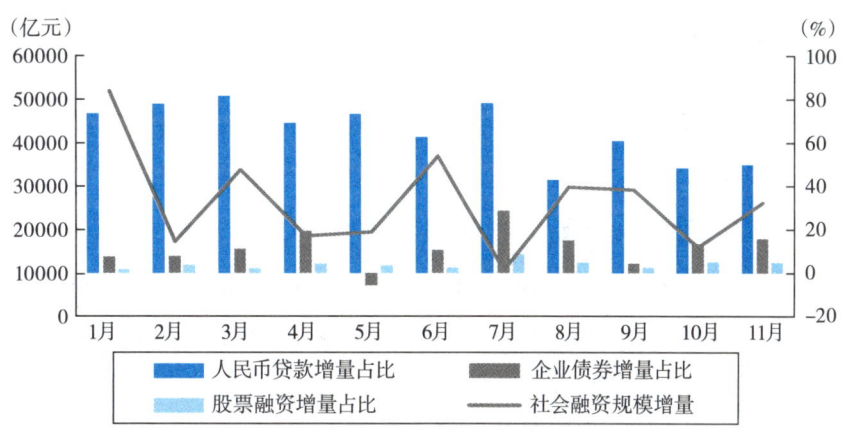

图1－6　2021年1—11月中国社会融资规模增量结构

资料来源:中国人民银行网站。

(二)债券市场运行情况

上海清算所债券业务月度统计报表披露,2021年11月我国累计发行债券4028只,面额为33664亿元;兑付债券3557只,兑付额24042亿元。从全年汇总情况看,2021年1—11月,我国共发行债券37172只,面额为29.40万亿元,同比增加3.46万亿元;兑付债券35356只,兑付额25.03万亿元,同比增加1.39万亿元。

具体来看,2021年1—11月,我国发行公司信用类债券9547只,面额为83903亿元,兑付71020亿元,付息4871亿元;发行金融债券353只,面额为10325亿元,兑付6576亿元,付息264亿元;发行同业存单27215只,面额为198892亿元,兑付171787亿元,付息21.12亿元。

在债券成交方面,全国银行间同业拆借中心债券借贷月报数据披露,2021年11月债券借贷成交6943笔,同比增加2347笔,成交金额为10192亿元,同比增加4022亿元,加权费率为0.76%,同比提高1.38个基点。其中,政策性金融债成交 5922 亿元,同比增加 2034 亿元;国债成交 4153 亿元,同比增加 1992 亿元;地方政府债成交 92.5 亿元,同比增加 2.1 亿元;无固定期限资本债券成交 22.1 亿元,同比减少 2.9 亿元;政府支持机构债券成交 1.6 亿元,同比减少 2.1 亿元;同业存单成交 1 亿元,同比增加 0.5 亿元。

总的来说,随着银行间债券市场交易体系的逐步完善,2021 年各月,债券市场交易数据变动相对平缓,市场成交波动程度与上年相比有所下降。此外,严控政府融资平台的相关政策持续发挥作用,地方政府债券的成交量增速得到稳定的控制,政府支持机构债券成交规模进一步缩减。

三、人民币汇率指数持续走强

由于全球应对新冠肺炎疫情的政策效果存在较大的差异性和不确定性,各国的贸易结构和资本结构也极大地受到新冠肺炎疫情的影响,各国也纷纷调整宏观货币政策以实现新的均衡。外部相对宽松的货币政策以及人民币市场化程度的逐步提高,使 2021 年人民币对世界主要储备货币均呈升值趋势,但程度各异。表 1-4 为人民币对美元、欧元、日元、英镑的月平均汇率走势。2021 年 12 月,1 单位美元兑换人民币 6.37 元,人民币较年初升值 1.69%;1 单位欧元兑换人民币 7.20 元,人民币较年初升值 8.78%;100 日元兑换人民币 5.59 元,人民币较年初升值 10.43%;1 单位英镑兑换人民币 8.46 元,人民币较年初升值 4.17%。2021 年,人民币扭转了上年度相对美元、英镑的贬值趋势,并进一步延续了对欧元、英镑的升值趋势,其中相对日元升值幅度创近年来的新高。

表 1-4 2021 年人民币对主要货币月均汇率走势

时间	1 美元	1 欧元	100 日元	1 英镑
1 月	6.48	7.89	6.25	8.83
2 月	6.47	7.85	6.20	8.88
3 月	6.51	7.75	5.99	9.02
4 月	6.52	7.80	5.98	9.03
5 月	6.43	7.82	5.89	9.07
6 月	6.42	7.74	5.83	9.01
7 月	6.47	7.65	5.87	8.94
8 月	6.48	7.62	5.90	8.94

续表

时间	1美元	1欧元	100日元	1英镑
9月	6.46	7.61	5.86	8.88
10月	6.42	7.45	5.65	8.80
11月	6.40	7.30	5.60	8.61
12月	6.37	7.20	5.59	8.46

资料来源：中国外汇交易中心、中国货币网。

总体来看，2021年上半年人民币相对英镑呈现温和贬值趋势，进入下半年强势升值。人民币相对欧元和日元的币值变动趋势相近，均呈现稳定持续的升值趋势。此外，2021年前三季度人民币相对美元币值的波动较为温和，进入第四季度才呈现升值趋势。

人民币汇率指数能综合呈现2021年人民币币值的变动趋势，其中CFETS人民币汇率指数、BIS货币篮子人民币汇率指数、SDR货币篮子人民币汇率指数均显示人民币币值在2021年持续升值，且下半年升值态势进一步加强，直至年底出现温和回调。如图1-7所示。

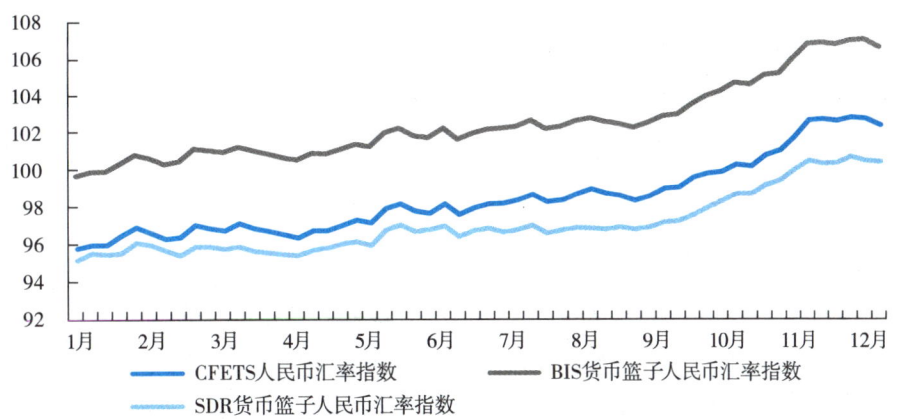

图1-7　2021年人民币汇率指数走势

资料来源：中国外汇交易中心、中国货币网。

四、金融市场顶层设计频出

2021年，中国人民银行、银保监会、证监会等部门密集颁布多项金融法规，关注的领域重点为平衡国际投融资、拓展和优化金融市场结构、完善金融风险监管体系等。

(一)平衡国际投融资

"后疫情"阶段我国经济持续向好,叠加吸引外资政策效果逐步显现,人民币面临较大的升值压力。为了避免国际金融市场对人民币的投机性交易,稳定人民币汇率波动水平,并同步助推我国企业充分参与全球价值体系的重构,2021年1月,中国人民银行、国家外汇管理局决定将境内企业境外放款的宏观审慎调节系数由0.3上调至0.5。宏观审慎调节系数的上调释放了境内企业境外投资的规模约束,为境内母公司增资境外子公司提供了政策支持。当前发达经济体因疫情防控效果不明而经济复苏乏力,这有利于我国企业深入参与境外高端产业的资本重构,进一步助力中国国内的产业结构优化。

同时,作为稳定汇率的配套政策,中国人民银行、国家外汇管理局继2020年12月下调金融机构的跨境融资宏观审慎调节参数后,进一步将企业的跨境融资宏观审慎调节参数由1.25降至1。作为"逆周期"调节的政策工具,跨境融资宏观审慎调节参数的下调收紧了境内企业境外融资规模的敞口,缓解人民币升值压力的同时,在微观层面降低了企业境外融资的杠杆率,在宏观层面降低了企业的外债风险。

2021年9月,中国人民银行、银保监会、证监会联合发布《粤港澳大湾区"跨境理财通"业务试点实施细则》,规范"跨境理财通"大湾区内地业务试点相关工作。基于区内银行体系建立的闭环运营模式,投资者可以通过"跨境理财通"购买对方银行发行销售的理财产品。"跨境理财通"业务丰富了粤港澳大湾区可投资的金融产品类别,拓宽了区内居民的投资渠道,进而深化了区域金融合作,加快了区域经济一体化进程,为进一步开放内地金融市场做好了制度准备。

同时,中国人民银行发布《关于开展内地与香港债券市场互联互通南向合作的通知》(以下简称"南向通"),为内地机构投资者境外投资配置债券提供了便捷通道。与2017年推出的"北向通"相呼应,"南向通"构建双向的债券跨境投资渠道,在拓宽境内投资者投资领域的同时,完善了人民币汇率的双向波动预期机制的建立,有利于实现人民币汇率的稳定。

(二)拓展和优化金融市场结构

在金融市场业务结构方面,2021年3月,银保监会、住建部、中国人民银行联合发布《关于防止经营用途贷款违规流入房地产领域的通知》,重点关注企业和个人违规将经营用途贷款投向房地产领域的问题。该通知使被违规挤占的信贷资源得以重新配置优化,有利于为立足本业合规经营的小微企业提升信贷资金支持力度,规范实体经济健康发展。该通知强调,银行业金融机构要进一步严格贷中、贷后管理,发现贷款违规挪用于房地产领域后,立刻收回贷款,压降授信额度,并追究相应法律责任。此外,通知对借款人资质、信贷需求、贷款期限、中介机构等方面均进行了规范。

2021年5月,中国人民银行、中央农办、农业农村部、财政部、银保监会和证监会联合发布《关于金融支持新型农业经营主体发展的意见》,助力乡村全面振兴和农业农村现代化发展。一是建立健全新型农业经营主体名单发布制度,为金融机构提供金融服务创造信息共享平台,并通过规范新型农业经营主体的发展,增强其信贷获取能力;二是通过拓宽抵押物范围、创新产品与服务、运用大数据和金融科技进行风险防范,全面加快农村金融服务体系建设;三是加强组织领导,通过差别化的货币政策工具进行政策激励。

11月,中国人民银行推出碳减排支持工具,重点支持清洁能源、节能环保和碳减排技术三个碳减排领域。一方面,金融机构独立运营碳减排支持工具,向碳减排重点领域内的各类企业提供碳减排贷款,自主决策自担风险;另一方面,金融机构发放碳减排贷款后,可向中国人民银行申请贷款本金60%的资金支持(利率为1.75%,期限1年,可展期2次),同时提供合格的质押品。

在金融市场制度结构方面,为满足创新型中小企业多元化的融资需求,深化新三板改革,2021年10月,证监会发布《北京证券交易所向不特定合格投资者公开发行股票注册管理办法(试行)》,对在北京证券交易所(简称"北交所")上市并向公众公开发行股票的行为进行规范与约束,主要涉及发行条件、注册程序、信息披露、发行上市保荐的特别规定、发行承销、监督管理与法律责任6个方面。其中,第九条明确规定,发行人应当为在全国股转系统连续挂牌满十二个月的创新层挂牌公司;第四十一条明确指出,可选择多种定价方式,包括发行人可以与主承销商自主协商直接定价以及通过合格投资者网上竞价、网下询价等。

同期,证监会发布《北京证券交易所上市公司证券发行注册管理办法(试行)》,进一步拓宽创新型中小企业的融资渠道。其中,第二条明确了可发行的证券种类,包括股票、可转换为股票的公司债券、证监会认可的其他证券品种;第三条明确了证券发行对象,包括不特定合格投资者、特定对象。此外,《北京证券交易所上市公司证券发行注册管理办法(试行)》对发行条件、发行程序、信息披露、监督管理与法律责任等,进行了明确的规定。

(三)完善金融风险监管体系

2021年,监管高层除了对流动性风险管理、风险承受能力评价等传统领域持续大力关注外,还重点关注了机构声誉风险、虚拟货币交易炒作风险等风险暴露的新兴领域。

2月,银保监会发布《银行保险机构声誉风险管理办法(试行)》,旨在提高银行保险机构的声誉风险管理水平,有效防范化解声誉风险,维护金融稳定和市场信心。上述办法将声誉风险定义为"由银行保险机构行为、从业人员行为或外部事件等,导致利益相关方、社会公众、媒体等对银行保险机构形成负面评价,从而损害其品牌价值,不利于其正常经营,甚至影响市场稳定和社会稳定的风险",并从治理架构、全流程管理、常态化建设、监督管理等方面完善了声誉风险监管体系。其中,该办法明确了全流程管理应包括事实调查、补救措施、媒体合作、法律保护等方面。

9月,中国人民银行、中央网信办、最高人民法院、最高人民检察院、工业和信息化部、公安部、市场监管总局、银保监会、证监会、外汇局十部门联合发布《关于进一步防范和处置虚拟货币交易炒作风险的通知》,强调从虚拟货币本质属性、健全工作机制、风险监测预警、构建风险防范和处置体系、组织实施等方面构建多维度、多层次的虚拟货币交易炒作风险防范和处置体系,加强对虚拟货币交易炒作风险的监测预警。具体政策如表1-5所示。

表1-5 2021年主要金融政策汇总

发布时间	发布机构	法规及政策事件	目的
1月	中国人民银行、外管局	上调境内企业境外放款宏观审慎调节系数	满足企业境外投资的需求,扩大人民币跨境使用,促进跨境资金双向均衡流动
	中国人民银行、外管局	下调跨境融资宏观审慎调节参数	约束境内企业跨境融资行为,降低企业外债风险,抑制跨境资金过度流入,实现汇率和经济的稳定
	银保监会	《消费金融公司监管评级办法(试行)》	全面评估消费金融公司的经营管理与风险状况,合理配置监管资源,有效实施分类监管,促进消费金融公司持续、健康、规范发展
	中国人民银行、银保监会	《关于规范商业银行通过互联网开展个人存款业务有关事项的通知》	加强对商业银行通过互联网开展个人存款业务的监督管理,维护市场秩序,防范金融风险,保护消费者合法权益

续表

发布时间	发布机构	法规及政策事件	目的
2月	银保监会	《银行保险机构声誉风险管理办法(试行)》	提高银行保险机构声誉风险管理水平,有效防范化解声誉风险,维护金融稳定和市场信心
	银保监会	《关于进一步规范商业银行互联网贷款业务的通知》	进一步规范互联网贷款业务行为,促进业务健康发展,防范金融风险
3月	银保监会、住建部、中国人民银行	《关于防止经营用途贷款违规流入房地产领域的通知》	防止经营用途贷款违规流入房地产领域,更好地支持实体经济发展
4月	银保监会	《关于2021年进一步推动小微企业金融服务高质量发展的通知》	辅助做好"六稳""六保"工作,强化普惠金融服务,增加小微企业和个体工商户活力
5月	中国人民银行等六部门	《关于金融支持新型农业经营主体发展的意见》	加强信息共享、推动发展信用贷款、拓宽抵押质押物范围、提升农业保险服务能力、强化政策激励,做好新型农业经营主体金融服务
	中国人民银行、银保监会	《金融机构服务乡村振兴考核评估办法》	引导更多金融资源配置到农村经济社会发展的重点领域和薄弱环节,进一步加强和改进农村金融服务
6月	人民银行、银保监会	《关于规范现金管理类理财产品管理有关事项的通知》	加强对商业银行、理财公司现金管理类理财产品的监督管理,促进现金管理类产品业务规范健康发展,依法保护投资者合法权益,规范现金管理类产品管理
9月	银保监会	《理财公司理财产品流动性风险管理办法(征求意见稿)》	进一步完善理财公司规则体系,督促理财公司完善流动性管理机制,提高管理能力,更好地推动理财产品净值化转型,更好地保障投资者合法权益不受损害并得到公平对待
	银保监会	《商业银行监管评级办法》	加强商业银行风险监管,完善商业银行同质同类比较和差异化监管,合理分配监管资源,促进商业银行可持续健康发展
	中国人民银行、银保监会、证监会	《粤港澳大湾区"跨境理财通"业务试点实施细则》	丰富大湾区跨境金融投资产品类别和渠道,深化大湾区金融机构的合作,加快粤港澳区域经济一体化进程

续表

发布时间	发布机构	法规及政策事件	目的
9月	中国人民银行	《关于开展内地与香港债券市场互联互通南向合作的通知》	通过加强两地债券市场基础服务机构合作,为内地机构投资者进行境外投资配置债券提供便捷通道
	中国人民银行等十部门	《关于进一步防范和处置虚拟货币交易炒作风险的通知》	加强对虚拟货币交易炒作风险的监测预警,构建多维度、多层次的虚拟货币交易炒作风险防范和处置体系,建立常态化工作机制,始终保持对虚拟货币交易炒作活动的高压打击态势
10月	证监会	《北京证券交易所上市公司证券发行注册管理办法(试行)》	深化新三板改革,服务创新型中小企业,规范北京证券交易所上市公司证券发行行为,保护投资者合法权益和社会公共利益
	证监会	《北京证券交易所向不特定合格投资者公开发行股票注册管理办法(试行)》	规范北京证券交易所试点注册制向不特定合格投资者公开发行股票相关活动,建立并保持有效的质量控制体系,保护投资者合法权益
	中国人民银行、银保监会、财政部	《全球系统重要性银行总损失吸收能力管理办法》	进一步增强我国金融体系的稳定性和健康性,保障我国全球系统重要性银行具有充足的损失吸收和资本重组能力,防范化解系统性金融风险
11月	中国人民银行	中国人民银行推出碳减排支持工具	以稳步有序、精准直达的方式,支持清洁能源、节能环保、碳减排技术等重点领域的发展,并撬动更多社会资金促进碳减排

资料来源:笔者基于中国人民银行、银保监会、证监会等监管机构的官方网站披露信息整理得到。

五、2022年金融货币政策展望

2021年底召开的中央经济会议描绘了2022年中国经济发展的主基调,即稳字当头、稳中求进。"稳"体现了金融货币政策要稳健、要灵活适度,保持流动性合理充裕;"进"表明金融货币政策要辅助优化经济增长结构,助推经济增长方式转型升级。结合2021年我国CPI增速放缓的条件以及经济出现下行压力的背景,2022年,我国金融货币政策将呈现适度宽松的特点,守住不发生系统性风险的底线,同时关注低碳产业、高端制造业、科技创新企业等经济增长的新动能载体。

首先,2021年在紧信用的货币政策作用下,我国社会融资规模增速和广义货币余额增速均降至较低水平,宏观杠杆率压降明显,同时进一步挤出落后产能。但随着经济下行压力的出现,中国人民银行在2021年12月密集宣布下调金融机构存款准备金率0.5个百分点的总量调节政策,以及下调支农再贷款、支小再贷款利率0.25个百分点的结构性调节政策,积极展现国家防风险、稳增长的决心与态度。当然,单次降准的措施对缓解经济下行压力的实际效果有待观望,不排除2022年中国人民银行将进一步采用降准,甚至叠加降息的政策组合以缓解经济下行压力。值得关注的是,中国人民银行货币政策的策略导向是跨周期调节,即着眼于经济长期的高质量发展,同时CPI增速的预期提高带来的控通胀压力将制约2022年货币政策的整体宽松程度。因此,预计2022年货币政策的主基调将趋于宽松,但程度并不会太大,并更加关注MLF和LPR的市场化调节机制建设。

其次,在人民币汇率方面,2021年全球主要经济体流动性的相对宽松,以及我国出口需求的快速扩张,推动了人民币持续升值。随着2022年发达经济体逐步退出宽松的货币政策,以及我国货币政策的宽松趋向,缩减的中外利差将在一定程度上造成资本流出,直接给人民币带来贬值压力;新兴市场国家有可能因发达经济体收紧的货币政策受到较大的冲击,并降低我国出口企业的外部需求,间接给人民币带来贬值压力。

虽然2022年人民币可能面临贬值压力,但本报告仍然认为,人民币存在双向波动预期,其主要有两个方面的原因:一是2021年中国人民银行将外汇业务存贷款准备金率调至较高水平,对可能出现的人民币贬值预留了政策对冲空间;二是发达国家疫情防控和经济滞胀等非均衡管控的效果有待观望,利差缩小对我国资本外流的影响有限。

总体来说,2022年,我国经济面临下行压力,金融货币政策将以适度宽松为主基调,发达经济体的加息政策可能会影响我国执行适度宽松货币政策的窗口期,但并不会主导我国金融货币政策的整体走向,我国的货币政策走向将"以我为主",并坚持跨周期调节和防控金融风险、优化经济结构。

第三节 宏观金融政策对信托业的主要影响

2021年,我国货币政策的主基调依然是稳健,即在保持政策精准、灵活、有效的过程中防控金融风险,为实体经济营造高质量的发展环境。2021年,广义货币增速略有回落,社会融资规模增速相应下调,以适应阶段性经济发展的资金需求,金融机构总体保持流动性合理充裕。贷款市场报价利率(LPR)改革持续推动利率市场化进程,企业贷款加权平均利率稳中有降。在金融政策方面,《关于金融支持新型农业经营主体发展的意见》《北京证券交易所上市公司证券发行注册管理办法(试行)》《关于规范现金管理类理财产品管理有关事项的通知》《关于开展内地与香港债券市场互联互通南向合作的通知》等宏观金融政策相继出台,进一步规范了金融市场秩序,提高了经济的抗风险能力。同时,宏观金融货币政策将在产品收益波动、业务转型、业务规范性、国际化发展方面对信托业产生影响。

一、信托产品收益回调趋稳、波动放缓

基于防通胀稳物价的政策指引,2021年,中国人民银行通过降准和公开市场操作等货币政策组合,在维持流动性适度充裕的前提下有效降低了实体经济的融资成本,市场中的"优质资产"相对紧缺。此外,"两压一降"的监管政策持续发力,非标融资类信托业务持续收缩,标品业务、投资类业务快速兴起。在宏观货币政策和行业监管政策的共同推动下,包括信托产品在内的各类理财产品收益势必短期回调。结合信托业对风险防控重视程度越来越强,信托公司展业越发审慎,高收益信托产品占比将进一步收缩。

事实上,用益信托数据披露,2021年1—11月新成立集合信托产品的平均收益率为6.83%,较上年同期下调0.43个百分点。按资金运用方式的不同,贷款类信托产品的平均收益率为6.83%,较上年同期下调0.73个百分点;股权投资类信托产品的平均收益率为7.68%,较上年同期下调0.57个百分点;权益投资类信托产品的平均收益率为6.92%,较上年同期下调0.51个百分点;证券投资类信托产品的平均收益率为5.19%,较上年同期下调0.2个百分点;组合运用类

信托产品的平均收益率为 6.54%，较上年同期上调 0.14 个百分点。总体来看，2021 年信托产品收益虽然下降，但降幅较 2020 年有所收窄，表明信托产品近 3 年的收益下降趋势有望结束。

宏观政策在引导信托业优化发展模式的过程中，一定程度上降低了信托产品的收益，但同时标准化产品占比的提升规范了行业的竞争环境，不同类信托产品的收益波动持续放缓。基于用益信托披露的数据，本报告经过测算发现，2021 年 1—11 月不同资金运用方式的信托产品收益率波动率为 0.66，较上年同期下调 0.34，与 2019 年同期相比更是降低了 0.77。信托公司逐步注重通过差异化的服务，而非差异化的产品收益来升级财富管理模式。

二、信托业务转型露端倪

2021 年是"十四五"规划的开局之年，构建高水平的社会主义市场经济体制、全面推进乡村振兴、推动绿色发展被明确写入《中共中央关于制定国民经济和社会发展第十四个五年规划和二〇三五年远景目标的建议》，相关的配套政策也在 2021 年相继颁布。

解决好"三农"问题是我党工作的重中之重，走中国特色社会主义乡村振兴道路是"十四五"规划的重要战略。2021 年 5 月，中国人民银行等多部门联合发布《关于金融支持新型农业经营主体发展的意见》，指出通过大中小金融机构的协调互补，健全适合新型农业经营主体发展的金融服务组织体系。在创新金融产品与服务上，银行业金融机构要开发随贷随用、随借随还产品和线上信贷产品，加大中长期贷款投放力度，优化"保险+信贷"模式，着力提供支付结算、信贷融资等一揽子综合金融服务。此外，"十四五"规划把"加快推动绿色低碳发展，持续改善环境质量"作为重要的发展模式。2021 年 11 月，中国人民银行推出碳减排支持工具，旨在发展绿色金融，支持绿色技术创新，推进清洁生产，发展环保产业，推进重点行业和重要领域的绿色化改造。

对于信托公司而言，乡村振兴与低碳发展逐步成为 2021 年展业的重点关注领域。慈善信托是信托公司助力乡村振兴的传统发力点，2021 年 4 月，中国外贸信托作为受托人，发行全国首单乡村振兴资产证券化产品（新希望商业保理有限公司 2021 年度普惠 1 号定向资产支持商业票据信托），迈开 2021 年信托公司通过金融产品创新助力乡村振兴的步伐。此外，在碳中和政策背景下，2021 年信托公司纷纷发力绿色信托领域，通过绿色资产证券化、绿色股权投资、标品信托、慈善信托等方式助力绿色产业发展。2021年11月,中国信托业协会发布《中国信托业社会责任报告(2020—2021)》,披露2020年中国新增绿色信托项目360个(资产规模为1199.93亿元),约占同期存续项目数量的50%。支持乡村振兴、绿色发展的信托产品逐步替代信托公司展业早期的地产业务、通道业务,实现信托业务支持领域的升级优化。

构建高水平社会主义市场经济体制是"十四五"规划中与信托业直接相关的重要顶层战略,这就要提升金融科技水平、增强金融普惠性、推进金融开放、完善金融监管体系的建设。2021年10月,证监会发布的《北京证券交易所向不特定合格投资者公开发行股票注册管理办法(试行)》《北京证券交易所上市公司证券发行注册管理办法(试行)》进一步完善金融市场结构,提升支持实体经济的效率。北京证券交易所与沪深交易所错位发展,同步试点证券发行注册制,上市公司由创新层公司产生。同时,中小创新型企业融资的市场结构进一步完善为新三板基础层、创新层与北京证券交易所。

北京证券交易所(以下简称"北交所")的出现为信托公司提供了业务转型的契机,在行业逐步压降非标、通道、地产业务的同时,投资型信托将成为信托公司业务发展的重点领域,北交所的成立有可能在未来改变信托公司的主要盈利点。2021年11月,多家机构调研北交所企业,其中不乏信托公司的身影,一方面信托公司可以直接参与北交所上市企业的股权投资;另一方面企业可以通过强化同业合作,发挥信托服务优势,助力小型创新型企业融资。

三、信托业务规范性不断强化

2021年,我国宏观金融政策重点关注金融机构展业的规范性,主要体现在互联网业务规范性和高级管理人员履职规范性两个方面。

在规范互联网业务方面,2021年1月,中国人民银行、银保监会联合发布《关于规范商业银行通过互联网开展个人存款业务有关事项的通知》,以加强对商业银行通过互联网开展个人存款业务的监督管理,维护市场秩序,防范金融风险,保护消费者合法权益。其主要对商业银行开展互联网存款业务的监管适用法规、计结息规则、网络平台、风险监测、存款人保护等方面进行规范。紧接着,银保监会于2月发布《关于进一步规范商业银行互联网贷款业务的通知》,进一步规范互联网贷款业务行为,主要涉及风险控制要求、出资比例管理、合作机构集中度管理、总量控制和限额管理、经营区域等内容。

6月，中国人民银行、银保监会联合发布《关于规范现金管理类理财产品管理有关事项的通知》，加强对商业银行、理财公司现金管理类理财产品的监督管理。该通知明确了现金管理类产品的范畴，即指仅投资于货币市场的工具，每个交易日可办理产品份额认购、赎回的商业银行或者理财公司理财产品；指出现金管理类产品应当投资的和不得投资的金融工具的类别；对流动性的资产比例、平均剩余期限、净值确认方法、认购资金限额、产品宣传、尽职调查等加以规范。

在规范高级管理人员履职方面，中国人民银行于2021年3月发布《金融控股公司董事、监事、高级管理人员任职备案管理暂行规定》，以规范金融控股公司董事、监事和高级管理人员的任职和管理，促进公司稳健运营。首先对在金融控股公司担任董事、监事、高级管理人员的任职条件进行说明；其次明确了相关管理人员的任职备案流程；最后规范了监管部门的监督核查方法。

5月，银保监会发布《银行保险机构董事监事履职评价办法（试行）》，旨在健全银行保险机构公司治理，规范董事监事履职行为，提升董事监事履职质效，促进银行业保险业稳健可持续发展。上述办法明确了银行保险机构董事监事的基本职责和重点评价领域，主要涉及战略制定与执行、内部管理、与监管部门的配合、消费者权益保护、履行法律法规等方面，以及对上述方面的有效监督。

2021年，信托公司正值业务转型优化的窗口期，展业行为的规范性持续加强，信托公司纷纷规范发展、回归本源，固有资金股权投资类业务、传统通道业务、房地产业务等灰色地带边缘业务逐一被规范与压降。同时，多数信托公司纷纷受益于业务的规范性：一是互联网业务的规范发展有利于信托公司降低业务后期管理成本，同时使信托公司得以通过线上平台向大量个人投资者发售信托产品，更利于信托公司形成规模效应并优化客户结构；二是加强高级管理人员履职的规范性，有助于信托公司优化企业治理结构，降低关联交易与股东不当干预给公司经营活动带来的风险，同时督促管理人员各司其职，提高公司运营效率，进一步助推信托业务的规范性。

四、信托业国际化步伐加速

2021年，我国金融市场的开放程度持续加大，相关的配套政策逐步完善。2021年初，中国人民银行、国家外汇管理局将境内企业境外放款的宏观审慎调节系数由0.3上调至0.5，同时将外币境外放款余额的币种转换因子由0上调至0.5，并鼓励中国国内企业使用人民币进行海外投资。

9月,区域性跨境投资业务行为规范《粤港澳大湾区"跨境理财通"业务试点实施细则》发布,规定符合一定条件(包括户籍、投资经历、投资门槛)的粤港澳大湾区内地投资者可投资基金、债券和存款等发行主体在香港和澳门地区的中低风险产品。同时,中国人民银行发布《关于开展内地与香港债券市场互联互通南向合作的通知》(简称"南向通"),为内地机构投资者的境外投资配置债券提供了便捷通道。"南向通"的发布给包括部分信托公司、理财子公司等在内的尚未取得QDII额度的金融机构布局境外债券市场带来便利,使此类金融机构拥有更为灵活的资产配置渠道,间接提高了其跨境投资收益。此外,"南向通"与区域性的"跨境理财通"的开放将在一定程度上推进包含债券在内的多种金融资产的评级、交易、结算、托管、汇兑等业务的开展,推动相关金融基础设施的国际化建设,拓展信托公司开展服务类业务的边界。

2021年,信托公司加快布局国际化业务,在获取国际化业务牌照方面已不仅仅局限于早期的合格境内机构投资者(QDII)的形式,逐渐开始尝试合格境内有限合伙人(QDLP)、合格境内投资企业(QDIE)等形式。信托公司开展国际化业务的品种日趋丰富,其主要涵盖中资美元债投资、二级市场、员工持股、离岸信托等领域。

第四节 2021年中国信托业发展现状与特征分析

一、信托资产规模低位企稳,资本实力持续增强

(一)信托资产规模趋于平稳

2018年资管新规出台以来,信托业在艰难中不断转型,信托资产规模从2017年第四季度末的26.2万亿元的高点持续回落。随着资管新规过渡期的临近,信托资产规模于2021年1月末首次回降至20万亿元以内,较2017年的高点跌幅达31.7%。随后信托资产规模低位企稳,截至2021年第三季度末,信托业受托管理资产规模合计20.44万亿元,与2021年第一季度(20.4万亿元)和第二季度(20.6万亿元)的资产规模基本一致。

从中长期变化来看,信托资产规模自2016年持续上升,并于2017年第四季

度达到峰值；此后受资管新规影响，2018 年第四季度开始大幅下调，开启在转型中平稳回落的阶段。2020—2021 年信托资产规模环比变动幅度基本稳定在 ±2%，无论从绝对规模视角还是从相对变动视角来看，其变动均趋于平稳。2021 年，信托资产规模稳定在 20.4 万亿元附近。如图 1-8 所示。

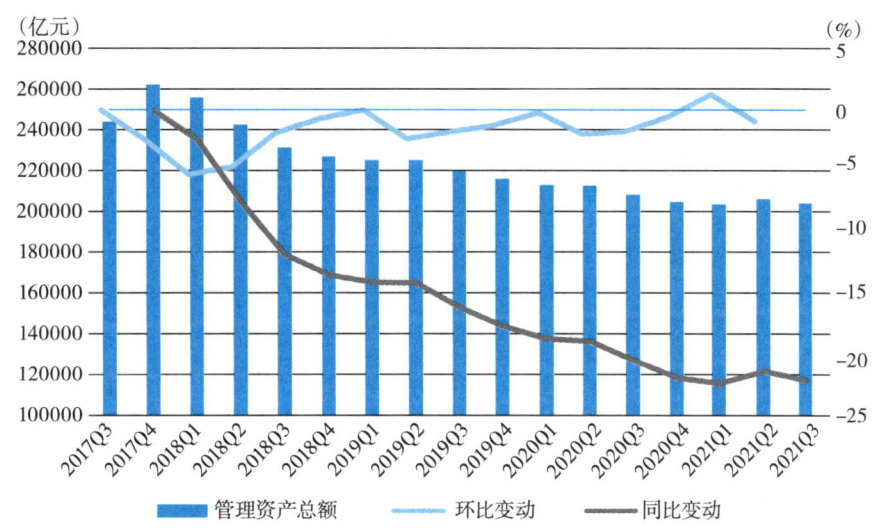

图 1-8　2017 年第三季度至 2021 年第三季度信托行业管理资产规模情况

（二）资本实力稳步提升，风险防控能力持续增强

自《关于规范金融机构资产管理业务的指导意见》（以下简称"资管新规"）及《信托公司资金信托管理暂行办法（征求意见稿）》出台以来，增资成为信托公司提高资本实力、行业竞争力，以及进一步推进创新业务转型和快速发展的重要途径。2021 年，在外部经济环境波动、监管持续趋严以及信托行业发展不确定性日益增大的背景下，信托行业继续大力扩大资本规模、夯实资本实力，不断提高自身的业务创新与风险抵御能力。据不完全统计，截至 2021 年 11 月 22 日，年内信托公司获批增资达 11 笔，较 2020 年、2019 年同期分别增长了 4 笔和 2 笔；涵盖陆家嘴信托、大业信托、华宸信托、紫金信托、陕国投信托、西藏信托、国通信托、中航信托和中粮信托 9 家机构，较 2020 年同期增加 2 家。然而，从增资金额来看，2021 年信托业增资总额仅为 99 亿元，较 2020 年同期的 179.42 亿元大幅减少，其主要原因是 2021 年信托业增资主要集中于中小信托公司，增资幅度多集中在 30% 左右。具体内容见表 1-6。

表1-6 2019—2021年信托公司增资情况

信托公司	公布时间	批复时间	增资前（亿元）	增资后（亿元）	增资方式
陆家嘴信托	2021年11月19日	2021年11月12日	57.00	90.00	股东等比例增资
大业信托	2021年10月25日	2021年10月22日	14.85	20.00	—
华宸信托	2021年9月29日	2021年9月29日	8.00	9.26	新股东增资（内蒙古金融资产管理有限公司）
紫金信托	2021年9月22日	2021年9月22日	24.53	32.71	新股东增资（江苏宁沪高速公路股份有限公司）和现股东增持
陕国投信托	2021年9月13日	2021年9月9日			定增获批，发行不超过1189203853股，人民币普通股（A股）
西藏信托	2021年9月8日	2021年9月8日	30.00	31.00	西藏自治区财政厅货币出资1亿元
国通信托	2021年8月11日	2021年8月11日	32.00	41.58	武汉金融控股（集团）有限公司出资
陆家嘴信托	2021年7月2日	2021年6月24日	48.00	57.00	—
中航信托	2021年7月2日	2021年6月30日	46.57	64.66	资本公积1174749800元转增：注册资本增加20亿元，增加的注册资本由中航投资控股有限公司出资
陕国投信托	2021年4月30日	2021年4月28日	30.90	39.64	陕西省高速公路建设集团持股比例由21.33%增至21.62%
中粮信托	2021年1月5日	2020年12月28日	23.00	28.31	中粮资本出资
五矿信托	2020年12月31日	2020年12月31日	60.00	130.51	股东按比例出资
大业信托	2020年12月31日	2020年12月24日	10.00	14.85	—
华鑫信托	2020年12月29日	2020年12月24日	35.75	58.25	—
陆家嘴信托	2020年12月4日	2020年11月19日	40.00	48.00	—

续表

信托公司	公布时间	批复时间	增资前（亿元）	增资后（亿元）	增资方式
光大信托	2020年11月11日	2020年11月4日	64.18	84.18	—
江苏信托	2020年10月20日	2020年10月20日	37.60	87.60	—
国元信托	2020年10月14日	2020年10月13日	30.00	42.00	现金增资和留存利润转增资本
西部信托	2020年9月21日	2020年9月15日	15.00	20.00	—
财信信托	2020年7月17日	2020年7月13日	24.51	43.80	资本公积转增
建信信托	2020年7月8日	2020年7月3日	24.67	105.00	转增
国投泰康信托	2020年1月3日	2019年12月24日	21.91	26.71	股东出资
建信信托	2019年11月13日	2019年11月7日	15.27	24.67	股东出资
外贸信托	2019年10月15日	2019年9月30日	27.41	80.00	股东出资+转增
中信信托	2019年9月18日	2019年9月10日	100.00	112.76	股东出资
华宝信托	2019年8月16日	2019年8月13日	37.44	47.44	—
中原信托	2019年6月25日	2019年6月17日	36.50	40.00	—
兴业信托	2019年6月17日	2019年6月11日	50.00	100.00	未分配利润转增
西藏信托	2020年1月6日	2019年4月30日	10.00	30.00	—
东莞信托	2019年1月8日	2018年12月28日	12.00	14.50	—
光大信托	2019年1月3日	2018年12月28日	34.18	64.18	股东出资

注：统计时间截至2021年11月22日。

资料来源：中国银行保险监督管理委员会。

在风险防控方面，大型信托机构资本实力在前期基本得到补充，中小信托机构资本意识以及资本实力逐步提升，严监管使机构的信托业风险防控能力持续增强。从所有者权益的构成来看，近年来，信托公司实收资本和信托赔偿准备呈逐步增长的态势。截至2021年第三季度末，信托业实收资本达3187.21亿元，环比增长1.05%；信托赔偿准备金为329.66亿元，与2021年第二季度持平，较2021年第一季度和2020年第四季度末分别增长5.35亿元和15.97亿元，信托赔偿准备金占比稳定在5%左右。如图1-9所示。当前，在部分信托公司前期信托项目风险持续暴露的背景下，信托赔偿准备金的增加有助于提高信托公司的风险应对能力。

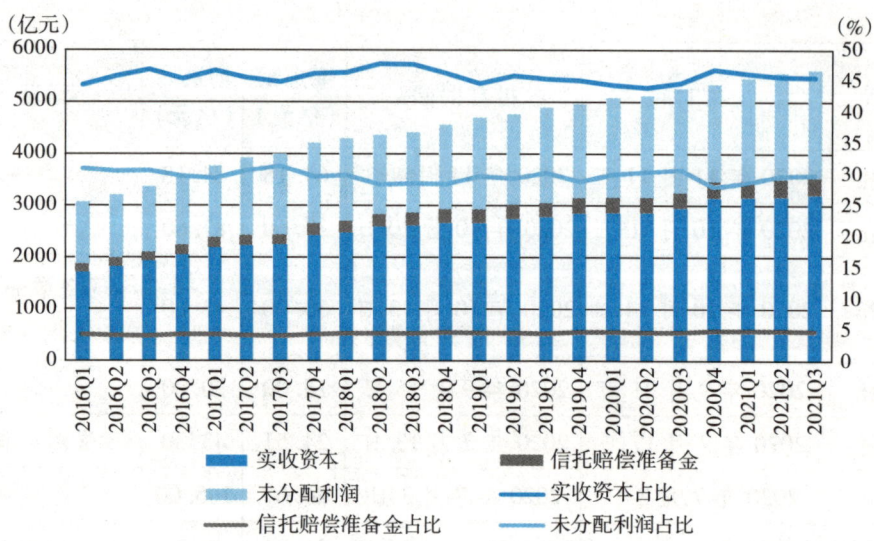

图1-9 2016年第一季度至2021年第三季度信托公司所有者权益的主要构成与占比

二、信托资金结构优化，行业转型成果显现

（一）资金来源结构优化，通道业务持续收缩

2021年是资管新规过渡期的最后一年，信托业在创新中加快转型，资金来源结构不断优化。2017年第四季度以来，以通道业务为主的单一资金信托规模及占比逐年下降，截至2021年第三季度同比降幅已超20%。在信托公司积极谋划业务转型的过程中，集合资金信托、管理财产信托规模保持平稳增长。

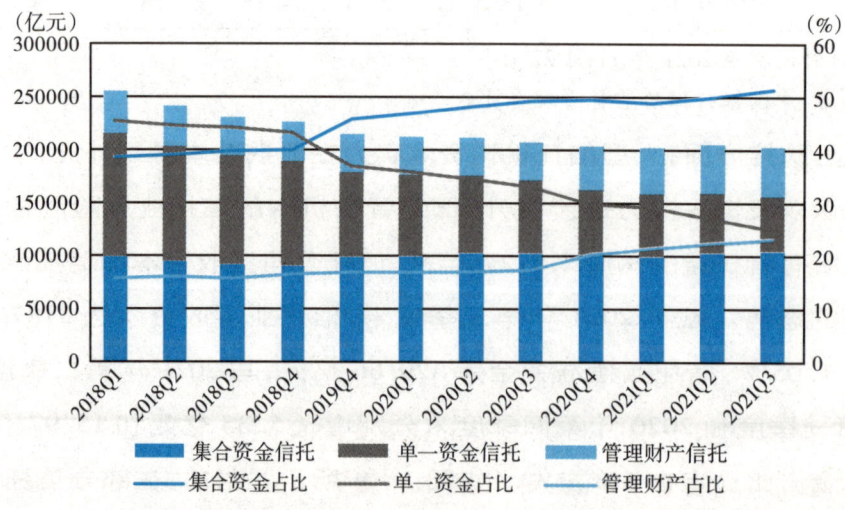

图1-10 2018年第一季度至2021年第三季度信托资产来源构成与占比

截至2021年第三季度末,集合资金信托规模为10.55万亿元,环比增长1.81%;规模占比达到51.63%,环比上升1.39个百分点。单一资金信托规模为5.12万亿元,环比下降8.64%;规模占比为25.04%,环比下降2.11个百分点。管理财产信托规模为4.77万亿元,环比增长2.21%;规模占比为23.33%,环比上升0.72个百分点。如图1-10所示。

(二)资金投向结构优化,证券市场规模增长

资管新规过渡期临近结束,通道业务持续压缩,非标投资明显减少,标准化投资快速发展,信托行业资金投向结构明显优化。截至2021年第三季度末,资金信托规模为15.67万亿元,同比下降9.04%,其中工商企业、证券市场、基础产业、房地产业、金融机构的投向规模分别为4.55亿元、3.06亿元、1.96亿元、1.95亿元和1.90亿元,占比分别为29.02%、19.50%、12.52%、12.42%和12.12%。如图1-11所示。

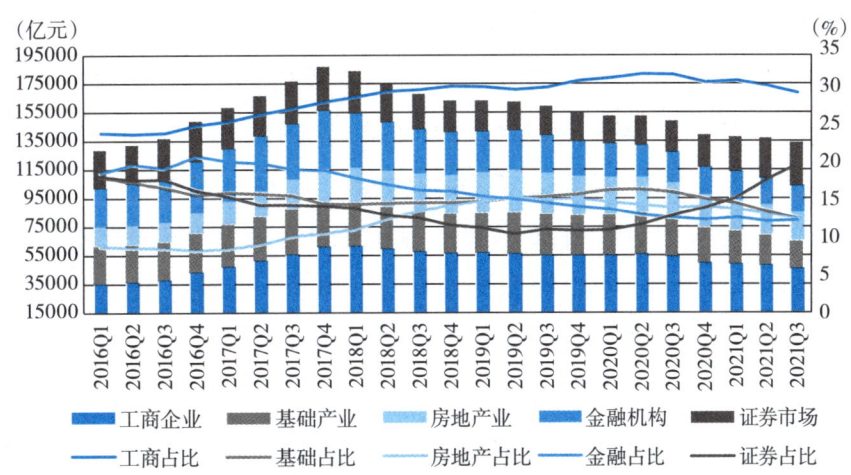

图1-11 2016年第一季度至2021年第三季度资金信托的投向和占比

2021年以来,在非标转标、融资压降的政策指导下,证券投资信托进入快速增长期,证券市场成为资金信托投向的第二大领域。截至2021年第三季度末,投向证券市场的资金信托余额为3.06万亿元,同比增长38.12%,环比增长9.22%;证券市场信托占比升至19.50%,其中投向股票、债券和基金的规模分别为0.65万亿元、2.13万亿元和0.28万亿元,同比分别增长6.54%、57.36%和10.75%。随着资本市场改革的不断深化以及信托公司投研能力、管理能力的不断提高,信托公司的标准化投资有望获得进一步发展。如图1-12所示。

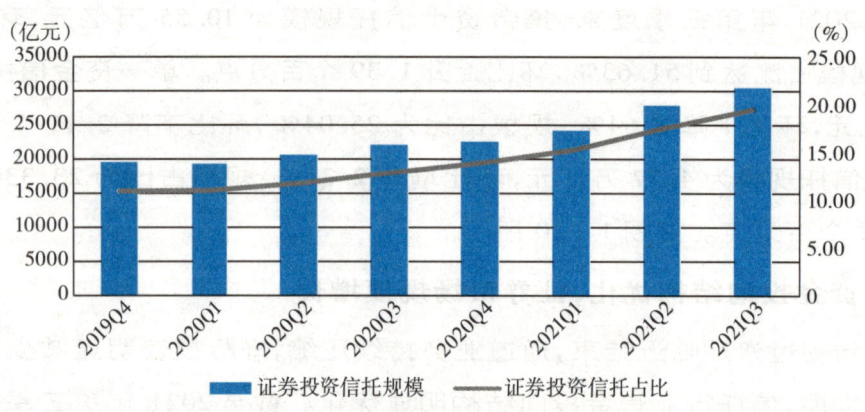

图 1–12　2019 年第四季度至 2021 年第三季度证券投资信托规模与占比

三、监管新政密集出台，严监管态势有增无减

自 2018 年资管新规及其细则出台以来，信托业正式进入降融资、压通道、打破刚兑的净值化、本源化转型的新发展期，各信托公司也在积极转型中不断进行探索。2020 年，受新冠肺炎疫情及宏观市场双重压力的影响，资管新规过渡期由 2020 年底延长至 2021 年底，这为资管机构业务调整和转型留下短暂空间，但过渡延长期内信托业监管强度并未有丝毫放松。

2021 年，信托行业继续开展"两压一降"，即继续压降信托通道业务规模，逐步压缩违规融资类业务规模，加大对表内外风险资产的处置。在 2021 年 2 月 7 日召开的信托监管工作会议上，监管部门汇总了 2020 年信托公司压降任务的完成情况，近 20 家信托公司被点名批评。2021 年 5 月，银保监会下发《关于推进信托公司与专业机构合作处置风险资产的通知》，鼓励探索多种模式处置信托业风险资产；同月发布《信托公司监管评级评分操作表》，"两压一降"等监管政策落实情况被列入其中。7 月，发布《银行保险机构进一步做好地方政府隐性债务风险防范化解工作的指导意见》（简称"15 号文"）及其补充通知，对政府融资平台涉及的地方政府隐性债务的新增与化解做出明确规定；同月，发布《关于清理规范信托公司非金融子公司业务的通知》，以"压缩层级、规范业务"为主要思路，加强对信托公司境内一级非金融子公司管控。9 月，出台《关于加强信托公司异地信托业务监管的通知（征求意见稿）》，首次针对信托公司开展异地业务出台具体监管措施。11 月，下发《关于进一步推进信托公司"两项业务"压降有关事项的通知》，要求信托公司要统筹"两项业务"进行压降和风险处置，信托行业监管持续趋严。

此外,从整个资管行业的监管来看,2021年是资管新规过渡期的最后一年,监管部门在资管行业业务规范、投资范围、同业合作等领域均颁布了一系列法规和制度。具体内容如表1-7所示。

表1-7 2021年金融资管业相关的法规和制度

发布时间	发布机构	政策、文件名称	主要内容
1月	证监会	《公开募集证券投资基金运作指引第3号——指数基金指引》	加强指数基金产品注册及投资运作监管;共十三条,主要对管理人专业胜任能力、标的指数质量、指数基金投资运作、ETF及联接基金特殊监管要求等进行规范
1月	上海证券交易所	《上海证券交易所公开募集基础设施证券投资基金(REITs)业务办法(试行)》	规范公开募集基础设施证券投资基金上市审核、发售认购、上市交易、收购及信息披露等业务活动,保护投资者合法权益
1月	银保监会	《银行保险机构公司治理准则(征求意见稿)》	银行保险机构应当持续提升公司治理水平,逐步达到良好公司的治理标准;良好公司治理包括但不限于清晰的股权结构、健全的组织架构、明确的职责边界等
2月	银保监会	《关于进一步规范商业银行互联网贷款业务的通知》	要求商业银行独立开展互联网贷款风险管理,自主完成对贷款风险评估和风险控制具有重要影响的风控环节,严禁将关键环节外包;与合作机构共同出资放贷时,单笔贷款合作方出资不得低于30%,对集中度与限额指标做出细化规定;严控跨区域经营,地方法人银行不得跨注册地辖区开展互联网贷款业务
2月	银保监会	《银行保险机构声誉风险管理办法(试行)》	要求银行保险机构承担声誉风险管理的主体责任,构建组织健全、职责清晰的声誉风险治理架构,从风险排查、应急演练等方面做好声誉风险日常管理工作;要求监管机构将银行保险机构的声誉风险管理纳入法人监管体系,将机构的声誉风险管理状况作为监管评级及市场准入的考虑因素,并可针对发现的问题依据现行有关法律法规实施行政处罚

续表

发布时间	发布机构	政策、文件名称	主要内容
2月	证监会	《公司债券发行与交易管理办法》	落实公开发行公司债券注册制;涉及《证券法》的适应性修订;加强事中、事后监管等
	中国证券登记结算有限公司	《中国证券登记结算有限责任公司、上海证券交易所、深圳证券交易所债券质押式回购交易结算风险控制指引》	解决当前回购业务风控指标体系不健全的问题、参与机构对回购融资主体风险管理措施与手段缺乏的问题和参与机构自身的风险管理内控机制不健全的问题
3月	中国人民银行、银保监会、证监会	《金融机构客户尽职调查和客户身份资料及交易记录保存管理办法(修订草案征求意见稿)》	更新客户尽职调查的适用情形及措施;根据各金融行业的业务发展和风险状况,完善不同金融行业的客户尽职调查要求,更加适应反洗钱国际标准;完善代理行、电汇、外国政要人士、新技术等较高风险业务(环节)的客户尽职调查要求;明确受益所有人概念以及相关识别要求
4月	中国人民银行、国家发展改革委、证监会	《绿色债券支持项目目录(2021年版)》	煤炭等化石能源清洁利用等高碳排放项目不再纳入支持范围,并采纳国际通行的"无重大损害"原则;首次统一了绿色债券相关管理部门对绿色项目的界定标准
5月	中国人民银行、银保监会、证监会	《资产管理产品介绍要素》	对银行理财产品、证券期货资产管理计划及相关产品、信托产品介绍的通用要求、各级要素及内容要求进行规定,并给出相应的介绍模板
	银保监会	《信托公司监管评级评分操作表》	对23个评价要素细项进行了调整,多以增加的形式进行补充,涉及风险监测与防控、监管政策落实情况、信保基金认购情况等;其中"两压一降"等监管政策落实情况被列入减分项,这意味着如果该项工作相关部门执行不到位,将予以扣分;如果支持实体经济的工作效果好,则可以获得加分
	银保监会	《理财公司理财产品销售管理暂行办法》	明确理财产品销售机构范围;强化理财产品销售流程管理;要求信息全面登记

续表

发布时间	发布机构	政策、文件名称	主要内容
5月	银保监会	《关于推进信托公司与专业机构合作处置风险资产的通知》	同意信托公司与中国信托业保障基金有限责任公司、金融资产管理公司和地方资产管理公司等专业机构合作处置信托公司固有不良资产和信托风险资产
	证券投资基金业协会	《证券期货经营机构私募资产管理计划案例通报》（2021年第2期）	针对资管计划投资购房尾款资产进行规范
6月	银保监会、中国人民银行	《关于规范现金管理类理财产品管理有关事项的通知》	对商业银行及理财公司发行的现金管理类产品提出具体监管要求
	中国人民银行	《银行业金融机构绿色金融评价方案》	中国人民银行及其分支机构对银行业金融机构绿色金融业务开展情况进行综合评价，并依据评价结果对银行业金融机构实行激励约束的制度安排
	银保监会	《银行保险机构公司治理准则》	将党的领导与公司治理有机融合的要求正式写入监管制度；吸收整合现有银行业监管规制与保险业监管规制的核心内容；借鉴引入《二十国集团/经合组织公司治理原则》所倡导的优秀做法
	银保监会	《银行保险机构公司治理准则》	推动银行保险机构提高公司治理质效，促进银行保险机构科学健康发展
	银保监会	《银行保险机构恢复和处置计划实施暂行办法》	明确依法有序、自救为本、审慎有效、分工合作四项原则，强调有序恢复和处置，保障社会公众利益，维护金融稳定；附件分别为商业银行、保险公司提供了恢复计划和处置计划建议示例
	证监会	《资产管理产品介绍要素第2部分》	对证券期货公司及其子公司资产管理计划、基金管理公司及其子公司私募资产管理计划、公募基金、私募证券投资基金等资产管理产品建立统一的产品介绍标准；规定了产品介绍的通用要求、各级要素及内容要求，给出了证券期货资产管理计划及相关产品的介绍模板

续表

发布时间	发布机构	政策、文件名称	主要内容
6月	国知局、银保监会、国家发展改革委	《知识产权质押融资入园惠企行动方案（2021—2023年）》	鼓励银行业金融机构对企业专利权、商标专用权、著作权、集成电路布图设计专有权等各类知识产权进行打包质押，积极探索知识产权许可收益权等出质的可行性，拓宽质押物范围
	银保监会	《银行保险机构关联交易管理办法（征求意见稿）》	统筹规范银行业、保险业关联交易监管，力争实现监管标准一致性基础上的差异化监管；明确监管总体原则，银行保险机构应当维护公司经营的独立性，避免多层嵌套等复杂安排；坚持问题导向，按照实质重于形式和穿透监管原则，加强重点风险识别；加强信息披露，完善监管措施
7月	银保监会	《银行保险机构消费者权益保护监管评价办法》	强化银行保险机构对互联网平台等第三方合作机构的管理责任，强化消保审查、前移风控关口，防止产品"带病"上市，借鉴新时代"枫桥经验"，鼓励金融机构积极开展和参与纠纷多元化解，并将落实情况纳入评价内容
	银保监会	《关于清理规范信托公司非金融子公司业务的通知》	以"压缩层级、规范业务"为主要思路，加强信托公司境内一级非金融子公司管控，明确清理规范工作安排
8月	银保监会	《关于促进债券市场信用评级行业健康发展的通知》	加强评级方法体系建设，提升评级质量和区分度；完善信用评级机构公司治理和内部控制机制，坚守评级独立性；加强信息披露，强化市场约束机制；优化评级生态，营造公平、公正的市场环境；严格对信用评级机构监督管理，加大处罚力度
9月	银保监会	《关于开展养老理财产品试点的通知》	自2021年9月15日起，工银理财有限责任公司在武汉市和成都市，建信理财有限责任公司和招银理财有限责任公司在深圳市，光大理财有限责任公司在青岛市开展养老理财产品试点，试点期限暂定一年；试点阶段，单家试点机构养老理财产品募集资金总规模限制在100亿元人民币以内

续表

发布时间	发布机构	政策、文件名称	主要内容
9月	银保监会	《关于加强信托公司异地信托业务监管的通知（征求意见稿）》	信托公司不得在注册地以外设有异地管理总部或形成异地管理总部运营模式
	银保监会	《关于资产支持计划和保险私募基金登记有关事项的通知》	明确产品登记流程；严格登记时限要求；压实机构登记职责；提出相关监管要求；明确产品登记制改革后，仍由银保监会对产品实施监管，加强对登记机构的工作指导和监督，完善事中、事后监管措施
10月	证监会	《关于合格境外机构投资者和人民币合格境外机构投资者参与金融衍生品交易的公告》	自2021年11月1日起施行；新增允许合格境外投资者交易国务院或中国证监会批准设立的期货交易场所上市交易的商品期货、商品期权、股指期权合约；参与股指期权的交易目的限于套期保值交易
	银保监会	《关于印发银行保险机构大股东行为监管办法（试行）的通知》	银行保险机构大股东应当使用来源合法的自有资金入股银行保险机构，不得以委托资金、债务资金等非自有资金入股，法律法规另有规定的除外；银行保险机构大股东应当逐层说明其股权结构直至实际控制人、最终受益人，以及与其他股东的关联关系或者一致行动关系，确保股权关系真实、透明，严禁隐藏实际控制人、隐瞒关联关系、股权代持、私下协议等违法违规行为
	中国银保监会办公厅	《关于持续深入做好银行机构"内控合规管理建设年"有关工作的通知》	坚守主责主业，坚定贯彻落实中央重大决策部署；聚焦风险漏洞，加快补齐内控合规管理短板；狠抓人员管理，强化常态化异常行为监测排查；严肃内部问责，切实增强惩戒震慑效果；注重"管常管长"，完善内控合规长效机制；注重统筹施策，推进内控合规管理常抓不懈
11月	银保监会	《关于进一步推进信托公司"两项业务"压降有关事项的通知》	要求信托公司通道类信托项目到期的原则上不得展期续做，未到期的项目应加强与委托方和交易对手的协商，争取提前结束

资料来源：笔者根据银保监会、证监会、信托业协会披露资料整理得到。

(一)"两压一降"成为信托公司监管评级的刚性指标

2021年5月,银保监会发布《信托公司监管评级评分操作表》,与之前的评分表相比,共调整了23个评价要素细项,涉及"两压一降"、关联交易、股东责任、风险监控、信托保障基金公司、实体经济支持等方面。

1. "两压一降"被列入减分项

落实"两压一降"的政策新增细项,主要包括未落实房地产信托业务规模管控要求,或变相突破房地产信托监管要求;风险排查结果不真实或排查出的风险项目未及时纳入台账管理;监管年度内新发生金融同业通道业务;未完成金融同业通道业务压降计划,或虚假"压降"金融同业通道业务;未完成融资类信托业务压降计划,或虚假"压降"融资类信托业务。以上项目可扣除2~4分。需要关注的是,评价期内新设立或变相设立非标资金池,或者未推进存量非标资金池清理工作,直接扣除4分。

2. 信托公司关联交易新增减分项

信托公司关联交易情况新增的减分项具体为"信托公司未按监管要求履行股权事务管理职责,未建立完善的股权管理制度,或未及时履行股权信息登记和信息披露职责等",最高可扣除3分。

3. 股东责任履行情况新增减分项

股东责任履行情况方面,新增"信托公司股东存在入股目的不端正、入股资金来源违法违规等不符合监管要求的情形"和"主要股东未按监管要求向公司或监管部门履行报告或告知义务",分别可扣除1~2分。

4. 风险监控新增减分项

风险检测与防控方面新增的细项主要包括信托业务涉嫌虚构底层资产,如应收账款不真实、供应链信托业务底层资产虚假等;与第三方机构(如互联网公司)合作开展个人贷款等业务时将核心风控环节外包,或为无放贷业务资质的机构提供资金发放贷款;未按监管要求完成风险资产处置目标;信托公司股东存在入股目的不端正、入股资金来源违法违规等不符合监管要求的情形;主要股东未按监管要求向公司或监管部门履行报告或告知义务,最高可扣除2分。若信托公司证券投资因异常交易行为受到交易所书面警示且被查证属于违规行为的则每次扣除1分。

5. 信托保障基金公司的评价要素细则调整

新评分表将"评价期内拖延认购保障基金"和"评价期内未足额认购保障基

金,或者拒绝认购保障基金"两项合并为"未及时、足额认购保障基金",扣分浮动性增加,改为所扣分值=(应认购基金-实际认购基金)/应认购基金×1分;回调分值=补认购金额/(应认购基金-实际认购基金)。

新评分表将报送资料和规避认购的评价要素替换为"以固有资金垫付基金或向投资者转嫁认购责任"和"人为调节信托业务分类以规避基金认购要求",每次分别扣除0.3分、0.2分。

新评分表在信保基金流动性支持、资产收购等资金运用方面,调整为3项评价细则,分别为在未提供足额有效担保、流动性困难解决方案和还款计划的情况下,借入基金流动性支持;将流动性支持或反委托收购资金挪作他用;未及时偿还流动性支持本息或反委托收购业务标的资产最低清收额,每次分别扣除0.5分。

6. 支持实体经济与政策导向可获得加分

新评分表在支持实体经济和政策导向方面新增了4个加分细项,具体为做好金融支持复工复产和复市复业工作,加大对受新冠肺炎疫情影响较大地区和行业的信托支持力度;多元化开展绿色信托业务;加大对脱贫攻坚或"三农"领域的支持力度;加强知识产权保护,服务科技创新发展。

(二)信托行业风险资产处置迎来新机遇

在信托行业风险加速暴露的背景下,2021年5月,银保监会下发《关于推进信托公司与专业机构合作处置风险资产的通知》(以下简称《通知》),同意信托公司与中国信托业保障基金有限责任公司、金融资产管理公司和地方资产管理公司等专业机构合作处置信托公司固有不良资产和信托风险资产,鼓励信托公司与专业机构加大信托行业风险处置力度,为信托行业风险资产处置"破局"。《通知》的重要特点在于以下几个方面:

第一,明确表示要构建信托业风险资产处置市场化机制。《通知》提出加强资产估值管理、引入市场化竞争机制、明确损失分担机制、承担受托责任以及增强损失抵补能力等,推动信托风险处置市场化建设,增强市场交易活跃度,更好地促进资产价值的发现、提升和实现。

第二,注重多渠道并重,鼓励多渠道创新。不仅主动提出向专业机构直接转让资产、向特殊目的载体转让资产、委托专业机构处置资产、信托保障基金公司反委托收购的具体模式,还鼓励信托公司与专业机构合作探索其他创新模式,助力信托行业风险化解。

第三,规范化处置过程。《通知》要求专业机构与信托公司开展买断式资产收购业务时应当遵守真实性、洁净性、整体性原则,通过规范的估值程序进行市场公允定价,实现资产和风险的真实、完全转移。双方不得在资产转让合同之外达成改变风险承担和收益分配的约定,为信托公司隐匿风险或隐性加杠经营提供便利。信托公司向特殊目的载体卖断资产,不得对特殊目的载体形成控制;若存在违法违规情形,信托公司即使已经对外转让相关资产,监管部门有权依法查处。

第四,凸显信保基金的独特功能。信保基金主要负责保障基金的筹集、管理和使用,并按照市场化原则,预防、化解和处置信托业风险。《通知》出台以前,根据《信托业保障基金管理办法》,信保基金旨在保护信托当事人合法权益,有效防范信托业风险,促进信托业持续健康发展,但并没有提到信保基金可以帮助信托公司直接处置风险资产。在实践中,信保基金自成立以来,仅主要承担为信托机构提供流动性支持等基础功能,主动参与信托机构风险处置的功能尚未充分发挥。此次《通知》明确赋予保障基金风险资产的处置功能。《通知》出台后,信保基金公司协助信托公司处置风险资产的方式主要有:与其他专业机构共同设立SPV买断信托公司的风险资产并整合各类机构的专业优势共同处置风险资产,或者直接收购风险资产再反委托信托公司处置和管理该风险资产,以缓解信托公司的流动性压力,化解风险资产。

第五,进一步强化打破刚兑。长期以来,信托业的"一法三规"虽多次提到不承诺收益、不保证本金,甚至2018年资管新规写到"举报刚兑有奖",但刚兑却屡禁不止。《通知》明确提出:信托中的任何一个参与方,包括投资人,都必须按照市场化方式处置风险资产,并接受市场化处置的结果,如打折转让、以物抵债等;对于信托产品发生的损失,信托公司应区分由自身承担的赔偿责任和由投资者承担的投资损失,并各自承担相应的义务,这为打破刚性兑付提供了依据。

(三)信托公司非金融子公司严格受限

2021年7月,银保监会发布《关于清理规范信托公司非金融子公司业务的通知》,以"压缩层级、规范业务"为主要思路,加强对信托公司境内一级非金融子公司的管控,明确清理规范工作安排。

该通知明确针对信托公司的非金融子公司,其原因是该类非金融子公司主要由信托公司直接或间接设立并从事私募股权投资等业务,这虽然方便与母公司进行一定程度的战略协同,但部分公司由于经营管理相对薄弱、合规意识相对淡薄,在展业过程中滋生了市场乱象,增加了风险。如开展监管套利、隐匿风险的通道业务;与母公司之间存在融出资金、转移财产、输送利益等违规关联交易问题等,极易引发市场风险。基于此,银保监会办公厅发布该通知,从压缩层级、规范业务角度出发,整顿规范信托公司非金融子公司,治理市场乱象。其具体内容主要包括以下三个方面。

第一,压缩层级。自该通知印发之日起,信托公司不得新增境内一级非金融子公司;已设立的境内一级非金融子公司不得新增对境内外企业的投资。信托公司可选择保留一家目前从事特定业务的境内一级非金融子公司,并应当有计划地按照通知要求以转让股权等方式清理对相关企业的投资。

第二,规范业务。一方面,规范信托公司选择保留的境内一级非金融子公司的新增业务,并对其存量业务提出要求;另一方面,明确清理工作完成前,相关企业原则上不得新增业务。

第三,明确清理规范工作安排。落实信托公司主体责任,加强监管部门的监督管理职责,共同推进该项工作有序开展。

(四)信托公司异地展业或将再次迎来颠覆性约束

2021年9月,银保监会出台《关于加强信托公司异地信托业务监管的通知(征求意见稿)》[以下简称《通知(征求意见稿)》],严格加强信托公司异地展业管理。从具体内容来看,《通知(征求意见稿)》主要涉及两个方面的内容:一方面是整顿信托公司异地管理总部,这意味着以往信托公司"双总部"的运营模式将不再适用;另一方面是整顿信托公司异地部门,要求有异地部门的信托公司应在类别、数量、设立区域、员工规模等方面符合相关要求。

关于异地管理总部,信托公司不得在注册地以外设有异地管理总部或形成异地管理总部运营模式。在异地管理总部整改工作中,中后台部门应迁回注册地或与注册地部门合并;前台部门应按照通知有关要求进行整改。董事长(含副董事长)、经营管理层、监事长(监事会主席)应常驻注册地办公,不得在异地设有办公场所。

关于异地部门,《通知(征求意见稿)》做出具体细致的规定:信托公司应在通知印发之日起1年内按要求整顿异地部门,整顿方式不限于合并、分立、迁址、撤销等;信托公司前台部门(业务、营销)可在异地设立,中后台部门均应在注册地设立。异地前台部门不得有业务等审批权限;信托公司可在北京、上海、江苏、浙江、湖北、广东、四川七个省级行政区设立异地部门,但每个省级行政区域内仅可选择一地集中设立异地部门（同一地址），且应设有地区负责人；单家信托公司在前款规定的七个省级行政区域设立的异地部门数量合计应在22个以内，且单地设立的异地部门数量合计应在5个以内，其中单地设立的营销部门应在1个以内；信托公司应合理安排单个异地部门员工规模，所有异地部门的员工总数应占信托公司员工总数的35%以内。

《通知（征求意见稿）》旨在解决近几年信托公司为便于展业，普遍在注册地以外设立业务、营销等部门，因管理半径拉长，多数信托公司对异地部门缺乏有效管控，积累风险隐患，影响监管政策传导执行；部分信托公司异地部门业务同质化严重，加剧不必要的内部竞争，损害竞争秩序；部分信托公司形成异地管理总部运营模式，弱化、虚化注册地住所的职能作用等多种问题，从空间角度防范行业风险。

（五）政策鼓励房地产企业风险处置项目并购业务开展

2021年12月20日，中国人民银行、银保监会出台《关于做好重点房地产企业风险处置项目并购金融服务的通知》，鼓励银行稳妥有序地开展并购贷款业务，重点支持优质的房地产企业兼并收购出险和困难的大型房地产企业的优质项目；鼓励优质企业按照市场化原则加大房地产项目兼并收购，鼓励金融机构提供兼并收购的金融服务，助力化解风险、促进行业出清。具体内容包括以下六个方面。

第一，要求银行业金融机构按照依法合规、风险可控、商业可持续的原则，稳妥有序地开展房地产项目并购贷款业务，重点支持优质的房地产企业兼并收购出险和困难的大型房地产企业的优质项目。

第二，加大债券融资的支持力度。支持优质房地产企业在银行间市场注册、发行债务融资工具，募集资金用于重点房地产企业风险处置项目的兼并收购。鼓励银行业金融机构积极为并购企业发行债务融资工具提供服务，提高发行效率。鼓励银行业金融机构投资并购债券、并购票据等债务融资工具。

第三，积极提供并购的融资顾问服务。鼓励银行业金融机构发挥客户网络和渠道优势，整合信贷、投行、金融市场业务资源，提供融资顾问服务，加强与证券公司、会计师事务所等第三方机构的合作，匹配并购双方的需求，提升并购成功率。

第四，提高并购的服务效率。加快重点房地产企业项目并购贷款的审批流程，提升全流程服务效率。对于风险可控的项目，可以提前启动尽职调查、信贷审查。配合并购双方推动地方政府优化被收购房地产项目预售资金管理、加快权证办理等支持措施,从而为并购融资营造良好的环境。

第五,做好风险管理。金融机构要按照穿透原则评估项目的合规性。严格遵守房地产开发贷款的监管要求,加强并购贷款的风险控制和贷后管理,做好资金用途的监控。

第六,建立报告制度和宣传机制。银行业金融机构要建立重点房地产企业项目并购贷款的报告制度,按月向中国人民银行和银保监会报告开展并购金融服务的情况、存在的问题和建议,积极配合并购双方披露项目并购和金融支持的信息。

此外,央行、国资委组织房地产领域的优质大型民企和国企开会,传达鼓励市场主体按照市场化、法治化原则,并购出险和困难的大型房地产企业的优质项目的政策导向。央行、银保监会也组织主要银行开会,推动银行积极稳妥地推进并购贷款业务,同时对出现风险和困难的大型房企不盲目抽贷、断贷。

在金融管理部门的预期引导下,市场前期的紧张情绪已有明显缓解。此次通知出台,将积极化解当前多发的房企流动性风险,并在不改变房地产融资政策大方向的前提下,对房企融资进行定向放松。一是优质企业特别是财务状况良好的国企及经营稳健的民企,可抓住融资窗口期,积极寻找优质项目,进行项目收并购,实现业务增长。二是出险房企要主动利用政策和市场创造的条件,稳妥处置问题项目,回笼资金化解债务风险。三是促进房地产行业良性循环。风险企业项目被并购,保障了项目后期顺利投资、施工及竣工交付。

四、标品转型加速,TOF/FOF 序列成主导产品

新的监管环境下,发展标品业务不仅是信托公司重要的转型方向,还间接决定了其融资类业务的规模上限。2021 年以来,在监管政策和市场需求的双重拉动下,信托行业标品信托持续升温,尤其是 TOF/FOF 等标准化产品成为现阶段大多数信托公司业务转型的一致选择。据不完全统计,截至 2021 年末,已有 43 家信托公司布局 TOF/FOF 等标品业务,而 2020 年仅有 18 家公司参与此业务。截至 2021 年 10 月,行业集合类 TOF/FOF 产品的发行数量高达 554 只,是 2020 年发行数量 365 只的 1.5 倍以上,是 2019 年发行数量 86 只的近 6.5 倍。因此,无论从参与机构还是从发行数量上看,标品信托业务均表现倍速增长的态势,且这一增长有持续之势。如图 1-13、图 1-14 所示。

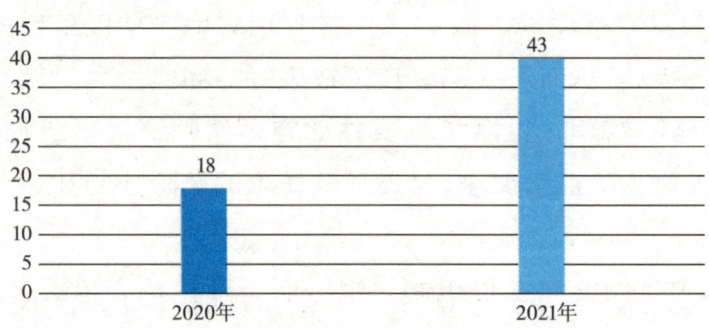

图1-13 2020年、2021年布局标品业务的信托公司

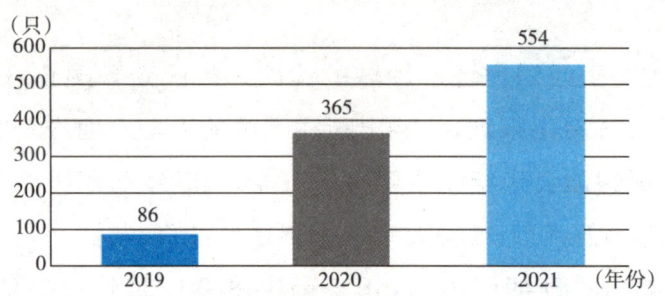

图1-14 2019—2021年集合类TOF/FOF产品的发行数量

标品信托作为信托行业的非传统业务,对信托公司的主动管理、投研水平、资产配置等具有较高要求,需要公司较长时间的能力建设,从而使得提前布局的信托公司具有较大的领先优势。从业务规模来看,截至2021年底,行业新增TOF/FOF标品规模约1052亿元,其中华润信托、中信信托、外贸信托和中航信托的新增规模占行业新增规模的近1/3,表现较为明显的分化格局。从行业实力来看,较早布局TOF/FOF业务的信托公司,目前在规模和数量上均较为突出。例如,华润信托自2009年发行"托付宝1号集合资金信托计划"开始TOF业务,2021年,其发行主动管理TOF/FOF产品超50只;外贸信托于2013年开始布局主动管理FOF业务,目前主动管理FOF业务的总体规模已超过210亿元,2021年新增规模超过100亿元,主动管理FOF产品已累计发行超过90只;中航信托的TOF业务始于2015年,截至2021年10月末,TOF存续产品701只,存续规模188.84亿元,其中2021年新增产品375只,新增规模92.95亿元;从2018年至今中信信托自主决策型TOF总规模突破100亿元,其中某TOF产品在2021年9月开放时募资超过6亿元。未来,随着更多信托公司转型布局,标品信托业务将继续加速发展,行业强者恒强的"马太效应"将愈加明显。

综合而言,发展标准化、净值化的标品信托既符合监管导向,又有利于行业长远、健康发展,是行业大势所趋,也是信托公司净值化转型时代可持续发展的不二选择。未来,信托公司应持续发力,积极推动自身标品业务的加速转型。

五、慈善信托担当重任,第三次分配彰显优势

2019年,党的十九届四中全会提出"重视发挥第三次分配作用,发展慈善等社会公益事业",党中央首次明确以第三次分配为收入分配制度体系的重要组成部分,确立慈善等公益事业在我国经济和社会发展中的重要地位。2020年10月,党的十九届五中全会再次提出,要发挥第三次分配作用,发展慈善事业,改善收入和财富分配格局。2021年8月,中央财经委员会第十次会议对推进共同富裕做出战略部署,指出要构建初次分配、再分配、三次分配协调配套的基础性制度安排,鼓励高收入人群更多地回报社会。这是继2016年《中华人民共和国慈善法》颁布实施后,党和国家对大力发展公益慈善事业、调整收入分配格局的重大部署,这不仅明确了"慈善"作为第三次分配的主要方式,而且对慈善事业的发展提出"经济价值"和"社会保障"等新要求。慈善信托作为慈善事业的新型平台渠道,相较其他慈善方式,以"金融+慈善"为基础,具有制度优势明显、慈善目的广泛、财产管理专业、慈善运作透明、汇集资金渠道多元化以及运用方式灵活等多种优势。

在共同富裕的进程中,慈善信托不仅可以依托制度优势,在法治框架下实现合法合规的财富转移和分配,还可以通过受托机构定制化设计,为委托人量身定制慈善方案,对弱势群体进行帮扶,有效地缩小贫富差距,进而构建和谐社会;可以通过受托机构专业化、规模化管理,提升慈善财产收益,扩大慈善财产来源,促进慈善事业可持续发展;可以通过永续型慈善信托,常态化应对各种自然灾害并发挥扶贫济困功能。因此,慈善信托是发挥第三次分配作用、助力解决贫困问题、缩小收入差距、促进共同富裕的重要工具及途径,并获得快速发展,体现了较大的功能优势。

(一)慈善信托发展迅速,支持领域持续扩大

自2016年《中华人民共和国慈善法》颁布以来,一系列慈善信托的政策日臻完善,中国国内信托公司参与慈善事业的积极性不断增强。随着慈善信托的深入发展,其服务的领域逐渐拓宽,服务模式越来越多元化。近年来,无论是在抗疫救灾的过程中,还是在脱贫攻坚领域,慈善信托发挥着越来越重要的作用。

"慈善中国"公开数据显示,截至2021年8月31日,全国共备案公示慈善信托633单,备案的信托财产规模达34.87亿元,备案区域覆盖全国28个省、自治区和直辖市。其中2020年9月1日至2021年8月31日,全国成功备案178单慈善信托,对应的慈善信托规模达1.88亿元。其中2021年1—9月备案完成87单,合计备案财产规模达1.31亿元。2016—2020年,全国累计备案的慈善信托数量达633单,财产规模达34.87亿元。如图1-15、图1-16所示。

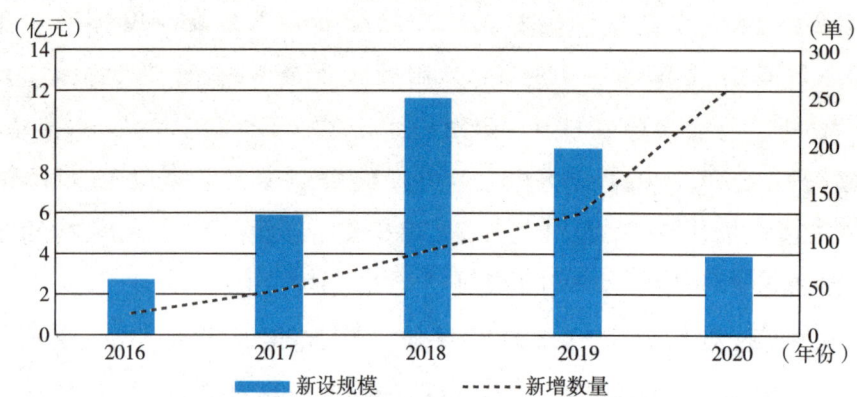

图1-15 2016—2020年新设慈善信托情况

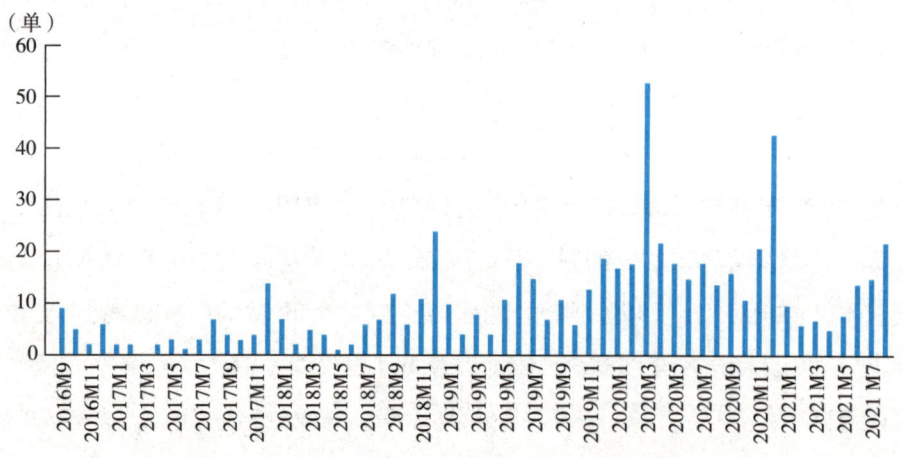

图1-16 2016—2021年慈善信托备案数量月度数据

《2021年度慈善信托研究报告》显示,2021年慈善信托业务功能涉及众多领域,覆盖了《中华人民共和国慈善法》列举的所有领域,但扶贫和教育仍是最主要的慈善领域,近五年来,信托目的涉及教育的慈善信托共有180单,涉及扶贫的慈善信托共有173单。另外,2020年以来,大量以抗击新冠肺炎疫情为目的的慈善信托设立,信托目的涉及卫生领域的慈善信托数量呈"井喷"式增长,近五年合计达到137单,仅次于教育和扶贫。扶贫济困成为慈善信托设立的主要目的之一。现实中,已有利用慈善信托创新形成企业带动、收益分红、杠杆撬动、保险保障、教育扶智等多种扶贫模式。如图1-17所示。

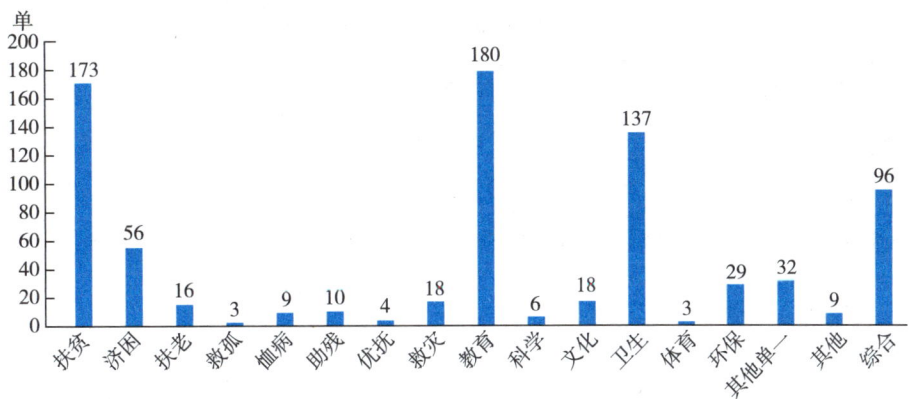

图1-17 慈善信托覆盖的领域

随着我国脱贫攻坚取得全面胜利,乡村振兴战略全面推进,信托公司和慈善组织发挥信托制度优势,积极开展乡村振兴慈善信托。截至2021年8月底,全国已备案10单以乡村振兴、美丽乡村、智慧乡村等为主题的慈善信托。如表1-8所示。

表1-8 2021年排名前10的慈善信托

排名	备案时间	慈善信托名称	规模(万元)
1	2021年7月21日	五矿信托—三江源吉上卓锋慈善信托项目	2000
2	2021年1月26日	光信善·佳善1号慈善信托	1500
3	2021年7月6日	钱江科学研究慈善信托	1433
4	2020年12月31日	老牛慈善信托	1200
5	2021年2月22日	国元信托·2021安大筑梦慈善信托	1100
6	2020年11月20日	长安慈农银壹私行张兴栋生物医学工程奖励基金慈善信托	1001
7	2021年7月5日	社会公益保护地慈善信托	1000
8	2021年4月8日	一片叶子慈善信托	631
9	2021年2月19日	光信善·益善宝上医助残慈善信托	600
10	2020年9月23日	蒙顶山合作社发展慈善信托	500
10	2021年7月13日	中航信托.中金财富东方港湾慈善信托	500

教育、科技创新、文化保护等领域体现了慈善目的精准专业的特征。例如,

中信信托于2019年推出的江平法学教育慈善信托和无虑慈善信托聚焦法律教育；万向信托设立两单永续型文化类慈善信托："涓流慈善信托"用于资助文化传统、科学技术、非物质文化遗产传承保护及其他符合慈善法规定的项目；"移投行慈善信托"以慈善文化传承与教育研究、家风家道建设等为目的。

（二）慈善信托发挥优势，助力第三次收入分配

第三次分配是基于道德力量作用的收入再分配，主要由高收入人群在自愿的基础上，以募集、捐赠和资助等慈善公益方式对社会资源和社会财富进行分配，是对初次分配和再分配的有益补充，其有利于缩小社会差距，实现更合理的收入分配。

1. 在法制体系下合理有序地实现财富转移

首先，信托作为一种独特的财产管理制度，其核心职能是财产管理和财产转移，通过委托人、受托人、受益人的制度安排，通过信托财产所有权和运用权的分离，按照委托人的信托目的，科学高效地实现信托财产的转移和管理。其次，信托财产具有独立性优势。高收入人群通过设立慈善信托开展慈善事业，既可以获得社会声誉，实现自身的社会责任目标、道德伦理追求，也能够通过设立慈善信托享受减免税政策，保有对自己财产的支配权。

2. 有效缩小贫富差距，压低基尼系数水平

慈善信托在解决贫困问题、缩小贫富差距、扶贫济弱等方面发挥了积极作用，成为我国慈善事业的重要组成部分。截至2021年8月31日，全国共备案公示慈善信托633单，备案的信托财产规模达34.87亿元，备案区域覆盖全国28个省份，业内八成以上信托公司都参与其中。2021年1—9月，备案完成87单，合计备案财产规模达1.31亿元。慈善信托的实施有利于提高贫困地区低收入人群的平均收入，对于缩小贫富差距、压低基尼系数水平具有重要的作用。

3. 参与国家战略，巩固脱贫成果

慈善信托主要的投向领域就是扶贫和教育，近五年来，以脱贫攻坚为主要慈善目的的慈善信托共设立269单，财产规模达24.5亿元，占比达73.13%，扶贫济困成为慈善信托设立的主要目的之一。提高教育水平，是阻断返贫和贫困代际传递的有效方式，对于巩固脱贫攻坚成果有着巨大的作用。五年期间信托目的涉及教育的慈善信托达180单，如2021年，新增国元信托·2021安大筑梦慈善信托、长安慈农银壹私行张兴栋生物医学工程奖励基金慈善信托等。此外，实

践中,信托业新探索了企业带动、收益分红、杠杆撬动、保险保障、教育扶智等新模式,实现慈善信托的可持续和良性循环,对于巩固脱贫成果起到巨大的作用。

4. 构建"造血"功能,促进乡村振兴

对于乡村振兴来说,一次性的资金投放难以实现自身可持续发展,只有转"输血"为"造血",通过人才培养提升教育水平、通过产业发展带动地方经济,形成可持续的发展模式,才能真正助力乡村振兴。信托公司和慈善组织发挥信托制度优势,积极开展乡村振兴慈善信托。截至2021年8月底,全国已备案10单以乡村振兴、美丽乡村、智慧乡村等为主题的慈善信托,如"中诚信托2020年度善爱·临洮扶贫乡村振兴慈善信托"、"五矿信托—三江源乡村振兴"系列慈善信托、"北方信托·智慧乡村慈善信托"、"天信世嘉·信德美丽乡村建设01期慈善信托"、"长安慈内蒙古乌兰察布定点扶贫及乡村振兴慈善信托"等。

5. 扩大永续慈善信托规模,应对自然灾害

我国的慈善信托产品往往具有应急性、突发性、临时性和短期性等特点,缺少常态化运作和应对功效。自然灾害一般经历发生、控制、恢复、持续巩固等过程,因此慈善信托方案的设计应充分考虑事件的长期性和滞后影响,扩大永续慈善信托的规模,可常态化地应对各种自然灾害并发挥扶贫济困功能。本年度[1](2020年9月1日至2021年8月31日)新备案的慈善信托中,永续慈善信托共有34单,占比为19.10%,较第四年(2019年9月1日至2020年8月31日,下同)有所提高;无固定期限慈善信托共有58单,与第四年相比基本持平,占比为32.58%,较第四年提高9.37个百分点。例如,雅安防灾减灾慈善信托是国内首只防灾减灾慈善信托,资金规模达500万元,主要用于持续提升雅安当地防灾、减灾、救灾的能力,并为未来10年以上的持续性防灾、减灾、救灾工作提供资金支持。

六、家族信托展业遭遇瓶颈,高质量发展任重道远

自2013年中国国内第一单家族信托落地以来,2018年银保监会发布了信托函〔2018〕37号文件首次定义了家族信托的概念。文件明确规定了家族信托的构成,即家族信托以家庭财产为核心,委托人为个人或家庭;受托人为信

---

[1] 慈善信托年度解释:因《中华人民共和国慈善法》于2016年9月1日出台,因此一般认为2016年9月1日至2017年8月31日为慈善信托第一年度,并以此类推。因此,本书中的本年度指的是2020年9月1日至2021年8月31日。

托公司；委托人可以作为受益人，但不得为唯一受益人。家族信托的主要目的是家族财富的代际传承和家族精神的培养。经过了八年的发展，目前国内参与家族信托业务的主要机构有商业银行、信托公司、独立财富管理和律师事务所等。中国信托登记有限责任公司有关数据显示，截至2021年9月末，家族信托存续规模约为3100亿元，连续6个季度上升；存续家族信托数量约为1.5万个；68家信托公司中有59家开展了家族信托业务。目前，相较于我国居民财富的积累，我国家族信托的发展仍处于初级阶段，其未来发展空间广阔。

（一）家族信托前景广阔，发展规模持续扩大

贝恩公司和招商银行发布的《2021中国私人财富报告——中国私人银行业：纳川成海》显示，至2021年底，中国可投资的资产总规模将达到268万亿元，高净值人群数量将达到约296万人，高净值人群持有的可投资资产规模将达到约96万亿元。如图1-18所示。

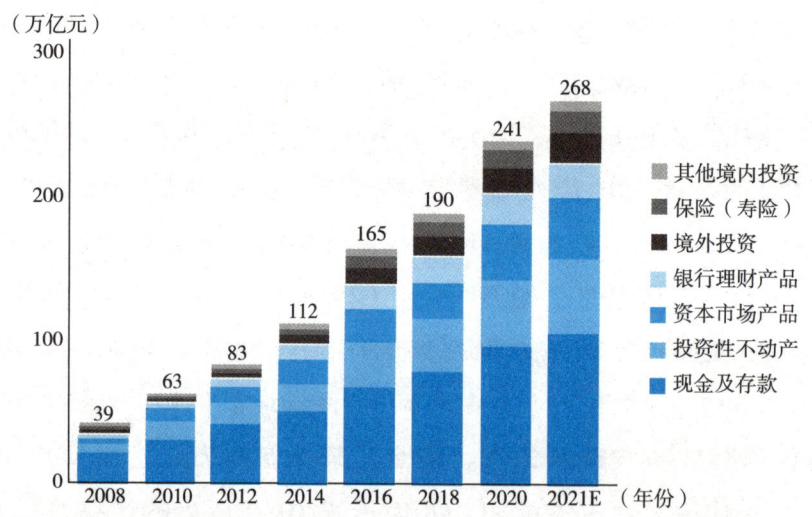

图1-18 2008—2021年中国个人持有的可投资资产规模

资料来源：贝恩公司高净值人群收入财富分布模型。

如此巨大的市场，为家族信托的开展提供了广阔的"蓝海"。同时，在外部环境不确定性因素的影响下，财富传承的重要性进一步凸显，高净值人群家族传承的意识日益加强，未来10~20年是中国私人财富传承的集中窗口期。2019年，53%的受访高净值人群已经在准备或已开始进行财富传承的相关安排；2021年这一比例升至65%。同时，财富传承理念受到新富人群的青睐，提前规划与安排财富传承目标与框架逐渐成为新趋势。在已经准备财富传承的

超高净值人群中，40 岁以下人群的占比较 2019 年提升了 7%。

高净值人群在财富传承方面，初期安排以房产、保险为起点，逐步成熟后拓展至家族信托。招商银行研报数据显示，相关保险占比由 2019 年的 37% 下降至 2021 年的 30%，房产占比由 2019 年的 24% 下降至 2021 年的 22%，家族信托占比稳中有升，由 2019 年的 20% 上升至 2021 年的 21%。新冠肺炎疫情促使高净值人群财富保障、风险隔离意识增强，不同机构纷纷布局家族信托，市场教育推动家族信托理念的进一步普及。家族信托的接受度相较于 2019 年有大幅提升，在传统经济创富一代、新经济创富一代、董监高的接受度分别达到 24%、25% 和 25%。如图 1－19 所示。

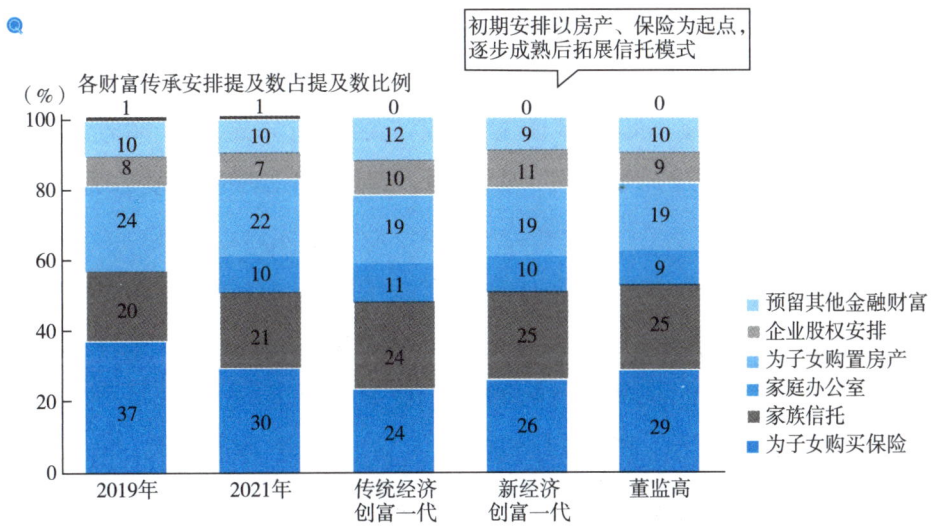

图 1－19　2021 年中国高净值人群财富传承方式

资料来源：招商银行—贝恩公司高净值人群调研分析。

招商银行 2020 年发布的《中国家族信托报告》显示，2020 年，中国家族信托意向人群数量约有 24 万人；预计到 2023 年底，中国家族信托意向人群数量将突破 60 万人。2020 年，中国家族信托意向人群可装入家族信托资产的规模约为 7.5 万亿元；2021 年底，该部分资产规模突破 10 万亿元。

在业务转型和战略发展的驱动下，各大信托公司均成立家族信托办公室，为家族信托业务的发展谋划布局，部分信托公司成果显著。中信登相关数据显示，截至 2021 年 9 月末，家族信托存续规模约为 3100 亿元，连续 6 个季度上升。此外，2020 年末，家族信托规模较 2020 年初增长 80.29%，连续 4 个季度上升，环比增幅分别为 11.2%、8.34%、35.94% 和 10.09%。其中，建信信托、山东信托、中融信托、中信信托四大机构的家族信托规模排名位居前列，规模占比合计占行业家族信托总规模的60%以上。

（二）家族信托展业难度不减，高质量发展迫在眉睫

目前，虽然家族信托业务发展前景广阔，且规模增长可观，但由于个性化定制的非标准化属性，家族信托面临人力资本投入大、盈利周期长且溢价空间有限等发展痛点。此外，信托公司家族信托的客户来源存在较大差异，自主拓客比例较高的信托公司与机构推客比例较高的信托公司基本持平。

在战略定位与盈利能力方面，大部分信托公司意识到家族信托业务的重要性，将其纳入长期发展战略。最新年报显示，已有38家信托公司将家族信托业务提升至公司层面战略定位的高度，并在家族信托业务创新上进行积极探索。但在战略实施过程中，部分信托公司忽视了家族信托业务的价值诉求、自身资源特征以及资源投入是否匹配等问题，导致战略定位不清晰、资源投入不匹配，策略实施不能充分发挥，这些均对相关业务的有效开展形成了一定阻碍。

在业务专业能力及人才储备方面，家族信托作为信托公司的本源业务，其服务水平对受托人架构能力、投资能力、运营管理能力均有较高要求，因此信托需要法律、税务、投研等多方面的人才储备。信托业务人员不仅需要熟悉婚姻、继承、公司、信托、税收等各类法律法规，掌握债券、基金、证券、保险、信托等各类金融资产配置，还要涉猎移民、国学、艺术收藏、公益慈善等不同领域的知识。但目前大多数信托公司的家族信托专业团队建设尚有不足，难以满足高净值客户的多样化、个性化需求。

在风险管理方面，家族信托涉及客户获取、架构搭建、事务管理、资产管理、终止清算等方面，再加上委托人的多元化需求，进一步造成其业务链条过长，需要受托人高度关注每一个环节存在的潜在风险；国内信托公司在推动家族信托业务发展的过程中，全流程管理尚在建设发展阶段，需要投入更多的人力、物力，以防范业务风险。目前，信托公司的风控团队更多地对家族信托的所投资产进行风险审核，而对委托人的债务、婚姻、财产来源等情况则更依赖通过委托人的单方面承诺函来实现，这给后续的信托运作带来"隐患"。

在品牌建设方面，家族信托是一个需要客户将其资产进行长期委托的综合性业务模式，信任的重要性不言而喻，因此需要尽快实现品牌效应。但相比其他金融机构，我国的家族信托品牌建设时间和品牌宣传力度均较为滞后，且叠加信托产品高起点、私募属性以及异地设立分支机构受限等特性，信托公司家族信托的目标客群明显受限，社会公众对于信托产品乃至信托业往往都较陌生，这在一定程度上影响了家族信托业务的品牌推广。

此外，从2021年家族信托业务的实际经营情况来看，2021年行业创新亮点明显减少，并且受当前财产登记制度、税收制度缺失等因素的影响，大多数家族信托信托财产仍以资金为主，信托目的以理财为主，资金投向多为本公司固收类、证券类和股权投资类产品，对采购外部产品或通过资产组合进行大类资产配置管理的运用较少。更有部分家族信托被"创新"应用于承接风险项目的通道，解决流动性问题的"过桥腾挪"，或通过设立"假"家族信托实现"银信通道类"业务的"合规"操作等，这样的"非本源创新"问题逐步显现。

综合来看，2021年，家族信托虽仍处于规模增长加速期，但在非标准化管理、专业人才、风险防控以及品牌建设等方面仍存在较大的展业难度，仍需信托公司在抓住我国财富传承的窗口期的同时，主动把握高净值客户的实际需求，加强内功修炼，回归真正的服务本源。

七、房地产行业"爆雷"不断，地产信托业务"雪上加霜"

（一）房企"爆雷"频繁，市场进入"急冻"状态

2021年以来，房地产市场发展十分曲折。我国由于疫情防控形势和经济发展状况良好，2021年上半年延续了2020年下半年销售良好的态势，但随着"三条红线"和贷款集中度管理等监管政策累积效应的释放，特别是2021年7月恒大"爆雷"后，房地产销售形势急转直下，市场进入"急冻"状态，"金九银十"不再、楼市销售惨淡，整个市场持续低迷，房地产企业"爆雷"不断。

2021年1—10月，房地产行业全国商品房销售面积达14.3亿平方米，销售额达14.7万亿元，商品房销售面积较2020年同期增长7.3%，两年平均增长3.6%；累计销售金额较2020年同期增长11.8%，两年平均增长8.8%；销售均价同比增长4.2%，两年平均增长5.0%，但2021年第三季度开始快速降温，单月销售自7月以来快速进入负增长区间，楼市销售惨淡，市场迅速遇冷。10月，全国市场延续低温态势，商品房销售面积同比下降21.7%，销售额同比下降22.6%，降幅进一步扩大。

具体来看，2021年上半年，房企积极推盘抢收回款，一线及热点二线城市需求率先得到释放，随后热点区域市场热度传导至周边三、四线城市，整体市场规模大幅增长，重点50城①商品住宅月均成交面积同比增长45.0%；2021年第三季度，各地调控政策持续加码，购房信贷额度偏紧、放款时间延长，政策效果显现，市场活跃度回落，整体成交规模为同期最低水平，同比降幅接近两成；10—11月，市场继续低温运行，重点城市成交面积同比降幅均超两成（已连续4个月降幅超两成），房地产信贷环境虽有改善预期，但购房者置业情绪并未出现明显好转。房企在资金压力较大及年度业绩目标下，加大项目营销力度，但整体效果不明显。如图1-20所示。

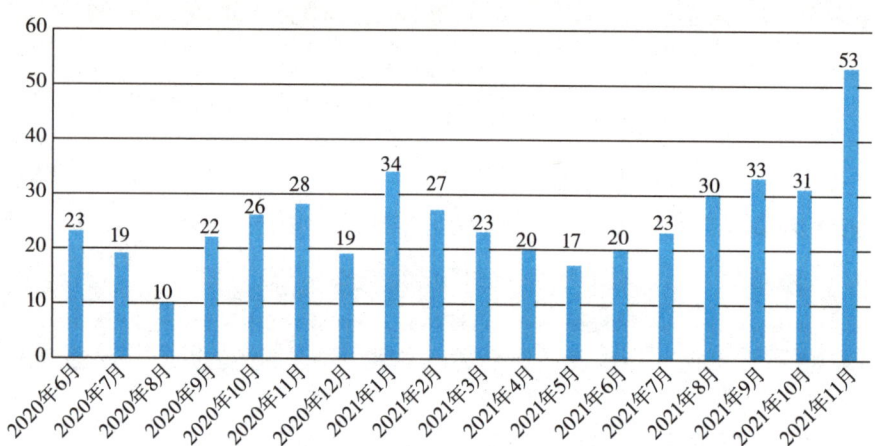

图1-20 2020年6月至2021年11月百城新建住宅均价环比下跌城市数量变化

华泰证券数据显示，2020年全国地产行业投资同比增速为6.8%。根据已有的10个月的数据预估，2021年投资同比增速是3.3%。2021年4月以来，房地产投资月环比持续下滑，第三季度季环比折年收缩19.4%，已超过2008年的最大降幅（17.7%）。此外，人民法院公告网数据显示，截至2021年12月9日，2021年进入破产环节的房企累计高达375家，平均每个月有30余家房企宣布破产，平均每天约有1家房企破产。

2021年12月，中央经济工作会议为房地产业重新定下基调，即在严格遵守"住房无投机"底线的同时，发展长期租赁住房市场，推进保障性住房建

---

① 重点50城包括：北京、上海、深圳、广州、成都、大连、福州、贵阳、哈尔滨、杭州、合肥、呼和浩特、济南、昆明、兰州、南昌、南京、宁波、青岛、厦门、沈阳、石家庄、苏州、太原、天津、温州、武汉、西安、银川、长春、长沙、郑州、重庆、常州、东莞、佛山、淮安、惠州、嘉兴、廊坊、洛阳、南通、泉州、绍兴、无锡、芜湖、徐州、烟台、中山、珠海。

设；首次提出"探索新的发展模式"和"落实政策促进房地产业良性循环健康发展"。相较以往经济工作会议对房地产市场的表态，这次会议的内容具备更强的指导意义。未来的楼市调控在守住"房住不炒"这个底线的同时，会有更多政策支持房地产健康发展，防范金融风险。

（二）风险事件影响扩大，地产信托"雪上加霜"

近年来，在国家房住不炒和通道类、融资类业务持续压降的严监管背景下，地产行业的融资条件不断收紧，且叠加房企"爆雷"事件频发等影响，信托行业在房地产领域的资金投入持续减少，房地产信托业务展业亦越发艰难。从信托行业违约情况来看，2021年可谓地产项目违约大年。据不完全统计，2021年1—10月，房地产信托共发生违约69起，违约金额为529.35亿元，分别占信托产品违约产品数量和金额的33.01%和52.42%，其中8月和10月违约金额占比均在70%左右，9月接近60%。2021年11月，新发生信托产品违约事件33起，涉及金额191.15亿元。其中涉及房地产违约10起，金额为141.60亿元，占比高达74.1%。同时，2020年11月成立的房地产信托规模同比下降74.90%，房地产信托业务收缩明显。随着房地产市场的集中出清，防范地产行业风险、全力应付相关的风险处置工作已成为部分"踩雷"的信托机构2021年的重要任务。

从新增业务来看，2021年，面对地产监管形势及行业现状，大部分信托机构均以做好存量项目的投后管理与维护为主，新增业务十分谨慎。据统计，截至2021年第三季度末，投向房地产业的资金信托余额为1.95万亿元，同比下降18.13%，环比下降6.30%；房地产业信托占比降至12.42%，同比降低1.38个百分点，环比降低0.59个百分点。如图1-21所示。此外，因违约事件频出，房地产信托业务成为重点监管对象，监管部门通过引导信托公司提升内控制度质量、完善业务操作流程，提高业务开展的合规性、项目后期管理和风控水平。2021年以来，已有多家信托公司因涉房业务违规被处罚。

中国信托业协会的数据显示，2021年7月至2022年6月，信托资产到期规模合计约为4.25万亿元。随着房地产行业偿债高峰的到来、国家房地产调控政策效果的显现，以及房地产融资渠道的快速收窄，房地产行业的风险开始逐渐暴露，且房地产行业的风险将对信托行业产生重大影响。

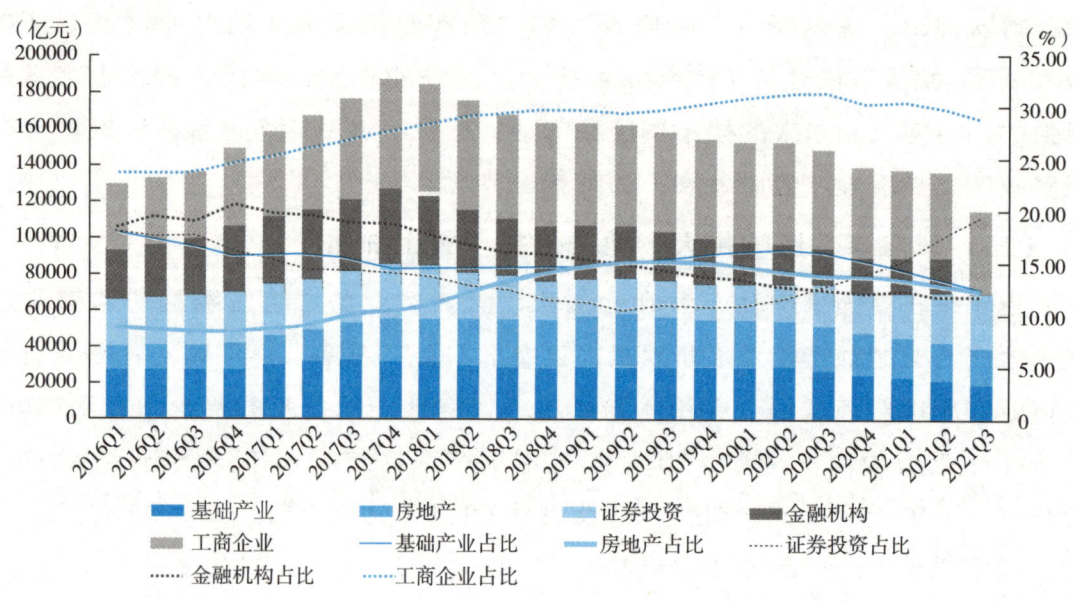

图 1-21　2016 年第一季度至 2021 年第三季度资金信托按投向分类的规模及增长情况

（三）房地产行业调控升级，地产信托亟待优化升级

"信贷+地产"的业务增长模式使地产信托业务一度成为信托行业发展的重要支柱。在金融供给侧结构性改革、"房住不炒"调控政策以及我国地方政府债务治理趋严的影响下，信托机构急需在新宏观环境下寻找属于自己的市场机会，实现业务转型发展。一方面，对风险相对较高的房地产信托融资依然保持严厉压降态势，信托公司应吸取教训，避免调控成果的消解和风险的扩大；另一方面，大力创新房地产信托业务模式，发力股权投资和资产证券化等，实现"资产负债率"等报表指标优化、盘活存量项目资产等，进而在创新转型的大趋势下一举实现房地产信托业务模式的优化和升级，彻底走出粗放经营和监管"博弈"的桎梏，在房地产信托业务领域开拓一片广阔的"蓝海"。

房地产行业调控升级有助于防范金融资源过度集中，避免资源浪费和潜在系统性金融风险。房地产信托业务规模和占比的下降，有助于信托公司将更多资金投入经济转型升级的重点领域，进而更好地发挥信托服务实体经济高质量发展的职能。短期转型阵痛之后，信托公司应紧跟政策趋势，创新发展业务，摒弃牌照优势，提高投融资能力，优化风险控制体系，积极拓展主动性业务，提高标品投资能力，从而实现行业健康可持续发展。

此外，根据央行及银保监会联合发布的《关于做好重点房地产企业风险处置项目并购金融服务的通知》（以下简称《通知》）文件精神，鼓励优质企业按照市场化原则加大房地产项目兼并收购，鼓励金融机构提供兼并收购的金融服务，助力化解风险、促进行业出清。该《通知》明确提出，银行业金融机构要按照依法合规、风险可控、商业可持续的原则，稳妥有序开展房地产项目并购贷款业务；在加大债券融资支持力度方面进行明确，即支持优质房地产企业在银行间市场注册发行债务融资工具，募集资金用于重点房地产企业风险处置项目的兼并收购。在此政策的指引下，未来房地产信托业务应主动注重深入发展房地产项目并购贷款业务、注册发行债务融资工具及风险处置项目兼并收购等方面。

八、加强地方隐债管理，"政信"业务开展受阻

《中共中央 国务院关于防范化解地方政府隐性债务风险的意见》（中发〔2018〕27号）规定，地方政府隐性债务是指地方政府在法定债务预算之外，直接或间接以财政资金偿还，以及违法提供担保等方式举借的债务。当前，我国地方政府隐性债务主要包括拖欠工程款、棚户区改造缺口、养老金缺口、通过投融资平台和不正规PPP项目等违法违规举借的债务，其中对于来自融资平台、PPP项目、政府投资基金和政府购买的地方政府隐性债务，相关部门尤其需要注意风险化解。

（一）地方隐性债务激增，风险持续加速增长

财政部公布的数据显示，虽然部分省份的债务水平高于60%，但总体来说，我国地方政府的显性债务远低于其他国家，并且长期保持在60%的警戒水平以内，风险可控。在隐性债务方面，2017年，国际货币基金组织测算的地方政府隐性债务规模约为19.1万亿元，超过当年地方政府预算内债务余额。加上隐性债务，我国的债务水平很可能已经突破国际警戒线标准。隐性债务由于难以界定和测度，具有隐蔽性、规模较大且增长速度较快的特征，成为防范债务风险的重中之重。

政绩需求驱动和地方政府财政缺口，导致地方政府融资需求强烈。部分地方政府为谋"政绩"过度举债，在建设项目时缺乏统筹规划和长远考虑，极易造成还款难题。

金融机构保持政府信用幻觉。尽管早在2017年，财政部就在发布的《关于坚决制止地方政府违法违规举债遏制隐性债务增量情况的报告》中明确指出，要坚决打消地方政府认为中央政府会"买单"的幻觉，坚决打消金融机构

认为政府会兜底的幻觉，然而金融机构仍在一定程度上存在"政府信用幻觉"，更倾向于政信类项目。

具体而言，在新发展格局下，地方政府隐性债务的大规模积累会严重影响经济循环的效率。受地方政府隐性担保支撑的地方融资平台占据着信贷资源，不仅推高市场利率，还可能导致企业融资困难，阻碍创新生产发展。地方政府受偿债压力的影响，倾向于增加税收和减少民生支出，进而可能导致地方经济建设速度放缓，居民的收入减少。如果隐性债务难以得到有效化解，地方政府将会更加依赖土地出让收入，进而可能直接推高房价，不利于实体经济的发展和居民消费的拉动。大规模隐性债务的存在会严重损伤政府的信用，在面对突发性危机时，难以发挥财政的兜底保护作用，甚至容易通过系统性传导将公共风险扩大化，最终对我国金融体系甚至整体经济产生重创。近年来，地方政府规模庞大的隐性债务逐步引起中央的高度重视，为化解存量隐性债务风险，国家连续出台一系列政策文件，明确对隐性债务可以利用5～8年时间进行化解，缓解地方政府及融资平台债务压力。如表1-9所示。

表1-9 2017—2021年涉及隐性债务相关法律政策梳理（部分）

序号	法律/政策文件/会议	发布/通过时间	主要内容
1	《关于进一步规范地方政府举债融资行为的通知》（财预〔2017〕50号）	2017年4月26日	全面组织开展地方政府融资担保清理整改工作；推动融资平台公司市场化转型；地方政府举债除在限额内发行地方政府债券方式外，地方政府及其所属部门不得以任何方式举借债务；严禁地方政府利用PPP、政府出资的各类投资基金等方式违法、违规变相举债
2	《关于坚决制止地方以政府购买服务名义违法违规融资的通知》（财预〔2017〕87号）	2017年5月28日	组织全面摸底排查本地区政府购买服务情况，发现违法违规问题的，督促相关地区和单位限期依法依规整改到位
3	中央经济工作会议	2017年12月18日	切实加强地方政府债务管理，打好防范化解重大风险攻坚战
4	《财政部关于坚决制止地方政府违法违规举债遏制隐性债务增量情况的报告》	2017年12月23日	坚决遏制隐性债务增量，积极稳妥化解隐性债务存量，严格执行《中华人民共和国预算法》和《中华人民共和国担保法》，坚决刹住无序举债之风

续表

序号	法律/政策文件/会议	发布/通过时间	主要内容
5	《关于进一步增强企业债券服务实体经济能力严格防范地方债务风险的通知》（发改办财金〔2018〕194号）	2018年2月8日	严格防范地方政府债务风险，坚决遏制地方政府隐性债务增量，严禁采用PPP模式违法违规或变相举债融资
6	《财政部关于做好2018年地方政府债务管理工作的通知》（财预〔2018〕34号）	2018年2月24日	将防范化解地方政府债务风险作为财政管理工作的重中之重，健全规范地方政府举债融资机制，既要开好"前门"，也要严堵"后门"，坚决制止和查处各类违法违规或变相举债行为
7	2018年《政府工作报告》	2018年3月5日	防范化解地方政府债务风险；严禁各类违法违规举债、担保行为，积极稳妥处置存量债务；健全规范地方政府举债融资机制
8	《关于规范金融企业对地方政府和国有企业投融资行为有关问题的通知》（财金〔2018〕23号）	2018年3月28日	国有金融企业除购买地方政府债券外，不得直接或通过地方国有企事业单位等间接渠道为地方政府及其部门提供任何形式的融资，不得违规新增政府融资平台公司贷款，不得要求地方政府违法违规提供担保或承担偿债责任
9	《中共中央办公厅 国务院办公厅关于印发〈地方政府隐性债务问责办法〉的通知》（中办发〔2018〕46号）	2018年8月	明确政府隐性债务的问责情形、责任认定、问责方式、程序及结果运用等内容
10	《关于保持基础设施领域补短板力度的指导意见》（国办发〔2018〕101号）	2018年10月31日	严禁违法违规融资担保行为，严禁以政府投资基金、政府和社会资本合作（PPP）、政府购买服务等名义变相举债；防范存量隐性债务资金链断裂风险
11	《关于做好地方政府专项债券发行及项目配套融资工作的通知》	2019年6月10日	坚决遏制隐性债务增量；对举借隐性债务上新项目、铺新摊子的，要坚决问责、终身问责，倒查责任

续表

序号	法律/政策文件/会议	发布/通过时间	主要内容
12	《关于加强地方国有企业债务风险管控工作的指导意见》	2021年2月28日	要求各地方国资委加快建立健全地方国有企业债务风险监测预警机制，完善重点债务风险指标监测台账，逐月跟踪分析；分类管控资产负债率；开展债券全生命周期管理；依法处置债券违约风险等
13	《银行保险机构进一步做好地方政府隐性债务风险防范化解工作的指导意见》及补充通知	2021年7月	打消财政兜底幻觉，不得以任何形式新增地方政府隐性债务，要做实做细化债方案，妥善化解存量地方政府债务

（二）隐性负债管理加强，政信业务大受影响

2021年上半年，银保监会与财政部联合发文，规范地方政府相关融资业务，严禁金融机构新增地方政府隐性债务，短期内对信托公司政信业务带来较大影响。

从城投公司融资资金供给来看，在各类政策的叠加影响下，作为政信类信托业务主要资金来源的融资类信托已经连续12个季度下降，主要投向的基础产业信托也明显下降。中国信托业协会最新数据显示，截至2021年第三季度末，融资类信托规模为3.86万亿元，同比下降35.13%；融资类信托规模占比为18.88%，同比下降9.64%。其中，投向基础产业的资金信托余额为1.96万亿元，同比下降28.89%；基础产业信托占比降至12.52%，同比降低3.49个百分点。在城投公司的监管方面，交易商协会和交易所出台了一系列交易规则，除对债务率、隐性债务和财务指标设定新的标准外，对城投公司的信用评级也进行大力调整，均在一定程度上增加了相关政信业务的开展难度。

从城投公司融资业务的存续情况来看，非标违约的数量在不断增加。从2019年以来，城投公司非标产品违约的数量和金额一直处于上升趋势，2021年更是在政策压力下出现了加速违约的趋势，尤其是已有多家发债城投公司出现违约，部分通过公告方式进行了披露，对于信用债券市场产生较大冲击。据不完全统计，2021年1—4月，基础产业项目共有23个项目违约，涉及金额约68.14亿元，大幅超过2020年全年58.94亿元的违约金融。

但长期而言，在新基建的发展理念下，以基础产业信托为重要组成部分的政信业务，仍有较大发展空间。新基建既是国家的重要战略部署，也是信托公司转型发展的重要方向。未来，在国家政策对地方政府债务严格限制和清理以及融资类业务压降的多重背景下，信托公司应积极提升主动管理能力，积极探索多元化政信业务创新模式，通过丰富资产端类型、提升资金投向能力等，适应市场不断变化的新需求。如图1-22、图1-23所示。

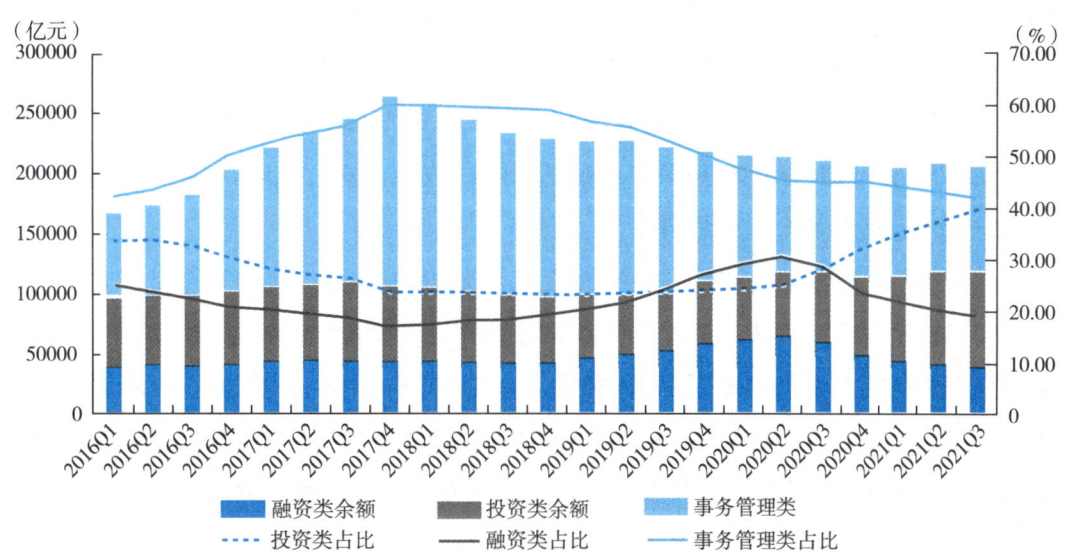

图 1-22 2016 年第一季度至 2021 年第三季度信托资产按功能分类的规模及占比

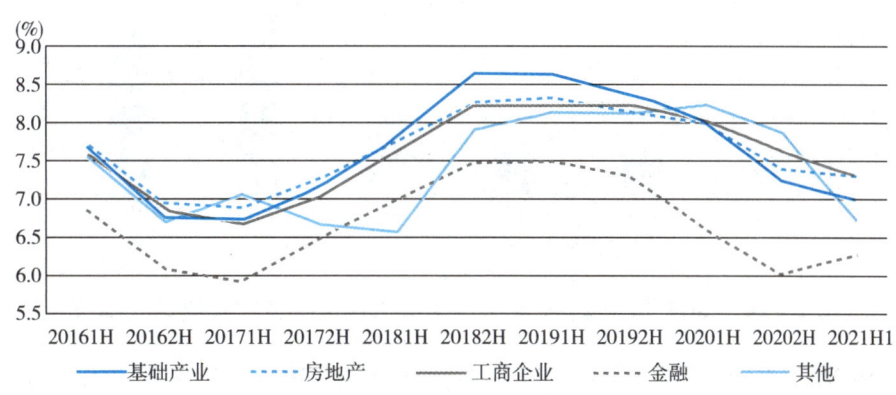

图 1-23 各投向集合信托平均收益率

九、行业风险加速出清，防控系统性风险仍是第一要务

党的十九大把防范化解重大风险作为三大攻坚战之一，"守住不发生系统性金融风险的底线"被写入党的十九大报告。完善有效的风险管理体系是维护

国家经济金融稳定和人民财产安全的重要保证。防范化解重大金融风险，守住不发生系统性风险的底线，成为当前监管部门和所有金融机构工作任务的重中之重。

2021年，在经济下行压力明显、疫情冲击和打破刚兑等监管强推信托行业转型等多重因素的共同影响下，信托行业加速出清，风险项目规模和数量持续上升。据不完全统计，目前被监管部门接管、托管和停业整顿的涉险信托公司已达8家。由于统计口径的调整，中国信托业协会于2020年第一季度最后一次公布风险资产的规模数据，披露信托行业风险资产规模为6431.03亿元，较2019年末增加660.56亿元，增幅为11.45%，信托业风险项目数量为1626个，环比增加79个，增幅为5.11%，但据预测，截至2021年底，信托业资产风险率将进一步走高至5%。如图1-24、图1-25所示。

从信托项目不良率来看，随着风险资产规模的扩大，信托项目不良率大幅度上升，截至2021年末，至少有6家信托公司的不良率超过20%。此外，2021年已发布年报的62家信托公司中，除山东省国际信托股份有限公司未披露不良数据外，其他61家信托公司2020年合计不良资产规模达到481.41亿元，比2019年68家信托公司合计的371.24亿元高出29.68%。

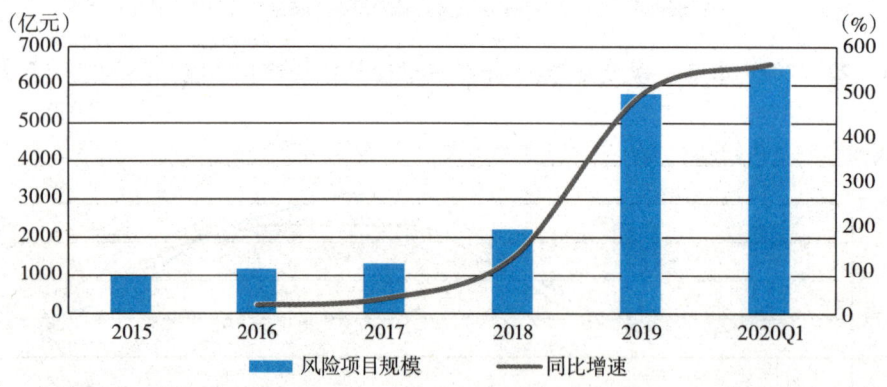

图1-24　2015年至2020年第一季度信托风险资产规模增长情况

从行业流动性来看，中国信托业协会公布的2021年信托产品到期情况数据显示，2021年度信托公司到期产品共有11934个，涉及金额为41796亿元。其中，集合资金信托到期产品22871亿元，单一资金信托到期产品11738亿元，财产权信托到期产品7187亿元。同时，未来3年信托产品到期规模分别为3.8万亿元、3.37万亿元和2.01万亿元，行业流动性风险较大。

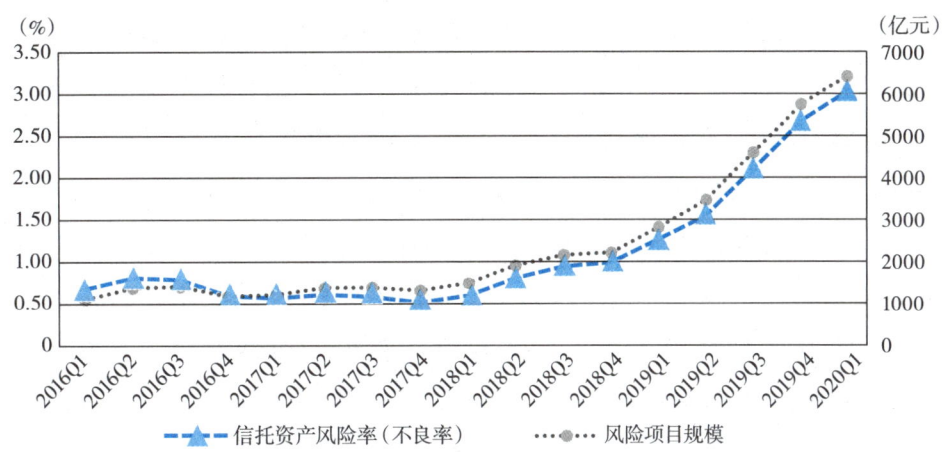

图 1-25　2016 年第一季度至 2020 年第一季度信托资产风险变化情况

此外，在当前去通道、治乱象、防风险的大背景下，监管部门排查与处罚的力度持续加大，信托公司的风险管控能力面临巨大考验。据统计，截至 2021 年 11 月，2021 年年内信托行业共发生 250 起违约事件，违约金额高达 1250.72 亿元。违约领域主要集中在过去信托行业大力发展的房地产、城投平台等。未来，随着监管的进一步趋严，行业风险将进一步出清，风险惯性事件也将继续存在，信托风险管理与防控将继续成为信托公司的重要课题。图 1-26 为 2015 年第一季度至 2020 年第一季度风险项目变化情况。

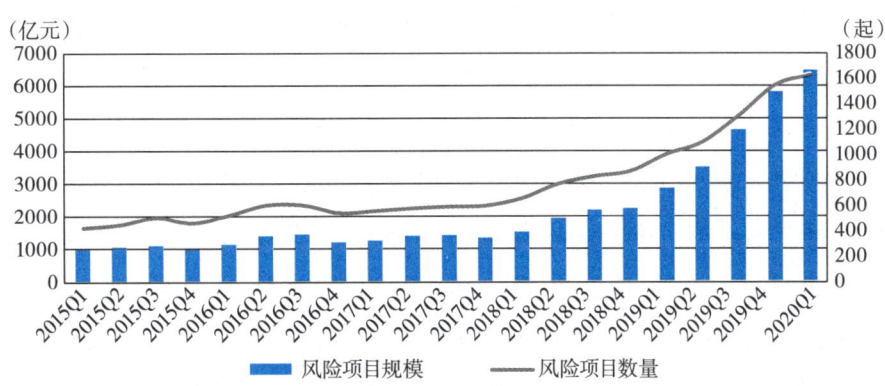

图 1-26　2015 年第一季度至 2020 年第一季度风险项目变化情况

十、推进金融科技创新，助力行业高质量转型

近年来，顺应金融科技创新大潮，信托业日益重视金融科技创新发展。2020 年 12 月，监管部门在中国信托业年会上提出，信托公司要提升信息科技支撑引领能力；要深入研究应用金融科技，强化科技赋能；要坚持业务导向和

需求导向，深化自主研发、自主设计、自主管理能力，提升服务效率，降低成本，改善客户体验，提升产品和服务的竞争力，为公司转型发展提供强大支撑和引领。这为信托公司加速金融科技创新提供明确的政策指引。

2021年以来，信托公司积极投入金融科技创新，构建金融科技系统的基础架构，加强业务应用及流程管控，开展金融科技规划，通过信息化手段对传统信托业务和管理不断进行升级改造。信托业协会的数据显示，各家信托公司逐年加大金融科技的资金投入、人力资源投入及组织协调力度，数字化转型升级的需求越发迫切，42家信托公司已展露出数字化转型意愿，其中有25家信托公司已将数字化转型确定为公司战略或重点规划，并有明确的数字化转型目标及路线安排，具体包括中航信托、光大信托、爱建信托、五矿信托、外贸信托等。同时，全国68家信托公司中，科技投入过亿元的信托公司的数量不断增加。2018年、2019年和2020年科技投入增长率分别为2.13%、12.32%和13.63%，其中，2020年54家信托公司共投入14.09亿元用于信息建设及数字化转型，平均每家公司投入2609.26万元。此外，根据个体公司以及近年的增长率指标，2021年行业整体用于信息建设的资金投入仍保持增长趋势。

金融科技推动信托公司在业务模式和业务服务领域不断创新。在家族信托方面，万向信托将区块链技术应用到家族信托管理，其落地的"区块链+DNA生物技术"可以为家族信托领域当事人身份确定、慈善信托领域"失孤"家庭寻亲提供鉴定技术。同时，区块链存证技术为传统信托合同的安全性提供更多保障。在"消费金融+科技"方面，中融信托通过自主开发的"天巡"消费金融科技系统，实现自主风控审批、自主支付、大数据存储和挖掘、贷后资金安全监控等功能。在信息捕捉方面，华能信托尝试通过资产雷达、资金雷达与投研平台建设推动公司转型发展；通过人工智能技术捕捉合适的资产和资金信息，如非公开发行股票、可转债、可交债信息和上市公司相关信息等，方便工作人员开展业务、挖掘潜在业务机会。在数字化系统方面，中航信托于2019年9月正式上线不动产数字化系统，该系统持续为公司不动产项目提供智慧支持，并成为中航信托通过科技提升业务转型的基础设施的重要成果之一。在智能化运营方面，爱建信托于2021年2月正式发布《数字化经营战略行动方案》，发力数字化精准获客、数字化客户服务、数字化风险管理及经营决策等领域，为公司业务的开展提供基础支撑。

科技助推绿色金融成为信托公司的发力方向。中航信托作为先行者，总结实践经验并形成"ESG 价值明星建设 STAR"的发展模式，聚焦"碳资产"探索碳信托账户功能，实现对碳汇资产交易的综合服务，设立全国首单碳中和主题绿色信托计划，并推出国内首只运用 ESG 策略的信托计划。平安信托于 2021 年成立绿色金融办公室，运用金融科技统筹开拓绿色金融业务，促进环境保护与治理。

数据驱动下的科技与信托相结合，信托企业高效连接客户、产品与数据，通过加强客户体验和客户洞察，提升产品识别和引入能力，夯实自动化运营能力。在信托业务开展的每一个环节，都有许多参与方聚合。信托公司通过外部合作，与各类机构共同依托差异化的资源禀赋，在数字化转型中找到适合自身的场景与定位，在强化核心能力建设的同时实现融合发展，逐步实现信托业务的高质量转型发展。

总体而言，金融科技成为信托公司转型的重要抓手之一。与其他金融同业相比，信托跨市场、多工具的灵活经营方式与科技创新的应用场景有着良好的契合关系。加大金融科技应用，不但可补齐信托公司内部信息化建设的短板，优化风险防控体系，还能够在行业转型发展过程中，为信托公司开展的多项创新业务赋能，全面提升信托公司的专业化发展能力。

十一、绿色信托已成共识，碳信托创新方兴未艾

2020 年 9 月，习近平总书记在第七十五届联合国大会上提出"碳达峰、碳中和"的双碳目标，力争在 2030 年前将中国二氧化碳排放达到峰值，在 2060 年前实现碳中和。2020 年 12 月的中央经济工作会议将"碳达峰、碳中和"作为 2021 年的重点任务进行决策部署，并对产业结构优化、能源结构调整、新能源发展、碳交易市场等进行部署安排。2021 年 1 月，中国人民银行工作会议提出"落实碳达峰、碳中和重大决策部署，完善绿色金融政策框架和激励机制"相关要求。2021 年 3 月 15 日，习近平总书记在中央财经委员会第九次会议上发表重要讲话再次强调，实现碳达峰、碳中和是一场广泛而深刻的经济社会系统性变革，要把碳达峰、碳中和纳入生态文明建设整体布局，如期实现双碳目标。2021 年 5 月 20 日，中国信托业协会在北京组织召开信托业支持绿色低碳转型专题调研座谈会，以实现绿色信托服务实体经济发展为目标和要求，研究信托业支持绿色低碳转型的现状、问题和发展方向，推进信托机构绿色业绩评估相关工作和绿色信托标准的制定。在此背景下，信托机构作为支持

我国绿色金融发展的重要力量，积极响应国家政策，发挥行业优势，在实现碳达峰、碳中和目标中积极探索，大力发展绿色信托成为行业共识。

2021年，部分信托机构的绿色信托产品创新已崭露头角。例如，中航信托截至2021年10月末成立20余单天岚系列绿色信托产品，均为主动管理型，新增规模逾28亿元；英大信托存续绿色信托规模达371亿元；兴业信托于2021年8月成功分销规模为1.41亿元的碳中和债；英大信托于2021年下半年发行和参与多个碳中和债；百瑞信托截至2021年9月末已发行60款绿色信托产品，存续规模达341.40亿元，在全部信托业务中的占比达到10.46%。

此外，从2021年行业绿色信托产品的创新实践来看，信托公司通过多元化、跨市场的模式支持绿色产业的发展，主要涉及以下几种模式。

（一）碳排放权类信托

中国自2021年2月1日起施行《碳排放权交易管理办法（试行）》，碳排放权开放交易，以此为基础的绿色信托应运而生。

2021年1月，兴业信托落地福建省首单碳排放权信托——"兴业信托·利丰A016碳权1号集合资金信托计划"，创新性地将海峡股权交易中心碳排放权公开交易价格作为估价标准，通过受让福建三钢闽光股份有限公司100万碳排放权收益权的方式，向其提供1000万元的绿色融资，帮助企业加快推进节能降碳技术改造。

2021年4月，华宝信托ESG系列——碳中和集合资金信托计划正式发行成立。该信托资金主要投资国内碳排放权交易所上市交易的碳排放配额及国家核证自愿减排量（以下简称"CCER"），期限根据国家"十四五"规划设定为5年。该产品初始规模达千万元，初期参与地方碳排放权交易市场交易，后期在适当时期加入全国碳排放权交易市场，为国内碳排放权交易市场引入金融属性，最大化发挥碳价格的激励约束作用。

2021年4月21日，中海信托股份有限公司与中海油能源发展股份有限公司（简称"海油发展"）签约以CCER为基础资产的碳中和服务信托——"中海蔚蓝CCER碳中和服务信托"正式成立。海油发展将其持有的国家核证碳减排量作为信托基础资产交由中海信托设立财产权信托，再将其取得的信托受益权通过信托公司转让信托份额的形式募集资金，并将募集资金全部投入绿色环保、节能减排产业，从而实现"以绿生绿、以绿增绿"的绿色能源发展路径。中海信托作为上述信托资产的受托人，在向资产持有人提供资金支持的同时，负责开展碳资产的管理与交易，利用信托制度与资产管理的优势，为碳中和提供全方位的金融服务。

对于信托行业来说，碳排放配额及 CCER 是一个新兴投资品种，其本质类似于商品现货，目前对于此类品种的公允价值定价、投资体系建设、估值账管运营等实践和经验都非常少。随着我国碳排放权交易市场覆盖行业范围的持续扩大，更多企业将被纳入碳排放权交易体系，未来碳排放权交易市场有望迅速增长，其发展潜力巨大。上述产品的设立将为信托行业在该领域的投资积累有益经验，并在碳金融创新领域进行积极探索，助推全国碳排放权市场的发展和具有国际影响力的碳定价中心的建设。

（二）碳资产投资类信托

2021 年 2 月，中航信托与中国节能协会碳交易产业联盟、上海宝碳新能源环保科技有限公司联合设立国内首单"碳中和"主题绿色信托计划，该信托计划主要投资全国统一碳市场交易的碳资产，初始规模为 3000 万元。

通过主动管理的基金化运作方式，碳资产投资信托整合各方资源优势，募集资金投资于共同精选并认可的专业投资主体，投资标的覆盖全国范围内可交易的优质碳资产，项目期限不低于两年，以充分履行受托管理职责，发挥碳信托的制度功能优势，有效实现碳资产的商业价值和社会价值。"天岚碳交易 CCER 投资集合资金信托计划"在"2021 中国信托业发展高峰论坛"上被评为"2021 年度优秀绿色信托计划"。

（三）参与绿色资产证券化

中债研发中心的数据显示，2021 年绿色资产证券化、碳中和资产证券化发行规模显著增长，多只绿色资产证券化产品得以实施。2021 年上半年发行的绿色资产证券化产品共有 29 只，规模为 422.55 亿元，发行规模较 2020 年全年增长 25%，为降低绿色企业融资成本、落实金融支持绿色发展、助力碳中和目标实现提供有力保障。绿色资产证券化能够盘活企业的存量资产，同时也是信托业转型发展的重要方向。

2021 年 3 月，英大信托作为受托管理人和发行载体管理机构，携手国网国际融资租赁有限公司设立的"国网国际融资租赁有限公司 2021 年度第一期绿色资产支持商业票据（碳中和债）"成功发行。

2021 年 7 月 20 日，华润信托作为受托管理人设立的华润电力投资有限公司 2021 年度第一期绿色定向资产支持票据（碳中和债）成功发行，产品注册额度为 60 亿元，首期发行规模为 20.05 亿元。

（四）惠农绿色信托

2021 年 6 月 1 日，国投泰康信托有限公司与集团内兄弟单位中国投融资担保股份有限公司、浙江互联网金融资产交易中心股份有限公司成立首单以"惠农"为主题的绿色信托——"国投泰康信托光萤惠农 1 号单一资金信托"。该信托通过自主研发的小微系统向农户提供普惠贷款，资金用于采购光伏设备，并安装于农户屋顶进行并网发电，发电获得的收益可以覆盖贷款本息，剩余收益直接归农户所有。

力争在 2030 年前实现碳达峰，在 2060 年前实现碳中和，是以习近平同志为核心的党中央作出的重大决策。在"双碳"目标的指引下，中国经济将迎来绿色低碳转型，机遇与挑战并存。在此背景下，信托公司应继续加强绿色信托业务的实践与创新，有效支持绿色低碳产业的发展。

十二、2022 年信托业发展趋势展望

（一）业务结构继续优化升级

2022 年，严监管仍将是信托行业的主旋律，下一步监管机构将继续通过各项措施，疏堵结合、有扶有控地引导信托机构回归本源，引导信托合理定位，"打破刚兑""净值化转型""服务实体""回归本源""转型创新"逐渐成为行业共识，主动管理能力被视为核心竞争力。这就要求信托公司要从业务结构、盈利模式等多方面进行调整或升级。从行业整体来说，2022 年信托公司将继续在传统业务优化升级、新业务方向拓展方面展开积极探索和调整。

在传统业务领域，预计 2022 年继续收紧，尤其是融资类、通道类业务将迎来进一步压降，倒逼信托公司进行传统业务的优化转型升级。其中，房地产信托方面，随着 2021 年地产行业风险的持续暴露，2022 年地产行业"寒冬"或将持续，传统房地产信托业务空间逐步缩小，信托机构应主动结合整体趋势，调整房地产信托的盈利模式和业务方向，其主要包括三个方向：一是转型真实股权投资模式，探索通过投资模式主动管理地产项目，以获取超额收益；二是发展资产证券化等非标转标业务，探索通过拓展全链条业务能力更好地把握资产证券化的发展机遇；三是密切关注地产行业并购业务机会，主动探索并

支持大型民营企业、央企和国企并购出险和存在困难的房地产企业的优质项目，积极为并购方提供并购贷款、收购债券等信托工具。

在政信信托方面，信托公司将在交易对手选择和业务模式升级方面同步进行转型。在交易对手选择上，主要关注公司隐债、财政实力、违约风险、融资需求和资产价格水平等因素；在业务模式选择上，探索"非标+标品"组合服务及"非标转标"业务模式创新。

在工商信托方面，在"控风险、促转型"成为信托行业主旋律的趋势下，工商企业增量规模回落明显，存量规模略有下降。信托公司从事该业务将主要结合自身资源禀赋选择具有长远效益的投资产业方向、中小企业普惠金融业务的企业类型，以及围绕企业生命周期，提供综合金融服务的业务模式。

在新型业务方面，2021年继续响应国家监管政策及发展政策导向，进行业务创新发展。慈善信托方面，2021年，我国慈善信托呈现加速发展态势，截至2021年9月1日，全国备案的慈善信托已突破633单，其中2021年以来的备案数量达到178单。信托公司与慈善机构在疫情防控、扶贫济困、医疗保障、科教文卫等诸多领域密切合作，开展业务创新。2022年，具有财产来源可持续特征的慈善信托将继续成为慈善信托领域的发展方向。此外，不同区域、不同机构的慈善信托业务可能会继续呈现不平衡化、纵深化和基层化的发展态势。

在资产证券化信托方面，截至2021年12月末，我国全市场信托公司参与的资产证券化产品共发行944单，规模为17173.67亿元，其中信贷ABS发行187单，规模为8509.89亿元；ABN发行519单，规模为5844.24亿元；企业ABS发行237单，规模为2815.54亿元。发行规模较2020年同期相比分别增长16.57%、28.79%、3.73%。2021年6月21日，随着首轮、首批公募REITs在沪深交易所挂牌，中国公募REITs市场正式启航和供应链金融业务的快速发展，有力地推动了资产证券化业务发展。2022年，信托公司将继续发展现有的资产证券化业务，并继续将重心放在ABS和ABN业务、REITS和类REITS业务及消费金融资产证券化业务领域；将积极探索非标与标的联动、以投资者身份参与资产证券化等发展方向。

在家族信托方面，随着高净值群体数量的增加和财富的积累，有意向设立家族信托的人数在2020年约为24万人，到2023年底，意向人数预计将突破60万人。截至2021年9月末，家族信托存续规模约为3100亿元，已实现连续

6个季度的上升。但从经营实践来看，目前我国大多数家族信托财产仍以资金为主，信托目的以理财为主，资金投向多为本公司固收类、证券类和股权投资类产品，对采购外部产品或通过资产组合进行大类资产配置管理方面的运用较少。整体来看，2021年家族信托规模整体保持持续增长，但也呈现创新亮点不足、资金用途较窄以及盈利空间较小等众多问题。2022年，家族信托将继续保持快速增长的态势，但各家信托公司能否实现业务模式、盈利模式等方面的真正突破尚取决于信托公司能否真正抓住高净值客户的实际需求、家族财富规模不断提高以及财富传承的窗口期，信托公司应积极在监管政策的逐渐放松中，加强内功修炼。

在绿色信托方面，近年来，在国家"30·60"目标的战略引领下，绿色信托驶入发展的快车道。各家信托公司在绿色信托领域持续深耕，创新推出了绿色信托贷款、绿色股权投资、绿色债券投资、绿色资产证券化、绿色产业基金、绿色公益（慈善）信托、碳中和信托等多种绿色信托产品。中国信托业协会于2021年11月发布的《中国信托业社会责任报告（2020—2021）》显示，截至2020年末，我国绿色信托存续资产规模为3592.82亿元，同比增长7.1%，新增资产规模为1199.93亿元；存续项目数量为888个，同比增长6.73%，新增项目数量360个。此外，2021年7月，全国碳排放权交易市场鸣锣开市，碳资产交易迎来千亿元级市场的重大发展机遇，这也为碳信托服务提供了广阔的市场空间。因此，2022年，在"十四五"规划和2035年远景目标纲要明确提出要"大力发展绿色金融"的背景下，随着碳定价机制的逐步完善，可以预期支持绿色发展的绿色信托，尤其是碳中和信托将迎来更好的发展机遇，信托公司应把握大势、抓住机遇。

（二）监管制度细则进一步完善落实

自2018年资管新规出台以来，信托行业监管持续趋严。2020年5月，监管部门出台《信托公司资金信托管理暂行办法（征求意见稿）》，对信托公司开展资金信托业务进行了详细规定，但由于一些特殊原因，正式文件至今仍未出台。2021年是资管新规过渡期的最后一年，监管部门相继出台《关于推进信托公司与专业机构合作处置风险资产的通知》《关于清理规范信托公司非金融子公司业务的通知》以及《关于加强信托公司异地信托业务监管的通知（征求意见稿）》《关于进一步推进信托公司"两项业务"压降有关事项的通知》等多个相关文件，进一步完善落实行业监管细则。

其中,《关于推进信托公司与专业机构合作处置风险资产的通知》,鼓励信托公司与专业机构合作,加大信托行业风险的市场化处置力度,并明确提出向专业机构直接转让资产、向特殊目的载体转让资产、委托专业机构处置资产、信托保障基金公司反委托收购等具体合作模式。《关于清理规范信托公司非金融子公司业务的通知》主要从压缩层级、规范业务角度出发,整顿规范信托公司非金融子公司,治理市场乱象;要求信托公司不得新增境内一级非金融子公司,仅可选择保留一家目前从事特定业务的境内一级非金融子公司。《关于加强信托公司异地信托业务监管的通知(征求意见稿)》从空间角度严格加强信托公司的异地展业管理,大幅压降信托机构的异地展业空间,要求信托公司仅可在指定的7个省市设立异地部门。《关于进一步推进信托公司"两项业务"压降有关事项的通知》继续要求信托公司按时完成"融资类""通道类"业务的压降目标。

2022年是资管新规过渡期结束并进入正式实施的元年,监管机构将在2021年的基础上继续从多个角度加强信托行业监管,逐步落实各项监管细则,继续推动相关征求意见稿以及其他新监管规则的出台与落地。

(三) AMC、信托保障基金入场助力不良资产信托业务迎来突破与创新

2021年,在经济下行压力明显、新冠肺炎疫情多点暴发以及监管进一步趋严等多重因素的共同影响下,信托公司"踩雷"现象频发,行业风险加速出清,信托产品违约或延付现象屡见不鲜,行业不良资产正进入快速供给时期。截至2021年11月,年内信托行业共发生250起违约事件,违约金额高达1250.72亿元。同时,中研普华研究院发布的《2021—2025年中国不良资产管理行业市场前瞻分析与未来投资战略报告》显示:截至2021年6月末,来自信托、理财、资管等非银部门的不良资产供给接近8000亿元。

在此背景下,2021年5月,银保监会下发《关于推进信托公司与专业机构合作处置风险资产的通知》,鼓励AMC、信托保障基金积极入场,同时明确提出可通过向专业机构直接转让资产、向特殊目的载体转让资产、委托专业机构处置资产、信托保障基金公司反委托收购等不良资产处置方式,助力信托行业化解风险,信托行业不良资产市场化处置渠道实现重大拓展。因此,2022年,不良资产信托业务有望成为信托行业的重要机遇。下一步信托公司可通过与银行业AMC等不良资产处置专业机构的合作,结合信托行业自身业务及风

险资产特点，充分发挥与运用信托的跨市场经营经验和信托制度的灵活性优势，在主动学习与应用债权收购、债务重组、诉讼催收等传统不良资产处置方式的基础上，与银行 AMC 合作，在信托机构主辅分离、低效（或无效）资产剥离或盘活、破产重整（和解）、法拍资产盘活等信托风险资产等领域进行探索创新，大力开展不良资产处置业务。

1. 信托公司与 AMC 合作参与问题机构救助和问题资产剥离或盘活

当前，随着信托行业监管趋严，信托风险资产与风险机构正式步入集中爆发阶段。截至 2020 年第一季度末，信托行业风险资产规模和风险资产数目分别为 6431.03 亿元和 1626 个；被监管部门接管、托管、停业整顿的风险机构达到 8 家左右。因此，未来信托公司和 AMC 合作聚焦问题信托机构和问题资产，通过运用债权、股权、夹层资本等方式，对在不良资产经营过程中发现的、存在价值提升空间的资产和存在短期流动性问题的机构进行投资，实现问题企业救助及问题资产的剥离与盘活将成为信托行业的重要课题。

目前，在信托项目"产业+金融"的一般场景下，针对问题信托机构需要主辅分离改革或剥离问题资产的同时存在产业投资方有兴趣参与并购的情形，信托公司和 AMC 可通过"设立有限合伙企业（联合产业投资方）+资产收购+资产重组"模式对其进行化解。信托公司和 AMC 与相关行业、产业投资方通过特定配资比例联合设立有限合伙企业，参与拟收购资产收购；有限合伙企业在收购资产后，对问题资产进行有效资产和无效资产分类，并分别对其处理。一般可要求产业投资方提供差额补足承诺、合伙份额回购或资产远期回购等措施，确保信托公司和 AMC 投入资产有效退出。

2. 信托公司和 AMC 合作参与法拍资产盘活

法拍资产是指通过法院强制执行拍卖的资产，包括房地产、股权、债权、机器设备、知识产权等。法拍资产通常存在较多瑕疵，相对于正常资产的市场价有一定折扣。目前，通过法拍处置方式实现回款的业务模式成为银行业 AMC 不良资产收购处置的常用手段。未来，随着信托行业风险项目的增多，法拍将成为信托风险资产处置的重要方式。

在实践中，针对具有价值修复潜力且升值空间大的法拍信托资产，一般包括信托机构开展信托业务时要求交易对手增信、抵押的各类资产，例如，未开发土地、在建工程（烂尾楼）等实物资产，信托公司和 AMC 可通过联合产业投资方设立有限合伙型法拍基金进行风险处置。在该模式中，信托公司和

AMC需要主动寻找有价值的法拍资产，然后联合产业投资方设立法拍基金（也可在法拍基金之上设立母基金）直接参与法拍资产收购，并充分发挥产业方盘活或银行AMC的处置优势对其进行资产重组，最终通过盘活后收益、合伙份额回购、打包出售资产等方式退出。

3. 信托公司和AMC合作参与破产重整（和解）

"债权收购＋有限合伙型破产重整基金＋SPV＋（类）共益债务投资＋企业重组"业务模式是目前企业破产重整领域常采用的（类）共益债务投资方案，相对于股权等权益类融资、债转股、资产出售等混合融资模式，其投资风险相对较低。一般而言，进入破产重整的信托公司存在债权债务关系非常复杂、资产权属不明、价值难以评估等特征，且难以在短期内完成重整程序。

因此，信托公司和AMC可以通过借鉴（类）共益债务投资方案为企业破产重组提供支持。首先由信托公司和AMC从破产企业债权人收购全部或部分债权（一般是普通债权）；其次设立符合当下政策支持的破产重整基金，以便参与破产企业的破产重整；最后由破产重整基金出资设立SPV，参与后续（类）共益债务投资等事宜。此外，信托公司和AMC也可直接设立集合资金信托计划，作为设立有限合伙型破产重整基金和SPV的替代性方案，最终通过参与共益投资和企业重组等，帮助企业增大或恢复正常的概率，并实现退出。

（四）供应链金融或将成为未来重要方向

2017年以来，监管机构在不同层面强调金融应秉承"服务实体经济"的宗旨，脱虚向实，真正解决实体企业的融资难融资贵问题。供应链金融因具有与产业高度融合的特点，且属于金融服务中的优质资产，近年来受到监管和金融机构的大力支持。2019年7月，银保监会发布《关于推动供应链金融服务实体经济的指导意见》，鼓励供应链金融业务模式创新，鼓励银行业金融机构提供覆盖全产业链的金融服务、加强与供应链核心企业的合作、创新发展在线金融产品和服务、优化结算业务、发展保险业务、加强小微民营企业和"三农"金融服务。2020年9月，多部门联合印发《关于规范发展供应链金融支持供应链产业链稳定循环和优化升级的意见》（银发〔2020〕226号），并从六个方面提出23条政策要求和措施，明确供应链金融应坚持提高供应链产业链运行效率，降低企业成本，服务供应链产业链完整稳定，支持产业链优化升级和国家战略布局；金融机构与实体企业应加强信息共享和协同，提高供应链融资结算线上化和数字化水平；提高中小微企业应收账款融资效率，支持打通和修复全球产业链，规范发展供应链存货、仓单和订单融资，增强对供应链金融的风险保障支持等。

供应链金融主要是指围绕供应链甄别核心企业，通过嫁接核心企业的信用，围绕具有真实贸易背景的特定产品供应链上的上下游企业进行的金融服务，其具有与产业高度融合的特点，是服务实体经济的重要方式之一。信托公司作为当前金融市场上唯一可横跨货币市场、资本市场和实业投资的金融机构，相较于其他金融机构，在开展供应链金融业务方面具有业务模式创新、资金运用方式多样、制度灵活等天然优势，也是信托行业回归本源的重要手段之一。目前，从行业实际经营来看，截至2021年，已有近20家信托公司对供应链金融业务进行尝试或布局，并取得重要成果。2022年，伴随着实体经济市场竞争的不断加剧，产业链必将成为实体企业竞争的重要方式，而作为金融行业最具制度优势、本源属性之一的供应链信托也将迎来广阔的"蓝海"。下一步，各信托公司应积极创新、主动布局，抢占供应链金融市场先机。表1-10为2019—2021年部分信托公司供应链金融业务开展动态。

表1-10 2019—2021年部分信托公司供应链金融业务开展动态

信托公司	供应链金融动态
财信信托	财信信托—三一供应链金融综合服务解决方案荣获"2020年度优秀服务信托计划"；通过该信托计划实现合同签订、应收账款动产登记、应收账款转让、发票开立等环节全流程的电子化；大幅提高对上游的支付效率，巩固其核心企业地位，全流程实现线上审批和闭环操作。 截至2020年12月末，财信信托供应链金融业务存续规模为38.75亿元
华宝信托	2018年增设产业金融总部，实现产业链资源共享和价值提升； 2020年7月，推出"中国宝武130年"纪念款信托产品，打造钢铁生态圈供应链金融品牌； 2021年，进一步优化公司资源配置，搭建"一总部、多区域业务中心"的组织架构，成立供应链金融业务部

续表

信托公司	供应链金融动态
华润信托	2020年4月10日，华润医疗、华润信托举行产融协同供应链金融交流暨战略合作云视频签约仪式； 2020年5月19日，联易融中标华润信托供应链金融平台项目，双方携手搭建供应链金融平台； 2020年10月26日，华润医疗、华润信托在北京举行供应链金融业务合作暨供应链金融系统上线签约仪式； 截至2021年10月末，与华润医疗供应链金融业务合作，合计为供应商提供19期融资，融资金额为2.21亿元，在一定程度上解决了中小供应商因医疗供应链环节回款周期长等特点带来的资金周转困难问题
建信信托	与部分知名央企共同组建有限责任公司，以产融结合为基础，搭建全方位互联网供应链信息平台； 2020年与建行联动开展供应链金融业务4338亿元，服务民营和小微企业5.8万户，打造了"互联网+产业+金融"的互联网信息平台
中信信托	2019年12月，与佰所仟讯（上海）电子商务有限公司合作，向浙江信聚佰所供应链管理有限公司进行融资支持，面向化工行业大宗原料上下游企业提供供应链金融服务，这也是中信信托在实体产业开展供应链金融的首次创新尝试； 2021年8月6日、8月13日，作为受托人和发行载体管理人，与中信银行、晋阳保理等机构紧密配合，接连设立"上海晋企商业保理有限公司2021年度供应链资产支持商业票据信托"和"上海晋企商业保理有限公司2021年度共赢供应链资产支持商业票据信托"
中粮信托	2020年3月，联易融与中粮集团旗下中粮信托合作的供应链金融服务平台正式上线； 2021年2月，依托中粮集团产业链打造供应链金融品牌业务； 2021年半年报显示，中粮信托将在供应链金融、服务乡村振兴领域坚定不移地走下去
中建投信托	2020年4月，首笔小微金融供应链服务贷款正式发放完成
中航信托	2021年3月15日，联合中航金网络公司共同设立竣工供应链金融集合资金信托计划，规模为2亿元
中海信托	2019年10月，第一单供应链金融项目中海油供应链金融债权投资集合资金信托计划第一期成功发行； 2021年，成立"中海油供应链金融债权投资集合资金信托计划—第29期"，至此，2021年内中海信托供应链金融项目累计放款规模破亿元，达到2020年全年规模的190%

续表

信托公司	供应链金融动态
云南信托	2020年7月10日，与蚂蚁集团签订战略合作协议；发挥区块链对供应链金融的科技能赋作用
英大信托	2020年5月26日，联合国网四川电力公司产业单位四川格瑞德资产管理公司搭建的"川电云链"供应链金融区块链平台正式上线运行； 2021年6月，推进"南网e链"项目成功落地，截至2021年11月末，累计放款金额突破15亿元，该项目是南方电网首个全流程线上化办理的供应链金融项目
五矿信托	2017年12月27日，成功发行"前海结算—碧桂园供应链应付账款资产支持票据"，成为银行间市场交易商协会首单以供应链应付账款为基础资产的ABN产品； 2020年10月，供应链金融业务系统建设项目进行招标，项目资金来源为自筹资金200万元，招标人为五矿信托； 2021年11月，成立五矿信托—深圳市前海平裕商业保理有限公司2021年度第八期五矿地产供应链资产支持票据信托
百瑞信托	2020年9月，融和云链联手百瑞信托实现信托产品线上购买应收账款功能的迭代上线；平台上线仅仅两日就迎来首批业务，两家供应商分别收到"百瑞恒益891号单一资金信托"（国家电投供应链一期）的1.5亿元和7亿元的应收账款转让对价款
北方信托	2020年12月9日，渣打银行的创新和风投部门渣打创投与领先的资产服务提供商北方信托达成一项协议，发布机构级加密数字货币托管解决方案
渤海信托	2020年1月，中国团餐产业链一站式企业服务平台禧云国际与渤海信托宣布联合推出"渤海信托·2019禧云供应链·金融1号"信托产品
光大信托	2021年1月，中国光大集团联手江西省政府打造"未来标杆"金融供应链系统； 2021年5月，阳光城集团股份有限公司拟与光大兴陇信托有限责任公司合作供应链业务，将公司参股子公司上海翀昱贸易有限公司的17亿元债务与光大信托进行供应链业务合作
粤财信托	2019年10月，与深圳中顺易金融服务有限公司共同推出"普惠供应链1号服务信托项目"
雪松信托	2019年8月23日，"雪松信托鑫链1号"正式成立，"鑫链1号"底层资产为大宗商品供应链上下游企业； 2021年4月之后连续"爆雷"，陷兑付困局

续表

信托公司	供应链金融动态
万向信托	2017年，万云平台为万向家族信托业务提供基于区块链技术的应用服务平台（BaaS），探索区块链与信托结合的路径； 2021年1月，万向区块链入选"2020中国领先金融科技企业50"，万向区块链持续进行慈善信托账户管理平台、供应链金融平台的开发与应用
中融信托	2021年12月28日，中融信托作为受托人，浙商银行股份有限公司担任保管行的"联易盛供应链服务（武汉）有限公司2021年度第一期华盈定向资产支持票据信托产品"成立

中国信托业发展报告
(2022)

第二章

信托机构

第一节 喜忧参半：信托公司 2021 年经营指标概览

截至 2022 年 1 月 16 日，全国共有 56 家信托公司通过银行间同业拆借市场披露了未经审计的 2021 年度财务报表。分析 56 家信托公司未经审计财务报表的关键数据，有助于把握信托公司 2021 年经营情况的最新趋势。

一、营业收入平均值小幅增长，主要由头部信托公司拉动

2021 年，信托行业严监管态势持续。在继续压降融资类信托规模、房地产信托业务额度管控的大背景下，大部分信托公司面临严峻的业务转型压力。统一以手续费及佣金净收入、利息净收入为口径，2021 年，56 家信托公司营业收入的平均值为 24.50 亿元，较 2020 年增长 4.93%。个别信托公司仅发布合并口径数据，一般较母公司口径偏高。如果不包括合并口径的样本，2021 年信托公司营业收入的平均值为 18.38 亿元，较 2020 年增长 4.88%。另外，中国信托业协会发布的统计数据显示，截至 2021 年第三季度，信托公司经营收入同比增长 3.69%。

然而，2021 年，56 家信托公司营业收入的中位数为 15.26 亿元，大幅低于平均值，且较 2020 年下降 5.26%。2021 年，不包括合并口径样本的中位数为 14.53 亿元，较 2020 年下降 3.27%。对比营业收入的平均值与中位数来看，2021 年信托公司营业收入平均值的增长主要仍是由行业头部信托公司拉动，行业整体的营业收入中枢有所下降。

从各家信托公司的具体情况来看，2021 年有 9 家信托公司的营业收入在 35 亿元之上，数量与 2020 年持平，这反映行业头部信托公司依然有较强的创收能力。然而，营业收入分布于 20 亿~35 亿元的信托公司数量在 2021 年减少了 4 家。营业收入在 5 亿元以下的信托公司数量在 2021 年减少了 3 家，这反映部分位于行业尾部的信托公司创收能力有所提升。如图 2-1 所示。总体来看，信托公司 2021 年营业收入的发展特征表现为：行业头部公司依然比较稳固，行业尾部信托公司有所改善，但处于行业中游的信托公司的营业收入增长乏力，这与营业收入中位数下降的趋势相符。

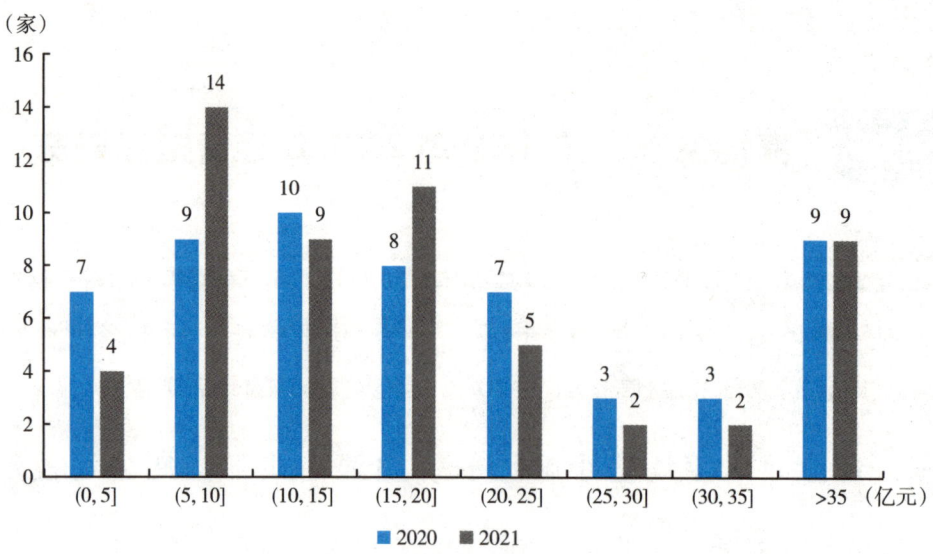

图 2-1 2020—2021 年信托公司营业收入的区间分布

2021 年,信托公司营业收入实现增长的有 29 家,占比为 51.79%,营业收入下降的信托公司有 27 家,占比为 48.21%。去除营业收入由负转正的 2 家信托公司,其他信托公司营业收入增速的区间分布呈现一定的正态分布特征。营业收入增速为 -10%~0 这一区间的信托公司数量最多,有 14 家。2021 年实现 20% 以上高速增长的信托公司有 13 家,营业收入下降超过 20% 的信托公司数量同样有 11 家,呈现明显的分化趋势。如图 2-2 所示。

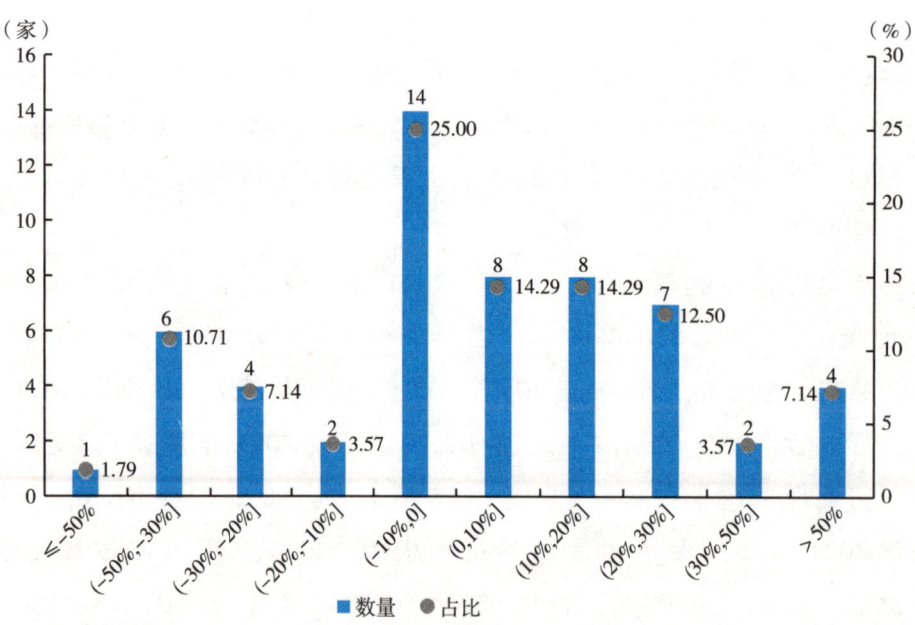

图 2-2 2021 年信托公司营业收入增速的区间分布

二、净利润的区间分布与增速呈明显分化

2021年,56家信托公司净利润的平均值为10.05亿元,较2020年增长4.98%,增幅略高于营业收入。2021年,不包括合并口径的样本净利润平均值为8.41亿元,较2020年增长13.03%。另外,中国信托业协会发布的统计数据显示,截至2021年第三季度,信托公司累计利润同比增长14.58%。2021年,信托公司净利润的平均值实现增长,扭转了2020年净利润下降的不利局面。与营业收入相似的是,2021年净利润中位数同样大幅低于平均值,为7.13亿元(不包括合并口径的样本净利润中位数为6.86亿元)。

从各家信托公司的具体情况来看,净利润的区间分布在2021年呈现"两头增加,中间减少"的特征。2021年,净利润分布于较高区间15亿元以上、较低区间5亿元以下的信托公司数量均增加了2家,分布于中间区间5亿~15亿元的信托公司数量减少了4家。如图2-3所示。

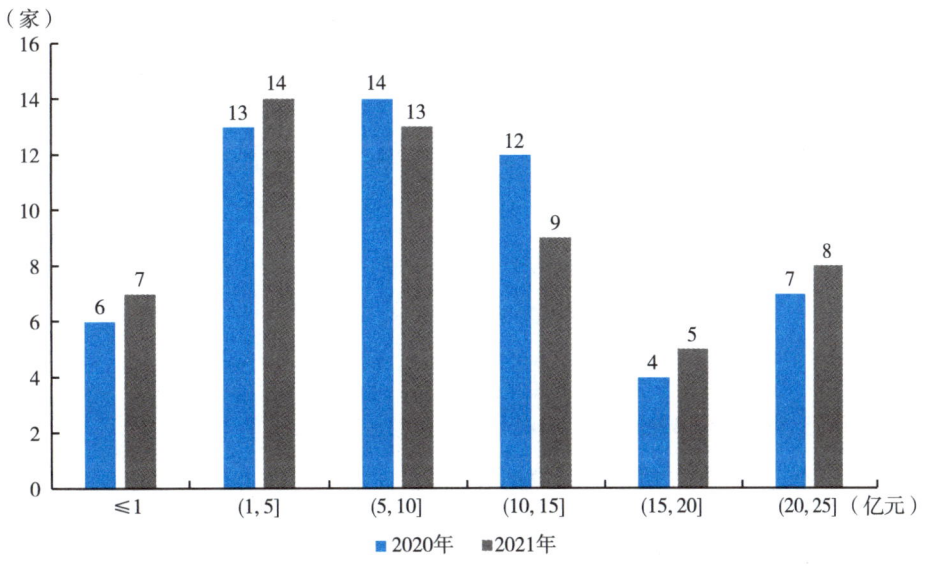

图2-3　2020—2021年信托公司净利润的区间分布

2021年,有35家信托公司净利润实现正增长(或由负转正、亏损减少),占比达62.50%。去除净利润由负转正、亏损减少的情况,净利润增速分布在0~10%和10%~20%的信托公司数量最多。增速在20%以上的信托公司数量达17家,净利润下降幅度超过20%的信托公司数量为12家,呈现明显的分化趋势。如图2-4所示。

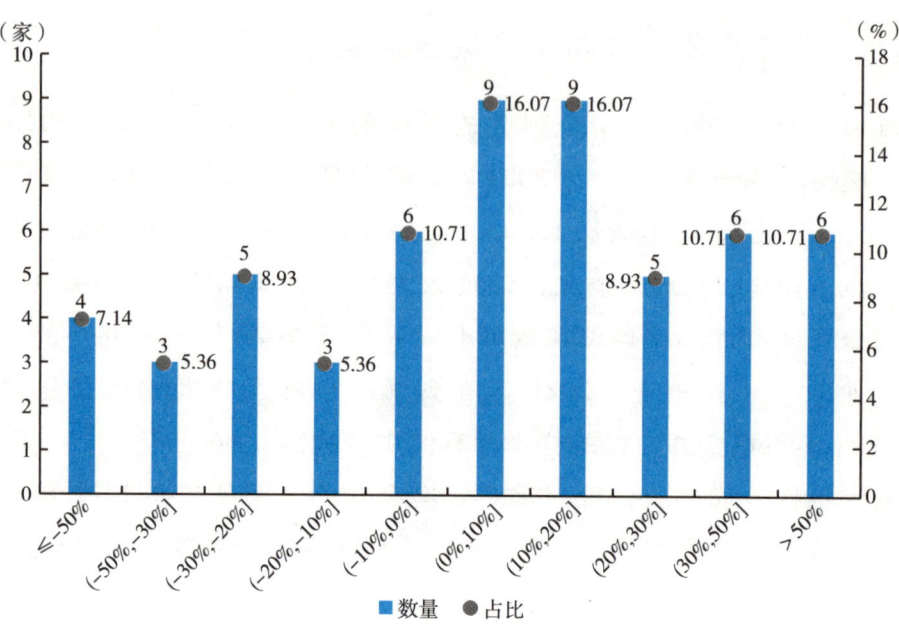

图 2-4　2021 年信托公司净利润增速的区间分布

三、净资产整体增长，ROE 有所下降

2021 年，56 家信托公司净资产的平均值为 124.34 亿元，较 2020 年增长 8.98%。净资产的中位数为 89.31 亿元，大幅低于平均数，中位数的增速为 8.19%，略低于平均值的增幅。在不包括合并口径的样本中，净资产的平均值为 102.67 亿元，较 2020 年增长 8.55%，中位数为 85.49 亿元，增速为 4.39%。中国信托业协会发布的统计数据显示，截至 2021 年第三季度，信托公司净资产同比增长 6.47%。

从净资产的区间分布来看，2021 年，大于 200 亿元的信托公司数量依然为 8 家，净资产为 100 亿~200 亿元的信托公司数量增加了 6 家，净资产为 0~50 亿元、50 亿~100 亿元的信托公司数量均有所减少。如图 2-5 所示。与营业收入、净利润的发展呈现分化局面有所差异的是，信托公司 2021 年的净资产规模实现整体提升，这有助于提升信托公司抵御风险的能力，对行业的发展有利。

ROE（净资产收益率）可以用来衡量企业的盈利能力，反映资本投入产生收益的效率。信托公司 2021 年的 ROE 可通过净利润除以净资产获得，其中净资产采用 2020—2021 年的平均值。2021 年，56 家信托公司 ROE 的加权平均值（以 2021 年净资产为权数）为 8.56%，中位数为 8.47%。2020 年，信托公司的加权平均 ROE 为 9.90%，中位数为 9.17%。相较之下，2021 年的 ROE 均有所下降。

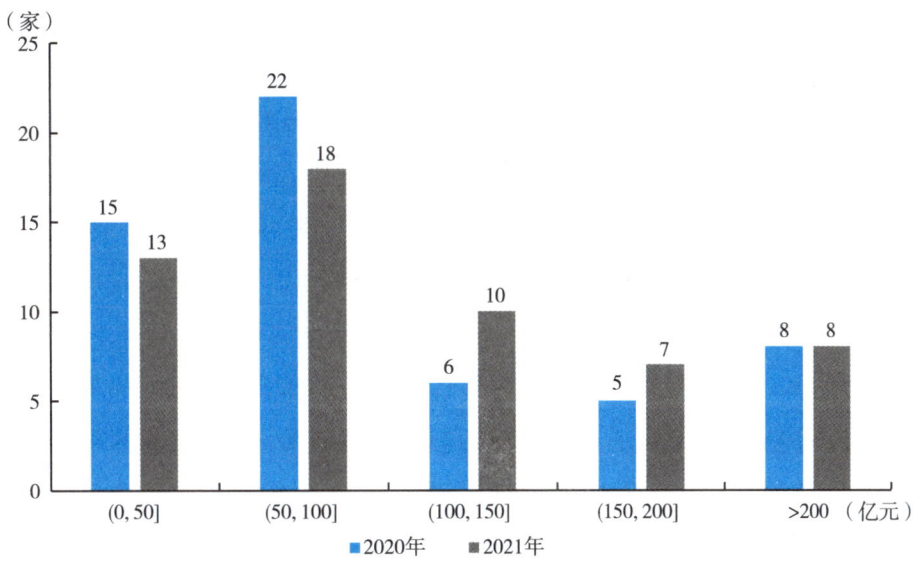

图 2-5　2020—2021 年信托公司净资产的区间分布

综合来看，2021 年信托公司营业收入、净利润、净资产的平均值均实现不同幅度的增长，整体延续了 2021 年前三季度的经营走势。

四、结语

2021 年，信托公司经营业绩整体较好。中国信托业协会的统计数据显示，截至 2021 年第三季度，行业整体信托资产结构、资金运用方式均持续优化，信托行业转型取得良好成效。

同时也应该看到的是，信托公司经营业绩的分化局面仍在持续。处于行业头部的信托公司发展态势良好，其较好的经营业绩对行业整体有明显的拉动作用，体现为营业收入、净利润、净资产的中位数均明显低于平均值。2021 年，信托公司营业收入的中位数较 2020 年有所下降，净利润在较高和较低区间的分布都有所增加，ROE 也有所下降，这些指标反映出信托公司在推动业务转型过程中面临经营压力。

展望 2022 年，信托公司依然面临业务转型的压力。一方面，部分信托公司业务转型进展顺利，已在其经营业绩中有所体现；另一方面，部分信托公司业务转型较慢，在市场竞争中或将持续面临被动局面。因此信托公司应结合自身资源禀赋优势，积极探索业务转型方向，争取实现业务发展与经营业绩的良性循环。

附注：

1. 截至 2022 年 1 月 16 日，56 家信托公司在中国货币网披露了未经审计的 2021 年财务报表。12 家未披露财务报表的信托公司情况如下：安信信托、陕国投、山东信托 3 家上市公司豁免披露；大业信托、浙金信托作为非银行间交易会员无披露义务；吉林信托、民生信托、四川信托、华信信托公告延期披露；东莞信托、新华信托、新时代信托暂未披露。

2. 在 56 家披露的未经审计 2021 年财务报表的信托公司中，大部分均为母公司口径的数据。为了使本报告的数据分析口径尽量一致，如果某公司同时披露合并与母公司数据，使用其母公司口径的数据；如果某公司仅披露合并口径数据，则该公司的 2020 年度对比数据采用合并口径数据。

3. 大部分信托公司采用利息净收入、手续费及佣金净收入的口径，但个别信托公司将利息、手续费及佣金的收入与支出分别列示。为了保持收入口径的一致性，本报告统一采用利息净收入、手续费及佣金净收入的口径，将个别信托公司的利息收入、手续费及佣金收入调整为利息净收入、手续费及佣金净收入，营业收入、营业支出也相应地进行调整。

4. 本报告的分析基于各信托公司未经审计的 2021 年财务数据，由于最终审计后的数据与未经审计数据或有一定的偏差，且本报告仅基于 56 家信托公司做分析，本报告的分析结论尚不能代表信托行业 2021 年的最终发展情况，亦不构成任何投资建议的参考。

第二节 2021 财年现存信托机构数量

截至 2021 年 4 月 30 日，共有 60 家信托公司对其 2020 年经营业绩进行了披露。从已经披露的 60 家信托公司年报中不难看出，整个信托行业处于发展转型的重要时期。经过多年的发展，信托行业对中国经济增长产生巨大的推动作用，其在支持实体经济发展、深化国家绿色发展理念、推动慈善事业发展、助力居民美好生活、防控化解金融风险等领域都起到重要作用。但信托行业本身监管机制还有待进一步健全,"去通道"压力日益凸显,制度红利优势削弱等问题还没有得到根本解决。在居民财富管理需求日益增加与信托行业转型尚未完成的矛盾下,信托行业的规模增长、盈利能力等均受到一定程度的不利影响(鉴于本报告成书之际,2021年度行业数据尚未公开披露,因此本章的主体数据均采用2021年4月30日披露的信托公司年报数据,同时以"2021财年"的表述区别2021年的数据,由此可以清晰地了解行业经营概貌)。表2-1为中国信托公司名录。

表 2-1 中国信托公司名录

序号	公司名称	序号	公司名称
1	平安信托有限责任公司	35	天津信托有限责任公司
2	华润深国投信托有限公司	36	四川信托有限公司
3	中诚信托有限责任公司	37	中泰信托有限责任公司
4	中信信托有限责任公司	38	中原信托有限公司
5	重庆国际信托股份有限公司	39	长安国际信托股份有限公司
6	上海国际信托有限公司	40	厦门国际信托有限公司
7	江苏省国际信托有限责任公司	41	山西信托有限责任公司
8	建信信托有限责任公司	42	五矿国际信托有限公司
9	昆仑信托有限责任公司	43	西部信托有限公司
10	中海信托股份有限责任公司	44	中国金谷国际信托有限公司
11	中国对外经济贸易信托有限公司	45	华宸信托有限公司
12	中融国际信托有限公司	46	中粮信托有限公司
13	华宝信托有限责任公司	47	华鑫国际信托有限公司
14	华信信托股份有限公司	48	湖南省信托有限责任公司
15	安徽国元信托有限责任公司	49	光大兴陇信托有限责任公司
16	兴业国际信托有限公司	50	陕西省国际信托股份有限公司
17	华能贵诚信托有限公司	51	苏州信托有限公司
18	北京国际信托有限公司	52	云南国际信托有限公司
19	山东省国际信托股份有限公司	53	国民信托有限公司
20	中铁信托有限责任公司	54	东莞信托有限公司
21	吉林省信托有限责任公司	55	新时代信托股份有限公司

续表

序号	公司名称	序号	公司名称
22	雪松国际信托股份有限公司	56	杭州工商信托股份有限公司
23	华融国际信托有限责任公司	57	安信信托投资股份有限公司
24	英大国际信托有限责任公司	58	国通信托有限责任公司
25	中建投信托有限责任公司	59	华澳国际信托有限公司
26	渤海国际信托股份有限公司	60	上海爱建信托有限责任公司
27	广东粤财信托有限公司	61	紫金信托有限责任公司
28	交银国际信托有限公司	62	浙商金汇信托股份有限公司
29	百瑞信托有限责任公司	63	大业信托有限责任公司
30	新华信托股份有限公司	64	西藏信托有限公司
31	国联信托股份有限公司	65	长城新盛信托有限责任公司
32	国投泰康信托有限公司	66	陆家嘴国际信托有限公司
33	北方国际信托股份有限公司	67	万向信托有限公司
34	中航信托股份有限公司	68	中国民生信托有限公司

第三节　信托公司经营分析

在过去的十年里，信托业从中国金融改革进程中金融行业边缘革命发起人的角色迅速成长为主流金融业态。各项指标表明，我国信托业发展势头始终与宏观经济运行有着紧密关系，信托业不失时机地抓住宏观经济运行的积极变化，不断开拓业务空间，行业资产规模保持增长态势，跨入"20万亿时代"；利润总额实现两位数增长，信托公司的业务拓展能力和业务协同发展能力不断增强，信托业的资金实力处于提升期，为今后信托业务转型奠定了坚实的基础。

一、主要财务指标分析

(一) 资本利润率

从年报披露状况来看，2021 财年有 60 家信托公司对资本利润率这一指标进行了披露，安信信托、陕西国信、雪松国信、四川信托、华融国信、新时代、新华信托和华信信托尚未披露该指标。

作为反映信托公司盈利能力的重要指标，全行业的平均资本利润率由 2020 财年的 8.86% 下降至 2021 财年的 8.68%，平均资本利润率已经连续五年持续下滑。资本利润率的下降，主要是由于信托公司注册资本增加，使资本增长幅度远大于净利润增长幅度。从行业整体来看，在这 60 家公司中，共有 20 家信托公司的资本利润率在 10% 以上，占比达 33.33%，其中，资本利润率超过 20% 的信托公司有 1 家，占比 1.67%。资本利润率的主要统计数据如表 2-2 所示。

从资本利润率排名来看，光大兴陇 2021 年资本利润率达 20.58%，虽然其资本利润率较 2020 年有所下降，但其却成为 2021 年度资本利润率最高的信托公司。2020 年排名第二的万向信托在 2021 年资本利润率也有所下降，以 19.44% 的资本利润率保持在行业第二。

综观信托行业整体情况，2021 财年各信托公司的资本利润率标准差为 5.25%，相比 2020 财年各公司的资本利润率离散程度有所下降，该指标近几年基本保持集中的态势，具体数据见表 2-2。

表 2-2　2017—2021 财年信托公司资本利润率统计分析表

项目	2017 财年	2018 财年	2019 财年	2020 财年	2021 财年
平均值（%）	14.34	13.48	10.36	8.86	8.68
平均值增长（百分点）	-1.52	-0.86	-3.12	-1.5	-0.18
公司数量（家）	65	64	66	66	60
最大值（%）	28.70	30.96	30.92	22.37	20.58
最小值（%）	0.80	0.80	-11.03	-35	-8.95
标准差（%）	6.01	5.54	6.31	7.66	5.25
变异系数	0.42	0.41	0.61	0.86	0.60

2021 财年，资本利润率表现比较优异的信托公司的前 5 名分别为：光大兴陇（20.58%）、万向信托（19.44%）、陆家嘴信托（18.89%）、华能贵诚（17.57%）以及五矿信托（17.47%）。2020 财年资本利润率表现比较优异的信托公司的前 5 名为：长城新盛（22.37%）、万向信托（21.24%）、光大兴陇（21.11%）、国联信托（18.41%）以及爱建信托（17.77%），其组成有较大的变化。从行业整体来看，资本利润率水平呈现一定的下滑趋势。同时，2014 财年资本利润率在 15%～30% 的公司有 42 家，2015 财年有 34 家，2016 财年达到 37 家，2017 财年有 28 家，2018 财年有 24 家，2019 财年有 11 家，2020 财年有 10 家，2021 财年有 6 家。由此可见，自 2017 财年起，在信托行业整体资本利润率不断下滑的同时，行业的中坚阵营规模也在持续缩小。

信托公司资本利润率是净利润与平均资本的比率，因此公司净利润与注册资本规模的变化均会对资本利润率产生影响。信托公司通过增资或股权资产出售等方式获取大规模资金后，再通过有效的资产管理，可以使业绩得到大幅提升。

（二）信托报酬率

信托报酬是受托人通过管理和运作信托财产而获取的报酬。《信托投资公司信息披露管理暂行办法》指出，信托业务报酬率的计算是信托业务收入除以实收信托平均余额，这一指标反映的是信托公司在信托业务中获得的报酬。实际运作中，信托公司在对信托资产进行管理时，其主动管理能力强、作用发挥得大，信托报酬率一般就会较高；反之，如果信托公司在信托业务中没有进行主动管理、起到的作用较小，信托报酬率就会偏低。

从 2021 财年的年报披露情况来看，共有 49 家信托公司公布了信托报酬率，比 2020 财年减少了华信信托、新华信托和新时代 3 家公司，增加了国通信托 1 家公司。2021 财年，信托行业平均信托报酬率为 0.56%，与 2020 财年持平，如图 2-6 所示。

从图 2-6 可以看出，信托行业的平均报酬率自 2017 财年以来进入下行通道，2018 财年呈现明显下降，2019 财年延续了 2018 财年的下降态势，2020 财年虽有所反弹，但幅度很小，2021 财年与 2020 财年基本持平。

在统计的 49 家信托公司中，有 27 家信托公司报酬率指标出现下降，有 18 家出现上升。随着资管行业竞争的加剧，信托公司传统业务的盈利空间逐步收窄。在披露 2021 财年信托报酬率指标的 49 家信托公司中，下滑比例最

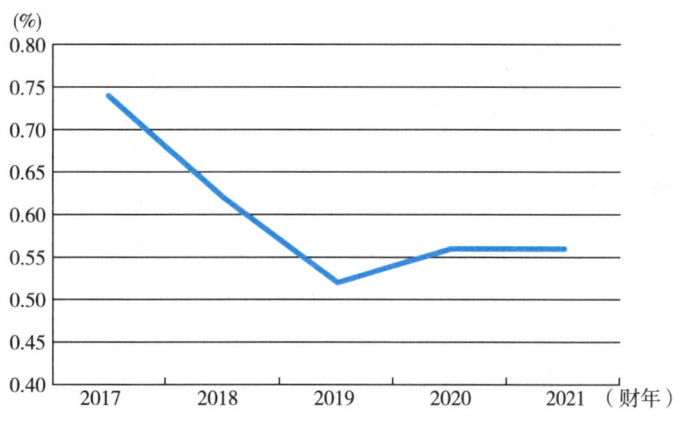

图 2-6　2017—2021 财年信托公司信托报酬率趋势

大的是东莞信托，其 2021 财年信托报酬率同比下降了 1.16 个百分点；其次是百瑞信托，同比下降了 0.44 个百分点。中小信托公司清算项目数量较少，单一项目报酬率对公司整体报酬率指标的影响较大，因此中小信托公司报酬率指标波动比大型公司更加明显。有研究人员表示，主动管理资产占比较高的信托公司受经营环境的影响相对较小，预计行业两极分化的趋势会进一步加大。

从信托报酬率分布的离散程度来看，2021 财年信托报酬率分布的标准差为 0.40%，比 2020 财年的 0.50% 有所下降。2021 财年，全行业信托报酬率的差距呈现进一步缩小的趋势。在样本公司中，大部分公司（43 家）的信托报酬率水平低于 1%。其中有 28 家公司（占披露公司数量的 57.1%）的信托报酬率低于 0.5%，具体数据见表 2-3。

表 2-3　2017—2021 财年信托公司信托报酬率统计分析表

项目	2017 财年	2018 财年	2019 财年	2020 财年	2021 财年
平均值（%）	0.75	0.62	0.52	0.56	0.56
平均值增长幅度（百分点）	0.05	-0.13	-0.10	0.04	0
公司数量（家）	53	51	53	52	49
最大值（%）	3.16	3.63	2.33	2.51	2.48
最小值（%）	0.14	0.10	0.10	0.10	0.10
标准差（%）	0.60	0.63	0.45	0.50	0.40
变异系数	0.80	1.02	0.86	0.88	0.72

从信托报酬率排名来看，2021财年，信托报酬率表现比较优异的信托公司的前5名为：工商信托（2.48%）、长城新盛（1.44%）、爱建信托（1.29%）、东莞信托（1.06%）和重庆国信（1.00%）。

（三）人均净利润

2021财年，共有59家信托公司公布了人均净利润，与2020财年相比，增加了国通信托1家公司，减少了华融国信、四川信托、新时代、新华信托和华信信托5家公司。

2021财年，信托行业平均人均净利润为321万元，比2020财年增加了4.82万元。2017—2020财年平均人均净利润指标连续四年维持下降态势，2021财年出现小幅上升。

从人均净利润的统计分析来看，人均净利润超过1000万元的信托公司为重庆国信和华能贵诚，这两家信托公司的人均净利润分别达到1364万元和1023万元；其他公司的人均净利润均没有超过1000万元。表2-4为2017—2021财年人均净利润相关的主要统计指标。

表2-4 2017—2021财年信托公司人均净利润统计分析表

项目	2017财年	2018财年	2019财年	2020财年	2021财年
平均值（万元）	390.47	369.20	323.13	315.94	320.76
平均值增长幅度（万元）	-36.67	-21.27	-46.07	-7.19	4.82
平均值增长率（%）	-8.59	-5.45	-12.48	-2.23	1.53
公司数量（家）	64	64	65	65	59
最大值（万元）	2519.74	2295.53	1711.21	1760.48	1364.34
最小值（万元）	22.17	36.14	-149.05	-214.16	-115.54
标准差（万元）	365.68	325.61	287.61	323.40	263.94
变异系数	0.94	0.88	0.89	1.02	0.82

从人均净利润排名来看，2021财年，人均净利润表现比较优异的信托公司的前5名为：重庆国信（1364.34万元）、华能贵诚（1022.89万元）、江苏国信（943.76万元）、华润信托（716.71万元）和英大信托（657.66万元）。2016财年有50家信托公司的人均净利润达到150万元以上，2017财年这一数值达到53家，2018财年与2017财年持平，均保持在53家，2019财年下降至

49 家，2020 财年下降至 44 家，2021 财年下降至 41 家，具体变化趋势如图 2-7 所示。

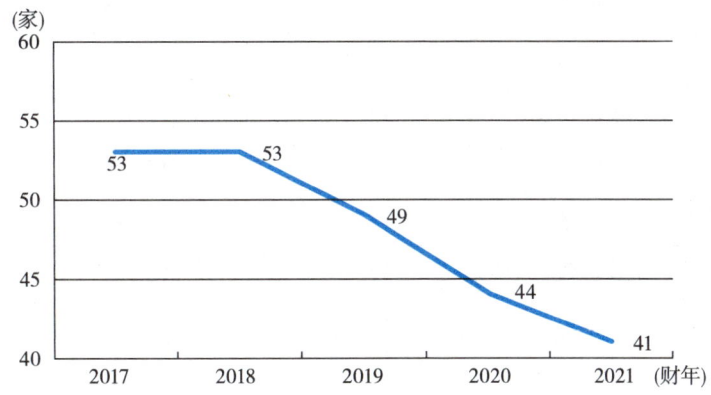

图 2-7　2017—2021 财年人均净利润 150 万元以上的公司数量

从人均净利润增幅来看，2021 财年，人均净利润增幅排名前 5 位的公司为财信信托（增长 165.04%）、中粮信托（增长 112.95%）、金谷信托（增长 102.07%）、中泰信托（增长 93.82%）、陆家嘴信托（增长 65.25%）。人均净利润降幅最大的公司是长城新盛，降幅达到 147.35%。由此可见，行业内部分公司人均净利润指标的年度差异性较大。

相比 2020 财年，2021 财年信托公司人均净利润增幅前 5 名平均上涨了 107.82%，行业增幅平均下降了 2.40%。2021 财年，在宏观经济受到新冠肺炎疫情的严重影响下，行业平均盈利水平整体下滑。相关数据如表 2-5、表 2-6、表 2-7 所示。

表 2-5　资本利润率序列表　　　　　　　　　　　　　　（%）

序号	公司简称	2021 财年	2020 财年	2019 财年
1	光大兴陇	20.58	21.11	15.96
2	万向信托	19.44	21.24	18.82
3	陆家嘴信托	18.89	12.37	9.92
4	华能贵诚	17.57	16.42	17.62
5	五矿信托	17.47	16.01	14.49
6	爱建信托	15.38	17.77	20.30
7	中航信托	14.82	15.76	17.16
8	工商信托	13.89	14.70	14.57

续表

序号	公司简称	2021 财年	2020 财年	2019 财年
9	国投泰康	13.57	15.13	11.81
10	紫金信托	13.53	13.49	12.01
11	粤财信托	13.15	12.42	11.43
12	英大信托	12.92	11.13	8.15
13	平安信托	12.43	12.05	14.23
14	华鑫信托	12.29	10.30	10.83
15	华润信托	11.67	13.81	11.22
16	百瑞信托	11.52	12.52	13.66
17	厦门国信	11.08	10.56	9.90
18	中铁信托	10.66	9.48	16.11
19	北京国信	10.43	10.11	9.64
20	云南国信	10.04	14.29	11.97
21	上海国信	9.85	10.45	10.32
22	华澳信托	9.77	7.70	11.34
23	苏州信托	9.57	10.04	8.95
24	交银国信	9.57	9.80	10.02
25	重庆国信	9.56	11.57	12.93
26	昆仑信托	9.29	7.64	7.69
27	财信信托	9.24	3.43	13.90
28	江苏国信	9.09	12.64	—
29	东莞信托	9.05	9.03	11.04
30	西藏信托	8.92	16.31	12.26
31	国联信托	8.58	18.41	4.16
32	天津信托	8.45	10.64	12.05
33	华宝信托	8.37	9.03	12.65
34	建信信托	8.19	11.62	15.18
35	国民信托	7.78	7.13	4.76
36	西部信托	7.76	6.95	6.43

续表

序号	公司简称	2021 财年	2020 财年	2019 财年
37	外贸信托	7.74	11.82	18.07
38	国元信托	7.31	6.36	5.65
39	国通信托	7.20	未披露	12.47
40	长安国信	6.88	7.00	5.32
41	中信信托	6.76	12.61	15.69
42	兴业信托	6.74	7.50	6.91
43	中粮信托	6.64	2.92	1.08
44	中融信托	6.56	8.79	11.48
45	中建投信托	6.33	11.28	13.05
46	北方国信	6.16	5.43	9.71
47	山东国信	5.90	6.90	9.30
48	中诚信托	5.39	5.61	6.78
49	大业信托	5.04	5.64	8.58
50	浙商金汇	4.78	4.93	7.75
51	中海信托	4.75	11.72	28.92
52	中泰信托	4.66	2.91	3.36
53	中原信托	3.51	4.81	5.02
54	金谷信托	2.81	1.30	4.38
55	华宸信托	2.24	-5.88	-11.03
56	山西信托	0.95	1.59	0.57
57	吉林信托	0.81	5.37	10.10
58	渤海信托	0.13	8.87	8.62
59	民生信托	-3.65	8.49	10.46
60	长城新盛	-8.95	22.37	30.92
61	安信信托	未披露	未披露	未披露
62	陕西国信	未披露	未披露	未披露
63	雪松国信	未披露	未披露	0.96
64	四川信托	未披露	6.72	10.27

序号	公司简称	2021 财年	2020 财年	2019 财年
65	华融国信	未披露	2.47	12.74
66	新时代	未披露	1.75	4.51
67	新华信托	未披露	0.26	0.98
68	华信信托	未披露	-1.22	6.83

表 2-6　信托报酬率序列表　　　　　　　　　　　　　　（%）

序号	公司简称	2021 财年	2020 财年	2019 财年
1	工商信托	2.48	2.51	1.71
2	长城新盛	1.44	1.49	1.66
3	爱建信托	1.29	1.10	0.61
4	东莞信托	1.06	2.22	2.33
5	重庆国信	1.00	1.01	1.03
6	苏州信托	1.00	0.55	0.55
7	国联信托	0.98	0.66	0.73
8	紫金信托	0.92	0.71	0.47
9	民生信托	0.80	0.81	1.09
10	浙商金汇	0.78	0.74	0.46
11	大业信托	0.73	0.63	0.49
12	五矿信托	0.67	0.54	0.48
13	中航信托	0.66	0.72	0.59
14	平安信托	0.63	0.50	0.45
15	北京国信	0.60	0.60	0.28
16	光大兴陇	0.58	0.66	0.47
17	国投泰康	0.58	0.54	0.32
18	长安国信	0.55	0.42	0.34
19	国通信托	0.54	未披露	0.40
20	陆家嘴信托	0.54	0.58	0.55
21	百瑞信托	0.53	0.97	1.01

续表

序号	公司简称	2021 财年	2020 财年	2019 财年
22	山西信托	0.49	0.51	0.33
23	江苏国信	0.49	0.41	—
24	华鑫信托	0.46	0.38	0.25
25	陕西国信	0.46	0.31	0.25
26	华澳信托	0.44	0.28	0.44
27	中泰信托	0.43	0.72	0.49
28	兴业信托	0.42	0.39	0.26
29	昆仑信托	0.42	0.32	0.27
30	外贸信托	0.40	0.40	0.51
31	渤海信托	0.40	0.38	0.35
32	华宸信托	0.40	0.37	1.08
33	厦门国信	0.38	0.33	0.30
34	英大信托	0.34	0.34	0.34
35	中原信托	0.32	0.38	0.42
36	云南国信	0.32	0.33	0.22
37	金谷信托	0.32	0.24	0.26
38	中铁信托	0.29	0.26	0.49
39	交银国信	0.29	0.20	0.17
40	上海国信	0.28	0.27	0.24
41	国民信托	0.27	0.22	0.21
42	西藏信托	0.27	0.20	0.13
43	北方国信	0.24	0.20	0.18
44	西部信托	0.24	0.21	0.20
45	建信信托	0.24	0.10	0.10
46	天津信托	0.20	0.21	0.25
47	安信信托	0.14	0.26	0.65
48	吉林信托	0.11	0.22	0.24
49	国元信托	0.10	0.13	0.17

续表

序号	公司简称	2021 财年	2020 财年	2019 财年
50	中诚信托	未披露	未披露	未披露
51	中海信托	未披露	未披露	未披露
52	中融信托	未披露	未披露	未披露
53	中信信托	未披露	未披露	未披露
54	华融国信	未披露	未披露	0.29
55	粤财信托	未披露	未披露	未披露
56	财信信托	未披露	未披露	未披露
57	华宝信托	未披露	未披露	未披露
58	山东国信	未披露	未披露	未披露
59	华润信托	未披露	未披露	未披露
60	雪松国信	未披露	未披露	0.52
61	中建投信托	未披露	未披露	未披露
62	华能贵诚	未披露	未披露	未披露
63	四川信托	未披露	未披露	未披露
64	中粮信托	未披露	未披露	未披露
65	万向信托	未披露	未披露	未披露
66	华信信托	未披露	1.89	1.52
67	新华信托	未披露	0.22	0.31
68	新时代	未披露	0.10	0.13

表 2-7 人均净利润序列表   单位：万元

序号	公司简称	2021 财年	2020 财年	2019 财年
1	重庆国信	1364.34	1760.48	1711.21
2	华能贵诚	1022.89	870.55	699.94
3	江苏国信	943.76	1448.22	1280.97
4	华润信托	716.71	767.73	581.66
5	英大信托	657.66	577.93	373.03
6	渤海信托	649.00	434.19	414.10

续表

序号	公司简称	2021 财年	2020 财年	2019 财年
7	五矿信托	602.13	518.71	585.88
8	中航信托	579.75	605.97	604.38
9	国联信托	565.52	1115.33	244.24
10	百瑞信托	542.47	572.16	486.29
11	平安信托	538.82	627.58	564.31
12	交银国信	518.46	492.61	478.44
13	粤财信托	496.60	470.78	458.33
14	昆仑信托	459.09	357.89	380.56
15	国投泰康	449.97	392.87	294.80
16	建信信托	399.59	470.93	481.22
17	华鑫信托	397.76	337.25	318.51
18	西藏信托	396.30	486.74	263.05
19	上海国信	382.43	379.83	337.99
20	中铁信托	361.00	325.00	557.00
21	国元信托	332.76	265.30	232.31
22	财信信托	326.00	123.00	562.00
23	陆家嘴信托	316.61	191.60	146.21
24	外贸信托	309.97	424.54	555.65
25	天津信托	305.97	363.62	381.82
26	紫金信托	305.32	258.32	234.36
27	光大兴陇	295.08	289.37	279.86
28	工商信托	289.00	299.00	282.00
29	浙商金汇	287.94	266.41	未披露
30	中诚信托	286.28	286.19	343.11
31	北京国信	285.00	272.00	260.00
32	苏州信托	275.62	270.18	232.33
33	中信信托	273.25	478.66	540.31
34	厦门国信	260.19	237.94	208.90

续表

序号	公司简称	2021 财年	2020 财年	2019 财年
35	华宝信托	241.02	232.70	283.69
36	中泰信托	232.25	119.83	94.83
37	中融信托	229.32	228.19	113.12
38	爱建信托	224.22	265.64	326.11
39	兴业信托	208.18	209.28	184.95
40	华澳信托	191.20	142.08	229.48
41	万向信托	168.21	182.33	167.38
42	东莞信托	141.23	178.22	240.46
43	中海信托	140.85	362.34	830.25
44	中建投信托	130.52	213.59	220.55
45	国通信托	124.57	未披露	192.84
46	中原信托	121.60	164.69	160.81
47	西部信托	118.97	103.24	118.97
48	北方国信	109.77	87.35	176.61
49	云南国信	106.00	126	101.00
50	中粮信托	97.02	45.56	20.56
51	国民信托	92.22	79.49	49.29
52	金谷信托	69.35	34.32	116.11
53	大业信托	60.93	68.42	97.68
54	长安国信	58.62	65.39	53.09
55	华宸信托	22.52	-69.58	-149.05
56	吉林信托	19.41	134.69	280.57
57	山西信托	7.39	12.75	4.71
58	民生信托	-68.02	173.19	262.64
59	长城新盛	-115.54	244.03	239.21
60	安信信托	未披露	未披露	未披露
61	陕西国信	未披露	未披露	未披露
62	山东国信	未披露	未披露	未披露

续表

序号	公司简称	2021 财年	2020 财年	2019 财年
63	雪松国信	未披露	未披露	27.03
64	华融国信	未披露	130.26	14.61
65	四川信托	未披露	68.33	99.88
66	新时代	未披露	60.10	158.51
67	新华信托	未披露	10.29	36.32
68	华信信托	未披露	-98.99	481.66

二、信托公司资产规模分析

（一）信托资产规模的整体分析

中国信托业协会公布的最新数据显示，截至 2021 年第三季度末，信托业受托管理的信托资产余额为 20.44 万亿元，较 2021 年初减少 455.99 亿元，同比下降 2%，降幅较第二季度末收窄 1.02 个百分点，信托资产余额较第二季度末减少 1938.52 亿元，环比下降 0.94%，降幅比第二季度增加了 2.22 个百分点。

2021 财年，信托行业平均信托资产规模为 31771867 万元，比 2019 财年减少 1457213 万元，下降幅度为 4.39%。自 2014 财年以来，信托公司的信托资产规模每年都有大幅提升，除了 2016 财年外，平均每年提升 20% 以上。2019 财年该指标首次出现下降，2020 财年继续下降，这表明，在宏观经济增速放缓以及金融监管不断加强的背景下，信托行业的发展面临比较严峻的挑战。

2021 财年，共有 42 家公司缩小了信托资产规模。从公司层面来看，建信信托超过中信信托成为单个公司年度信托资产规模排名第一，信托资产规模为 152611401 万元，而中信信托的信托资产规模从 2020 财年的 157415596 万元下降至 122465895 万元，在经历了 2018 财年的最高值之后，中信信托开始适当收缩资产规模。从信托资产规模分布的平均程度来看，2021 财年信托资产规模分布的标准差（30672435 万元）与 2020 财年的标准差（30159814 万元）相比有小幅上升。同时，变异系数由 2020 财年的 0.94 上升至 2021 财年的 0.97，这说明，2021 财年信托资产规模在不同信托公司间的差异度在逐步扩大。

从中观层面来看，信托行业的信托资产规模均值在 2020 财年出现了 4.94% 的下降；同时，该指标的标准差和变异系数均出现了小幅上升。从微观层面来看,行业内信托资产规模的最大值与最小值与上一年度相比均有所减小。这表明,2020财年信托资产规模均值的下行并不是个别公司战略调整影响的,而是整个行业都在进行信托资产的调整与收缩。科学应对系统性风险对信托行业的冲击将是未来一段时间相关部门亟待解决的重要问题。相关具体数据如表2-8所示。

表2-8 信托公司信托资产规模统计分析表

项目	2016财年	2017财年	2018财年	2019财年	2020财年	2021财年
平均值(万元)	24050170	29793773.27	38648857.88	33414889.35	32100408.92	31771866.80
平均值增长幅度(万元)	3332333	5743603.27	8855084.61	-5233968.53	-1314480.44	-328542.12
平均值增长率(%)	16.08	23.88	29.72	-13.54	-3.93	-1.02
公司数量(家)	68	68	68	68	68	68
最大值(万元)	109683950	142488879	198672976	165219704	157415596	152611401
最小值(万元)	980256	971111	396584	219914	213840	80577
标准差(万元)	23409439	28146395	35079330	29825848	30159814	30672435
变异系数	0.97	0.94	0.91	0.89	0.94	0.97

(二)自营资产规模的整体分析

从2021财年披露情况来看,共有62家信托公司公布了自营资产规模相关数据。2021财年,信托行业自营资产规模继续攀升,平均每家信托公司自营资产规模为125.45亿元,比2020财年增加11.87亿元,上升幅度为10.45%,增速明显。自2005财年以来,信托公司的自营资产规模增长率在2008财年最大,达到34.94%;在2006财年下跌幅度最大,下跌了22028万元,下跌率为14.53%。

自营资产缩减的公司数量的最大值出现在2006财年,达到27家,2008财年降到9家,2009财年又升到25家,2010财年又下调到7家,2011财年也是7家,2013财年继续减少为3家,2017财年这一数据有所回升,达到8家,2018财年有13家信托公司,2020财年与2019财年持平,维持在17家,2021财年下降至13家。2021财年信托行业中自营资产规模最大的公司为中信信托,其2021财年自营资产为349.02亿元。

从各年度信托公司间的自营资产规模差异来看，2005 财年差异性最小，变异系数为 0.76，然后逐年上升，2008 财年上升到最大值 1.12，2009—2011 财年基本稳定在 1.06～1.08。2018 财年，变异系数进一步降低到 0.66，2019 财年持续下降至 0.59，2020 财年升至 0.66，这说明各公司的自营资产规模的差异性出现扩大的情况。同样地，自营净资产的变异系数延续了 2009 财年以来的下降趋势，2014 财年下降到 0.80，2016 财年与 2015 财年持平，为 0.79，2017 财年下降为 0.68，2018 财年继续下降至 0.65，2019 财年保持了下降态势，降至 0.64，2020 财年出现小幅上升，升至 0.67，2021 年财年维持在 0.71。自营资产与自营净资产的相关数据统计见表 2-9 与表 2-10。

表 2-9　2017—2021 财年信托公司自营资产规模统计分析表

项目	2017 财年	2018 财年	2019 财年	2020 财年	2021 财年
平均值（万元）	818893	965308	1057880	1135763	1254457
平均值增长额（万元）	135557	146415	92572	77883	118694
平均值增长率（%）	19.84	17.88	9.59	7.36	10.45
公司数目	68	67	68	65	62
自营资产缩减的公司数量（家）	8	13	17	17	13
最大值（万元）	2611260	2813417	2978535	3205376	3490287
最小值（万元）	70574	117865	121622	153672	101459
标准差（万元）	591021	637047	628634	744183	843035
变异系数	0.72	0.66	0.59	0.66	0.67

表 2-10　2017—2021 财年信托公司自营净资产规模统计分析表

项目	2017 财年	2018 财年	2019 财年	2020 财年	2021 财年
平均值（万元）	659106	770141	843228	934940	1018532
平均值增长额（万元）	98781	111035	73087	91711	82965
平均值增长率（%）	17.63	16.85	9.49	9.81	10.76

续表

项目	2017 财年	2018 财年	2019 财年	2020 财年	2021 财年
自营净资产缩减的公司数量（家）	7	8	13	4	4
最大值（万元）	2251071	2391441	2427288	2968253	3045124
最小值（万元）	49402	67046	91544	106950	94176
标准差（万元）	453099	504608	540201	630323	725114
变异系数	0.68	0.65	0.64	0.67	0.71

三、盈利能力分析

（一）营业收入

1. 营业收入的整体分析

从本报告掌握的2021财年披露情况来看，共有62家信托公司公布了营业收入与营业利润情况。2021财年，信托行业共实现营业收入1191余亿元，平均每家信托公司的营业收入为19.21亿元，比2020财年增加了1.2亿元，上升比为15.57%。自2005财年以来，信托公司的营业收入在2008财年的上升幅度最大，上升了21694万元，上升比为158.76%；在2019财年的下跌幅度最大，下跌了14048万元，下跌比为8.44%。

2008财年，单个信托公司的营业收入为较高的259269万元，至2010财年则小幅回升为207486万元，2011财年继续上升为238640万元。2016财年出现了历史最高的营业收入，即中信信托创造的1029044万元。中信信托2017财年、2018财年、2019财年和2020财年、2021财年的营业收入分别为564900万元、574951万元、614467万元、637797万元、707270万元。虽然比2016财年的最高点有较大幅度的下降，但保持了不俗的业绩。

信托公司营业收入的变异系数在2008财年上升到最大值，为1.42，随后逐渐下降，到2012财年下降为1.03，2013财年为0.86，2014财年为0.82，2015财年为0.85，2016财年提高至0.99，2017财年降到0.82，2018财年继续下降至0.77，2019财年、2020财年小幅回升至0.78，2021财年上升至0.82，这表明2021财年各信托公司营业收入差距有小幅扩大的趋势。具体数据见表2-11。

表 2-11 2017—2021 财年信托公司营业收入统计分析表

项目	2017 财年	2018 财年	2019 财年	2020 财年	2021 财年
平均值（万元）	159026	166145	152460	172575	192131
均值增长额度（万元）	-11617	7119	-14048	20115	12034
增长幅度（%）	-6.59	-1.48	-8.44	13.19	15.57
公司数量（家）	68	68	68	68	62
最大值（万元）	603051	602540	614467	637797	707270
最小值（万元）	9390	4568	5171	23551	-129729
标准差（万元）	130339	128902	119124	134777	157714
变异系数	0.82	0.77	0.78	0.78	0.82

2. 营业收入的公司分析

从营业收入排名来看，2021 财年，营业收入排名前 5 位的信托公司为：中信信托（707270 万元）、华能贵诚（602981 万元）、光大兴陇（563042 万元）、平安信托（546091 万元）和五矿信托（516352 万元）。

同时，2010 财年营业收入达到 5 亿元以上的公司只有 12 家，2011 财年增加到 16 家，2012 财年增加到 27 家，2013 财年达到 47 家，2014 财年达到 56 家，2015 财年达到 57 家，2016 财年达到 63 家，2017 财年为 58 家，2018 财年为 61 家，2019 财年为 58 家，2020 财年为 59 家，2021 财年为 55 家。

（二）利润总额与净利润

1. 利润总额与净利润的历史分析

2021 财年，信托行业共实现利润 649 亿元，平均每家信托公司的利润总额为 10.47 亿元，比 2020 财年上升了 1.59%。自 2005 财年以来，信托公司的利润总额在 2007 财年的上升幅度最大，增加了 26759 万元，上升比为 273.66%；在 2009 财年下跌幅度最大，减少了 10392 万元，下跌比为 28.81%。

信托公司平均利润总额在 2015—2018 财年连续上升，其中，2015 财年上升幅度最大，增幅达 15.26%。2019 财年出现了近五年内的首次下跌，2020 财年该数值虽然出现增长，但增长幅度较小；2021 财年出现大幅下跌，这显示出，2021 财年在新冠肺炎疫情等多重因素的影响下，整个信托市场的盈利状况不容乐观。

2005 财年以来，各信托公司的利润总额差异度的最大值出现在 2005 财年，变异系数为 1.49，2006 财年和 2007 财年变异系数下降后，2008 财年变异系数增长为 1.29，之后逐年下降，2012 财年达到 0.97，2013 财年达到 0.86，2014 财年达到 0.84，2015 财年达到最低值 0.82，2016 财年小幅上升至 0.86，2017 财年与 2016 财年持平，2018 财年小幅下降至 0.85，2019 财年则大幅回升至 1.05，2020 财年上升至 1.29，2021 财年上升至 1.45。具体数据如表 2–12 所示。

表 2–12　2017—2021 财年信托公司利润总额统计分析表

项目	2017 财年	2018 财年	2019 财年	2020 财年	2021 财年
平均值（万元）	114372	120063	102249	103055	104695
均值增长额度（万元）	5062	5691	-17814	806	1640
公司数量（家）	68	68	68	68	62
利润总额为负的公司数量（家）	0	0	2	5	3
最大值（万元）	424889	487421	481998	451426	503574
最小值（万元）	2192	7325	-244250	-523897	-728803
标准差（万元）	98581	102384	107515	132715	152011
变异系数	0.86	0.85	1.05	1.29	1.45

2. 利润总额与净利润的公司分析

从利润总额排名来看，2021 财年，利润总额排名前 5 位的信托公司为华能贵诚（503574 万元）、平安信托（382387 万元）、五矿信托（370307 万元）、光大兴陇（350929 万元）以及华润信托（314007 万元）。

同时，2012 财年利润总额超过 5 亿元的有 20 家，2013 财年为 35 家，2014 财年为 42 家，2015 财年为 46 家，2016 财年为 49 家，2017 财年为 51 家，2018 财年为 52 家，2019 财年为 44 家，2020 财年为 49 家，2021 财年为 48 家。

从利润总额增长率来看，2021 财年，利润总额增幅排名前 5 位的公司为长城新盛（866.98%）、渤海信托（434.02%）、长安国信（38.54%）、上海国信（33.35%）以及建信信托（33.10%）。另外，2021 财年，有 22 家公司的利润总额出现下滑，比 2020 财年的 27 家减少了 5 家。

从信托公司净利润水平来看，自 2019 财年全行业净利润出现近六年来的首次下跌后，2020 财年净利润继续小幅下跌，2021 财年净利润则出现大幅下跌。2021 财年全行业披露净利润的 62 家公司中，共有 26 家信托公司的净利润超过行业平均值（7.92 亿元），占比达 41.94%。2021 财年净利润排名前 5 位的信托公司分别为华能贵诚（379683 万元）、平安信托（308477 万元）、五矿信托（278376 万元）、华润信托（274141 万元）以及光大兴陇（261144 万元）。

（三）信托业务收入

1. 行业信托业务收入总规模的历史对比

2021 财年共有 62 家公司披露了信托业务收入。2021 财年，平均每家信托公司的信托业务收入为 136913 万元。2015 财年以来，信托公司的信托业务收入在 2015 财年的上升比例最大，达到 9.83%，2019 财年下跌幅度最大，下跌了 4.18%。具体数据如表 2-13 所示。

表 2-13 2017—2021 财年信托公司信托业务收入统计分析表

项目	2017 财年	2018 财年	2019 财年	2020 财年	2021 财年
平均值（万元）	108604	118151	113207	122533	136913
均值增长额度（万元）	3011	9544	-4944	9327	14007
平均增长率（%）	2.85	8.79	-4.18	8.24	11.40
公司数量（家）	67	67	68	67	62
最大值（万元）	439342	531038	545001	478848	578607
最小值（万元）	6366	2761	908.32	431	459
标准差（万元）	93043	99327	91732	105585	123695
变异系数	0.86	0.84	0.81	0.86	0.90

2. 信托业务收入的公司分析

从信托业务收入排名来看，2021 财年信托业务收入排名前 5 位的信托公司为中信信托（578608 万元）、光大兴陇（479033 万元）、中融信托（444248 万元）、平安信托（433468 万元）以及中航信托（382856 万元）。

同时，2014财年信托业务收入达到1亿元以上和10亿元以上的公司分别有66家和19家，2015财年达到64家和25家，2016财年为67家和26家，2017财年为65家和26家，2018财年为66家和29家，2019财年为67家和27家，2020财年为65家和31家，2021财年为60家和30家。

第三章

集合资金信托产品

第一节 集合资金信托产品及业务发展概况

2021年，我国经济处于持续修复阶段，新冠肺炎疫情虽然仍呈现点状和区域性扩散状态，但对经济社会的冲击已经远小于2020年，这有利于促进信托产品市场的恢复和发展。统计数据显示，2021年，全行业发行集合资金信托项目35762只，发行集合资金信托规模为22813亿元，发行数量突破35000只，再创历史新高；发行规模明显收缩，呈现发行数量和规模的分化趋势。2021年，集合资金信托市场呈现三大新变化趋势：一是监管部门继续压降融资类信托业务，管控房地产信托额度，信托公司供给能力不强；信托公司继续探索证券投资信托，由于投资者接受程度有限，产品呈现多而小的特点。二是房地产调控升级，2021年第三季度，部分头部民营房地产企业出现较为显著的违约风险，下半年投资者风险偏好明显下降。三是传统业务领域管控压力较大，信托产品供不应求，加之流动性相对宽松，推动信托产品预期收益率继续下行。

一、2021年集合资金信托产品发行概况

信托公司公开披露的信息统计显示，2021年，68家信托公司共计发行集合资金信托产品35762只，发行信托规模共计22813亿元，平均每只信托产品规模为0.64亿元，平均期限约为2.26年，平均年化预期收益率约为6.85%。与2020年相比，2021年集合资金信托发行数量继续上升，发行规模和预期收益率均呈现明显的下降态势，单只产品平均募集规模大幅下降，产品期限变化不大。如图3-1所示。

2021年，集合资金信托产品数量同比增速为16.17%，募集规模同比增速为-24.40%，单只信托产品的平均规模增速为-34.92%，产品平均年化预期收益率较2020年下降0.38个百分点。2021年，集合资金信托产品发行规模跌至近5年来的最低水平，产品收益率持续下滑，体现了信托产品市场的不景气。一是监管部门继续压降融资类信托产品规模，管控房地产信托额度，清理同业通道业务，信托产品供给能力受到较大压制。二是2021年下半年，房地产等核心信托产品违约率明显上升，兑付风险严重打压了投资者投资意愿。三

是信托公司积极布局债券、股票等证券投资产品,但此类产品要获得客户认可仍需要一个过程,因此此类产品可能发行数量较多,但单期规模不大,这也是导致 2021 年集合资金信托产品发行数量和规模出现较大背离的重要原因之一。

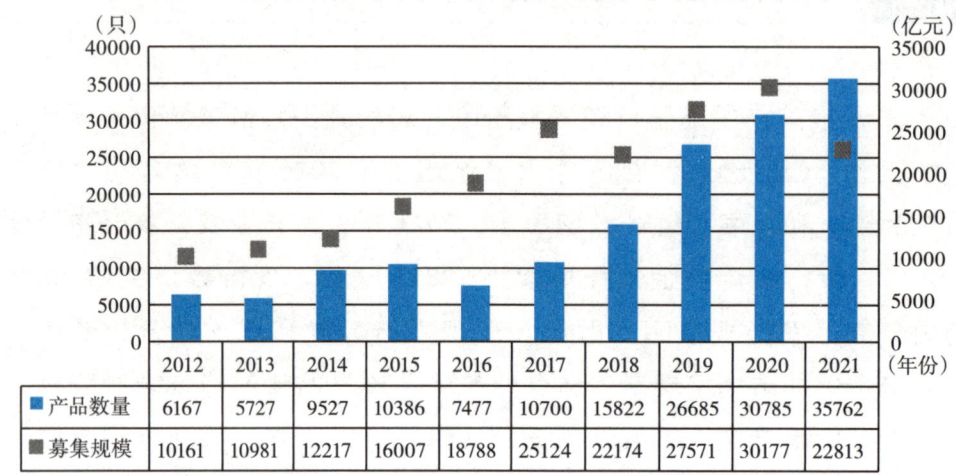

图 3-1 2012—2021 年国内集合资金信托产品发行数量及规模统计

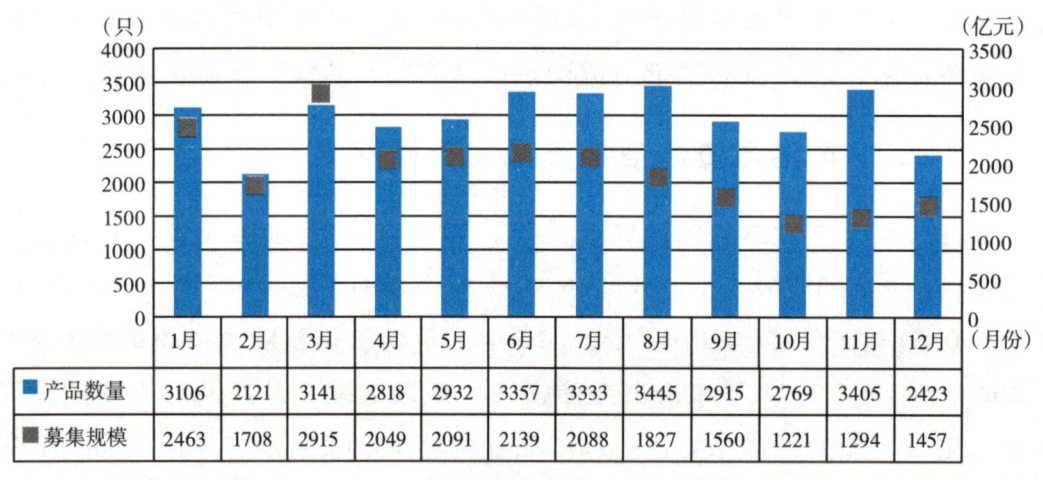

图 3-2 2021 年集合资金信托产品发行数量及规模统计

从月度数据来看,2021 年各月集合资金信托产品发行数量均在 2000 只以上。除了 2 月受到春节假日等因素影响外,上半年其他各月发行数量保持相对稳定,9 月、10 月、12 月发行数量明显低于全年平均数量,11 月发行数量有所反弹,但这种态势未能得到延续。集合资金信托产品发行规模呈现前高后低的态势,与 2020 年走势较为相近,但走势背后的主导因素各不相同。2021 年 7 月以前(除 2 月)集合资金信托产品发行规模相对平稳,均超过 2000 亿元,

2021年最后5个月的发行规模明显滑坡，10月最低下降至1221亿元，11月和12月季节性反弹，但反弹力度不大，发行规模仍明显少于上半年月均规模。如图3-2所示。主要原因是房地产信托产品风险加大，投资者避险情绪明显，信托公司呈现较为显著的"资产荒"特征。供给和需求两端均偏弱，也是全年发行规模下降的主要原因之一。

二、信托产品的资金运用方式

统计数据显示，2021年，新增集合资金信托中贷款运用方式信托资金为3712.29亿元，占比为16%；证券投资运用方式信托资金为2203.18亿元，占比为10%；股权投资方式信托资金为2913.24亿元，占比为13%；权益投资方式信托资金为12299.78亿元，占比为54%；组合运用方式信托资金为1684.1亿元，占比为7%。以贷款和权益投资为主要的运用方式，合计占比达70%。如图3-3所示。与2020年相比，2021年的贷款、组合运用方式占比有所下降，而权益投资、证券投资、股权投资运用方式占比呈上升态势，分别升高2个、1个和8个百分点。

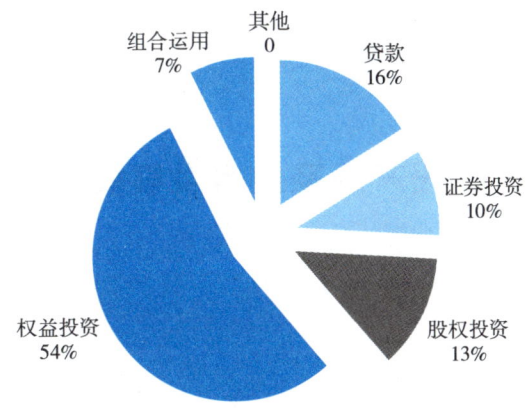

图3-3 2021年不同资金运用方式的资金募集规模占比

三、信托产品的资金投向

2021年，新增集合资金信托中投向基础产业的集合信托资金为3787.47亿元，占比为17%；投向房地产领域的集合信托资金为6027.35亿元，占比为26%；投向金融机构领域的集合信托资金为9702.78亿元，占比为43%；投向工商企业的集合信托资金为3053.98亿元，占比为13%；投向其他领域的集合信托资金为 241.02 亿元，占比为 1%。相比 2020 年，2021 年的金融机构和工商企业投向占比上升势头显著，分别上升 7 个和 1 个百分点，体现了信托公司服务实体经济和为资本市场输送长期资金的良好实践；房地产、基础产业投向占比出现下滑，分别下降 4 个和 2 个百分点，这与相关业务监管政策收紧和产业风险上升等有很大关系。如图 3-4 所示。

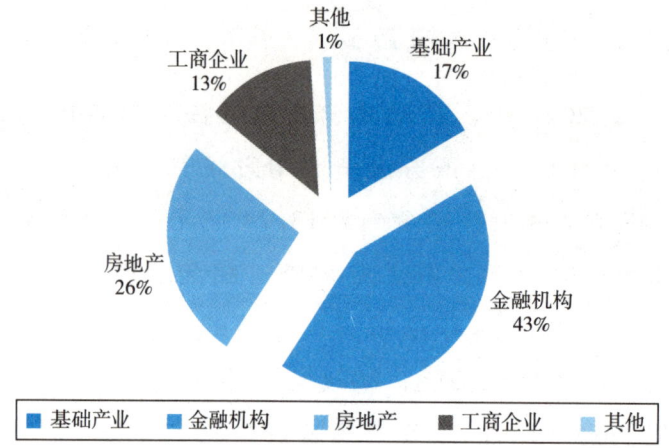

图 3-4　2021 年不同资金投向的信托产品资金募集规模占比

第二节　房地产信托产品及业务发展概况

一、整体概况

2021 年，房地产市场延续 2020 年底的热度，针对个别城市出现余热不降的现象，相关政策部门坚定不移地贯彻落实"房住不炒"的定位，采取"因城施策、综合施治"的策略，调控不断升级。2021 年上半年政策以严打经营贷为主、调升房贷利率为辅，信贷资金管控全面趋紧；监管覆盖范围不断扩大，监管对象扩展到非银行类金融机构。房地产贷款对我国金融体系的影响不容忽视，为减弱对房地产贷款的依赖度和集中度，各地均对贷款比例进行了限制，热点城市房贷利率频繁调整。从 2021 年下半年开始，政府加大对按揭贷款发放的管控力度，银行按揭发放周期延长，政府也加大对预售资金的监管力度，房企可动用资金承压。地产行业整体销售降幅明显，可动用资金的减少提高了行业信用风险事件的发生概率。9月开始，中央连续释放楼市维稳信号，这主要同部分地区楼市出现非理性断崖式下滑、部分房企生存压力加剧等现象有关，房企资金压力有所缓解。9月，房地产金融工作座谈会上强调，金融部门要围绕"稳地价、稳房价、稳预期"目标，准确把握和执行好房地产金融审慎管理制度。11月，国务院副总理刘鹤提出要因城施策、分类指导，顺应居民高品质住房需求，更好地解决居民住房问题，促进房地产行业平稳健康发展和良性循环。

2021年1—11月，全国房地产开发投资为137314亿元，同比增长6.0%；比2019年1—11月增长13.2%，两年平均增长6.4%。其中，住宅投资为103587亿元，增长8.1%。商品房销售面积达158131万平方米，同比增长4.8%；比2019年1—11月增长6.2%，两年平均增长3.1%。其中，住宅销售面积增长4.4%，办公楼销售面积增长2.0%，商业营业用房销售面积下降2.6%。商品房销售额161667亿元，增长8.5%；比2019年1—11月增长16.3%，两年平均增长7.8%。其中，住宅销售额增长9.3%，办公楼销售额下降3.0%，商业营业用房销售额下降2.2%。住宅价格下行压力增大，一、二、三线城市房价增速均有回落，其中三线城市房价回落幅度要大于一、二线城市房价回落的水平。如图3-5所示。

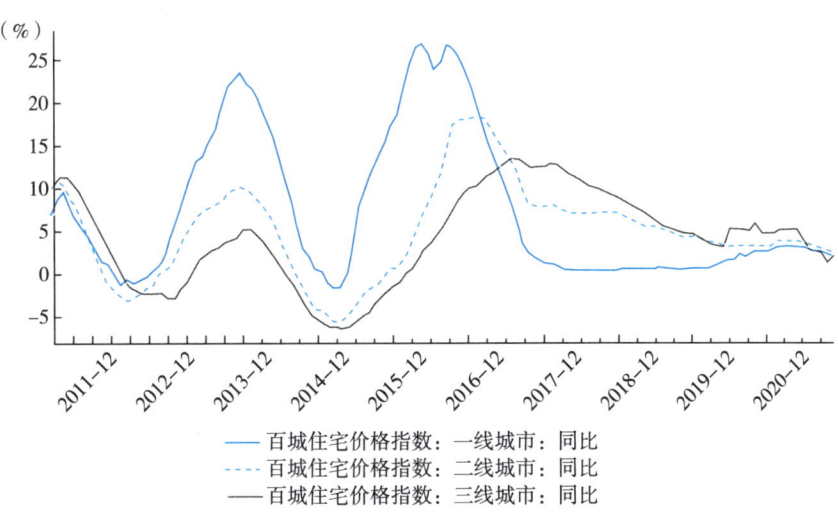

图3-5 新建住宅价格指数走势

二、房地产信托产品发行概况

2021年，我国房地产宏观调控基调不变，房地产信托监管政策也未发生实质性变化，继续对房地产信托进行额度管控，且鼓励信托公司适当压缩信托产品规模。监管部门继续严格房地产信托融资要求，对受益权、永续债等非投资类信托产品，严格执行"四、三、二"的合规要求，并持续加强房地产信托的合规问责和处罚力度，个别信托公司因提供拿地配资等房地产信托展业不合规行为受到行政处罚，凸显了监管部门对房地产信托规范性的重视程度。

数据显示，2021年，信托公司发行房地产信托产品共计5865只，同比增速为-14.29%，募集资金为6027.35亿元，同比增速为-14.29%，发行数量和规模均呈收缩状态；预期收益率为7.33%，较2020年下滑0.34个百分点。截至2021年第三季度末，投向房地产领域的信托资金总额为1.95万亿元，较2020年末下降3315.87亿元，降幅达14.57%；较2021年第二季度末下降1307.76亿元，环比下降6.72%。从占比来看，2021年第三季度末，房地产信托占比为12.42%，比2020年末下降1.55个百分点。

2021年，信托公司促进房地产信托业务转型发展：一是寻找住宅地产之外的业务机遇，如物流地产、园区地产、养老地产等，进一步拓展业务范围。二是促进住宅业务模式的升级和转型，大力发展股权投资类、基金化房地产。三是促进存量不动产资产盘活，通过资产证券化、REITs等形式，帮助房企拓宽融资渠道。

三、房地产创新产品

2021年，房地产信托投资化、基金化趋势加快。随着房地产行业趋势、监管政策和客户需求的变化，信托公司房地产信托业务转型成为必然趋势，房地产基金正是重要的发展方向。

（一）股权模式创新转型

债权向股权模式转变既是适应融资类信托压降的合规要求，也是适应"三道红线"实施后房企融资的需求。过去的股权融资模式多采用小股大债、股权转让以及增资等方式，部分情况下可以继续要求交易对手提供抵质押物。在新的监管形势下，监管部门对于股权融资模式有了更高要求，现阶段的股权融资模式债的属性相对降低，股的属性逐步增强，监管部门通过对赌、第三方机构协管等方式，加强风险管理。部分信托公司根据监管、风险管控要求等形成新的交易结构方案。新交易结构主要为"信托＋有限合伙＋项目公司"，既能够在有限的合伙端办理抵质押，又可以防范因项目公司纠纷而需要信托公司出面解决问题。中航信托、中诚信托等信托公司较多运用此交易结构。如中航信托阳光温州小南门投资集合资金信托计划，该信托项目规模为10亿元，信托资金用于认购新锦锐腾（平潭）投资合伙企业（有限合伙）的份额并实缴出资，以股权投资形式投资福州欣益泽房地产开发有限公司（"目标公司"），最终投资标的项目并享有标的项目投资收益，以及信托文件约定的其他用途。如图3-6所示。

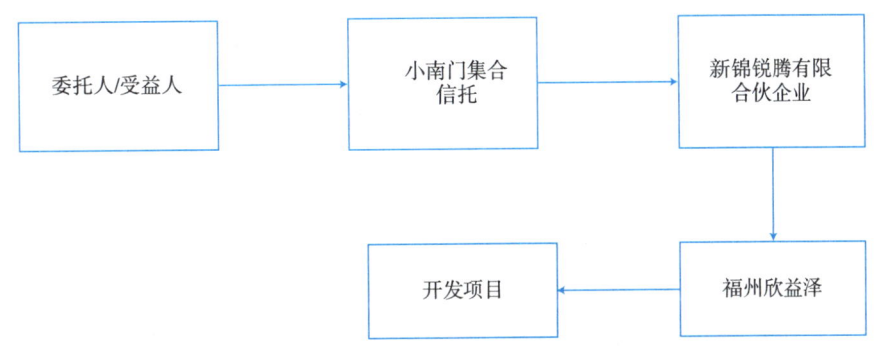

图3-6 中航信托房地产股权典型模式

（二）投资模式创新转型

在融资类额度受限的大背景下，信托公司通过投资模式参与房企融资。从目前来看，债权投资的模式主要包括永续债和私募债。永续债主要为房企发放永续债信托，可以美化房企资产负债表，还能够获得固定收益，不过此种模式在合规方面逐步受到更严格的要求和限制。此类模式主要由大业信托、北京信托等信托公司使用，以大业信托汇金28号集合资金信托计划为例，该信托资金主要用于向名城福建发放永续债投资款，名城福建将信托资金专项用于其100%控股项目公司福州凯邦房地产开发有限公司项下大名城紫金九号项目的开发建设。对于私募债等标品模式，在非标转变的大趋势下，购买房企私募债等标品产品，既有利于信托公司发展标品业务，也有利于信托公司突破房地产额度管控限制，此种模式主要由陆家嘴信托等信托公司使用。以陆家嘴信托佳合73号集合资金信托计划为例，该信托资金主要用于认购南京世荣置业有限公司在武汉金融资产交易所发行的私募债,债券投向用于南京2017G24项目的开发建设或因偿还金融机构借款而形成的股东借款。

(三) 特殊资产模式创新转型

由于监管的持续收紧,传统拿地配资式的房地产信托业务展业难度加大且收益显著下降,部分信托公司开始将展业方向拓展至存量市场,寻找市场出清过程中的特殊投资机会。由于房地产市场持续分化调整,不断有中小开发商因经营不善被迫离场,产生了不少因流动性缺失而被迫"烂尾"的地产项目。信托公司针对出现流动性困境的房地产企业,或对于烂尾楼有盘整能力的专业运营机构,在充分尽调项目本身、案外因素、退出路径的基础上,联合头部开发商、房地产包销团队、金融持牌机构,续建运营原开发商留存的困境项目。图3-7为纾困类信托项目交易结构。

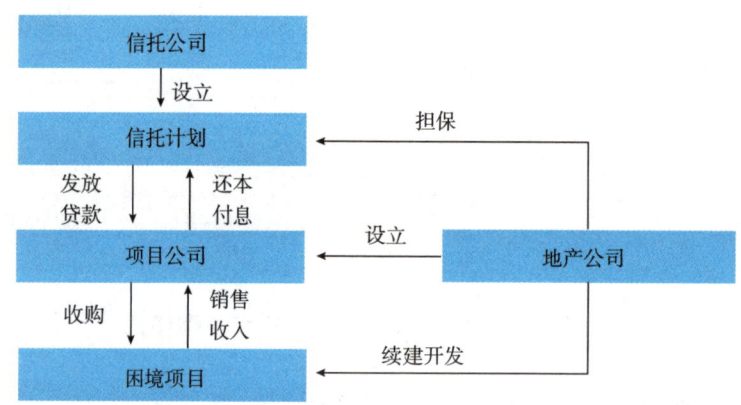

图3-7 纾困类信托项目交易结构

资料来源:《中国信托业发展报告》。

四、房地产信托发展展望

展望2022年,我国房地产调控基调不会发生变化,但为了避免房地产行业出现大的波动,我国可能通过放宽融资条件等方式,支持房地产行业健康稳健发展。此外,我国会继续推进房地产行业供给侧结构性改革,房地产税等相关政策有望出台,并在部分城市开始实施,这对落实房住不炒政策要求具有重大意义。

从房地产行业发展趋势来看,2022年,部分房企信用风险需要被进一步消化和处置,高杠杆、高周转模式难以为继,这会抑制部分房企拿地和开工意愿;

居民观望情绪浓厚，加之新冠肺炎疫情冲击使部分低收入人群收入增加，可能增大房地产的销售压力，房价有继续放缓的趋势，特别是在三、四线人口净流出地区，这种情况更加明显。房企资金链处于相对紧张的状态，且信托等融资进入集中到期阶段，财务弹性空间缩小，不排除部分房企偿债能力继续恶化，甚至变为突出的信用风险。

2022 年，房地产信托监管政策难以放松，甚至国家有可能对房地产信托规模过大的信托公司给予压降的窗口指导。信托公司一方面需要继续防控房地产信托的业务风险，处置部分存量风险，维护投资者权益；另一方面需要重新规划房地产信托业务的发展路径，提升自身专业水平，扩展业务范畴，降低对住宅地产的过度依赖。

第三节 工商企业信托产品及业务发展概况

一、工商企业信托产品发行情况

2021 年，我国经济逐步走出新冠肺炎疫情的阴霾，恢复到疫情前水平，不过经济结构存在较大分化。一是受中下游需求集中释放的影响，煤炭等上游产品供给不足，价格攀升，上游企业盈利增速远高于中下游企业。二是新冠肺炎疫情仍未完全消除，经常出现局部扩散，导致人群接触较多的服务行业受到的冲击远大于其他行业。三是我国加快推进产业结构调整，发展高新产业，解决"卡脖子"技术问题，机器人、高端制造等行业景气度较高，而教育服务、传统互联网平台等行业受到更加严格的监管，景气度明显下降。统计数据显示，工业企业主营业务收入同比增速为 20.3%，较 2021 年初升高 20 余个百分点；库存同比增长 17.9%，较 2020 年初上升 10.4 个百分点。资产负债率为 56.4%，与年初基本持平，杠杆水平总体保持稳定。图 3-8 为工业企业经营效益情况。

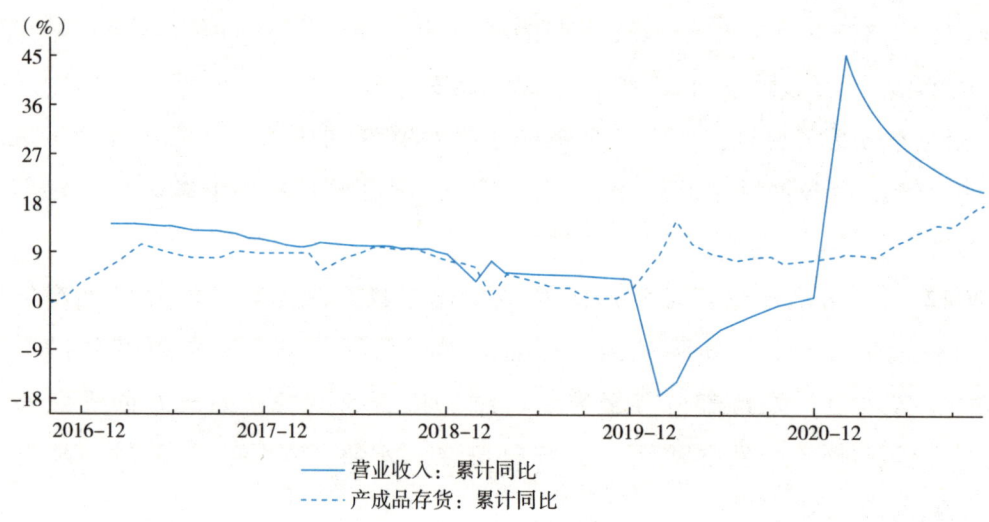

图 3-8 工业企业经营效益情况

资料来源：Wind。

从采购经理人指数来看，其呈现前高后低的走势，2021年上半年我国经济稳步修复，PMI逐步升高，达到疫情前水平。2021年下半年，受大宗商品涨价、电力供给不足以及局部疫情等因素的影响，PMI有逐步走低态势，个别月份甚至跌破景气分界线。不同规模企业间的景气差异显著，大企业景气度相对较高。不过2021年第四季度后，大企业与中型企业间的差距逐步缩小，而小企业景气度明显弱于大中型企业的景气度，这反映了小企业的经营困境。为此，我国应进一步加强对小微企业信贷、税收的支持，平衡不同企业间的发展分化态势。如图3-9所示。

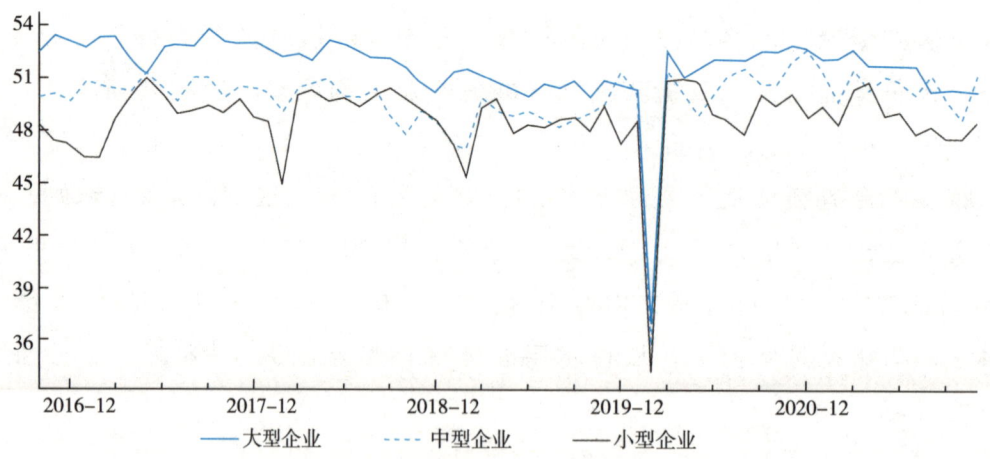

图 3-9 企业经营景气指数变化趋势

资料来源：Wind。

统计数据显示，2021年，信托公司新发行工商企业类集合资金信托共有3338个，同比增速为－15.6%；募集资金规模为3053.98亿元，同比增速为－20.1%。发行数量和规模均明显下降，这可能与压降融资类信托规模导致信托公司相关产品供给能力下降等有关。截至2021年第三季度末，投向工商企业的信托资金总额为4.55万亿元，占比较上年末下降1.39个百分点，为29.02%。工商企业信托是服务实体经济的重要方式，不论是支持小微企业发展，还是落实我国"双碳"政策，都能够体现信托制度的社会价值。2021年，信托公司围绕上市企业融资、绿色信托等加强创新发展，实现多元化服务实体经济，培育新的业务增长点。

二、主要创新产品与案例

（一）支持科技自立自强

2021年，银保监会印发了《关于银行业保险业支持高水平科技自立自强的指导意见》，支持商业银行具有投资功能的子公司、保险机构、信托公司等为科技企业发展提供股权融资，更鼓励信托公司创新服务模式，积极支持科技自立自强。

股权投资是建信信托长期以来的优势业务，也是其助推科技创新与自立自强的重要抓手。经过多年发展，建信信托及旗下的专业股权投资平台建信（北京）投资，已围绕新能源、新材料、生物医药、通信电子、高端制造等九大细分赛道，形成专业化的投资团队与投研能力；设立系列科创基金，与中电、中航、中车、中芯国际等大型央企、国企和行业龙头进行深度合作，围绕核心企业产业链开展投资。在选择投资项目方面，建信信托以投研驱动，紧盯"卡脖子"技术突破与真创新、真领先，目前投资科技创新企业超过140家，其中37家已上市，另有10余家正在上市进程中。

除股权投资外，建信信托还通过并购重组、资产证券化等方式，积极支持高质量科技创新与落地，包括在新能源汽车电池、新能源发电、管道天然气和轨道交通等领域，助力科创与商业应用同步发展，有力地支持了国家"双碳"战略、绿色金融、可持续发展等重要主题。同时，就通过证券市场业务支持科技创新型企业的发展，建信信托进行了相应布局，寻求以多样化的发展路径促进实体经济与金融的协调发展。在财富管理业务方面，建信信托探索将支持科技自立自强的股权投资作为配置方向，使投资人在财富保值增值的同时，共享科技创新带来的社会进步与经济发展红利。

（二）积极助力"双碳"国家战略

绿色金融是碳中和的重要配套支撑，估计其规模已超 12.17 万亿元，将通过融资成本的调节，促进企业减排。信托作为金融重要的支柱，可以通过绿色信贷和设计碳排放权收益权信托参与碳交易、绿色基金、绿色 PPP、绿色资产证券化、绿色慈善信托等融入碳金融服务浪潮。

1. 碳排放权收益权信托

2021 年 1 月，《碳排放权交易管理办法（试行）》正式实施，现阶段碳交易、碳排放市场依旧相对空白，碳排放权交易试点地区的交易量仅占同期我国碳排放量的 0.54%，信托公司开始探索并提前布局，为未来广阔的碳市场打下坚实基础。

信托资金可以通过受让碳排放权收益权的形式，为实体公司和企业提供融资支持。以 2021 年 2 月 25 日兴业信托发行的福建省首单碳排放权绿色信托计划——"兴业信托·利丰 A016 碳权 1 号集合资金信托计划"为例，该信托计划的信托资金通过受让碳排放权收益权的形式，创新性地将福建省碳排放交易市场的公开交易价格作为标的信托财产估价标准，向福建三钢闽光股份有限公司提供融资支持。这标志着福建省碳排放权交易市场在碳金融产品创新方面取得实质性的进展。该信托计划是兴业银行集团在碳金融领域与福建三钢闽光股份有限公司协同推进的一次创新尝试，得到福建省生态环境厅、三明市生态环境局、海峡股权交易中心的大力支持。

2. 绿色资产证券化信托

2018 年以来，在绿色债券迅猛发展的带动下，绿色资产证券化市场发行单数及发行规模均实现逐年增长。2018 年初至 2021 年 3 月，债券市场共发行 83 只绿色资产证券化产品，发行规模累计达 877.67 亿元，占资产证券化市场发行总量的 1.92%。信托可以作为受托人、优先级或劣后级资金购买方、投资顾问甚至原始权益人等参与绿色信贷 ABS、绿色企业 ABS、绿色 ABN 等资产证券化业务。

信托公司为企业发行的碳中和债包括应收账款绿色 ABN、反向保理供应链绿色 ABN、绿色 CMBN 等。应收账款绿色 ABN 是由清洁能源、清洁交通、可持续建筑、工业低碳改造等领域的企业将其应收账款转让给信托公司设立的资产支持票据信托，并以资产支持票据信托作为碳中和债的发行载体。与应收账款类资产比较接近，部分企业的收费收益权类资产也可以作为基础资产。如以地铁为代表的清洁交通领域的企业，可将其地铁运费收益权作为基础资产。根据相关通知要求，除了评级机构、会计师事务所、律师事务所等中介机构外，企业发行应收账款绿色 ABN 类的碳中和债时还应聘请绿色评估认证机构。

2021 年 3 月 9 日，英大信托作为受托管理人、发行载体管理机构，携手国网国际融资租赁有限公司设立的"国网国际融资租赁有限公司 2021 年度第一期绿色资产支持商业票据（碳中和债）"成功发行。该项目规模为 17.5 亿元，募集资金用于支持可再生能源融资租赁项目、创新绿色金融新模式，并积极助力"碳达峰、碳中和"目标的实现。该项目为国内首单"碳中和"资产证券化产品，被授予绿色等级最高级 G-1 级。项目资金最终投向 3 个水力发电、2 个风力发电和 1 个光伏发电清洁能源项目，预计每年可实现二氧化碳减排 236.27 万吨、标准煤节约 114.63 万吨、二氧化硫减排 1.75 万吨，其碳减排效果明显。未来，信托可以利用风险隔离、资产独立的天然优势，积极参与绿色资产证券化业务，帮助绿色企业盘活资产。具体如图 3-10 所示。

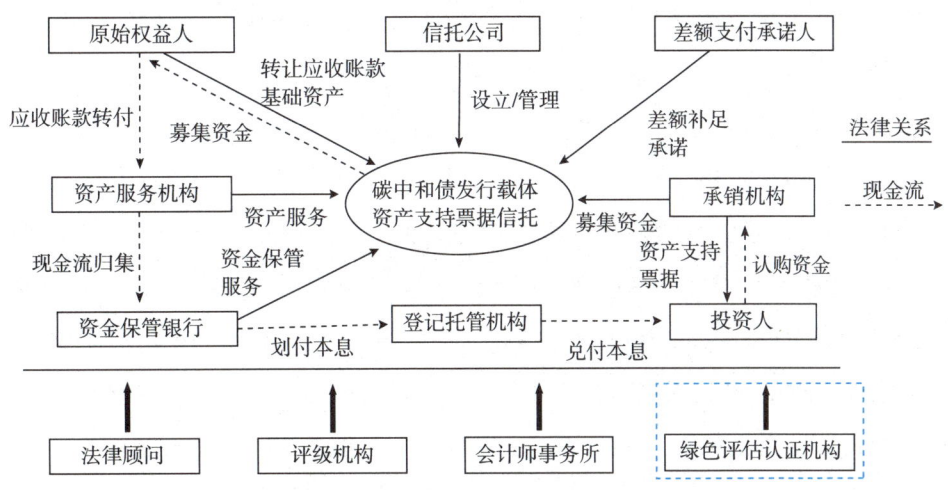

图 3-10　国网国际融资租赁有限公司
2021 年度第一期绿色资产支持商业票据交易结构

第四节 基础设施类信托产品及业务发展概况

一、基础设施类信托产品发行情况

为了严控地方债务风险，2021年4月，国务院发布《关于进一步深化预算管理制度改革的意见》（国发〔2021〕5号），提出"把防范化解地方政府隐性债务风险作为重要的政治纪律和政治规矩"。2021年4月22日，上交所、深交所发布债券审核新规（3号指引），结合2020年末的"红橙黄绿"分类监管，严控城投尾部风险。2021年7月，银保监会下发《银行保险机构进一步做好地方政府隐性债务风险防范化解工作的指导意见》（以下简称"15号文"），严禁新增或虚假化解地方政府隐性债务，并限制流动性贷款或流动资金贷款性质的融资等；2021年11月，上海、广东等被纳入无隐债试点。

2021年，受到严监管、地方债务发行后置等因素的影响，全年基建投资增速并不高，低于市场预期，对宏观经济增长的贡献有限。2021年11月末，基础设施投资（不含电力、热力、燃气及水生产和供应业）同比增长0.5%。其中，水利管理业投资增长2.1%，公共设施管理业投资下降1.6%，道路运输业投资下降0.3%，铁路运输业投资下降1.7%。

2021年，全行业新增基础设施类集合资金信托共计6465个，同比下降4.2%，募集资金规模为3837.47亿元，同比下降34.72%，发行数量和发行规模均延续了2020年的回落良好态势。这主要是因为我国持续推进地方政府隐性债务处置工作，通过发债等形式替换信托等高成本融资，使传统政信模式发挥空间受限。此外，部分中西部地方融资平台集中违约后，信托公司风险偏好下降，将业务范围持续缩小至江苏、山东等部分经济发达地区。2021年，基础产业信托预期收益率为7.02%，较上年下降0.71个百分点，降幅显著，体现了地方政府压降融资成本给基础产业信托带来收益率的冲击。

二、基础设施类信托产品创新

为了升级基础产业信托，部分信托公司开始探索"F+EPC"模式，这种模式是指中标人负责工程项目的融资、设计、采购、施工安装的全过程，并负责试运行，对承包工程的质量、安全、工程以及造价全面负责。"F+EPC"模式在2018年、2019年后大行其道的背景是"BT"模式（建设—移交）不能做，新增隐性债务防范很严，地方政府项目筹资困难。彼时国家发展改革委和住建部正好在推EPC，又称"交钥匙"工程，从而使中标人一并解决融资问题。

"F+EPC"模式的合规性重点在于规避项目被定性为政府投资项目，可以从投资定性、资金来源和企业性质三个维度对其进行分析。一是判断项目是否属于政府投资项目，政府采取直接投资方式、资本金注入方式投资的项目统称为政府投资项目。实践中，通常由企业（城投或国企）作为项目代建主体，此时需要关注项目本身的性质：①无收益的公益性项目显然不合规；②有一定收益的准经营性项目，政府一般采用资本金注入企业的方式实施，故依旧不合规；③若准经营性项目以企业自有资金作为项目资本金，政府仅给予一定的投资补助、基建奖励，但没有资本金出资，则采用"F+EPC"模式存在合规的可能性。二是判断项目资金来源是否为财政拨款。公益性项目总投资实际的最终支付来源是政府方，会被认定为政府隐性债务，属于违规情形；准经营性项目若财政补贴与融资相对应，也会被认定为政府的隐性债务；经营性项目由企业投资时，项目经营性收入能够覆盖投资成本，则采用"F+EPC"模式实施不会形成政府的隐性债务。三是判断企业性质是否为政府融资平台。"F+EPC"的项目单位一般是融资平台公司或者公益类国有企业的，容易被认为仍然承担政府融资职能，存在合规性风险。

除合作模式的合规问题外，影响"F+EPC"项目落地率的另一个主要因素是信托资金的来源。基建项目的周期普遍较长，在建设期完成后，地方政府往往会要求较长的回款周期。此时，由于每期信托计划期限较短，易形成信托资金的期限错配，即每期信托实际通过借新还旧的形式完成兑付。在实践中，其往往被描述为投资放款节奏与信托端发行频率相对应，这种模式是否被监管接受需要提前沟通。同时，为了满足借新还旧的操作，交易结构往往设置为"股权投资+股东借款"的"小股大债"形式，此形式能否按投资类报备也需要确认。

三、基础设施类信托产品发展展望

2022年，我国面临较大的经济增长压力，中央提前释放地方政府发债额度，自2021年第四季度开始强调要尽快形成实物工作量。在此背景下，我国基建投资增速可能会加快，特别是新基建增速会更高。同时，地方政府隐性债务治理可能进入加快推进阶段，信托展业空间会逐步受到挤压，传统业务模式的可持续性不强。2022年，地方财政收支仍存在一定压力，可能传导到部分地方融资平台，形成债务风险，不过这种违约风险相对不高。基础产业信托如果不能从模式和展业思路上寻求更大突破，可能在发行数量和规模方面会继续回落，这需要信托公司探索围绕地方融资平台转型发展的需求，综合运用各类金融工具提供一揽子解决方案，而不仅仅是提供信贷融资。

第五节 证券投资信托及业务发展概况

一、证券市场状况

在股票市场方面，2021年，上证指数累计上涨4.8%，深成指累计上涨2.67%，创业板指数累计上涨12.02%，科创50指数累计上涨0.37%，A股市场整体向好。其中，涨幅排名前5的行业分别是电力设备、有色金属、煤炭、基础化工、钢铁，涨幅分别高达47.86%、40.47%、39.6%、37.19%、34.06%。2021年，A股IPO融资金额达5437.73亿元，同比增长约13.16%；IPO发行数量达523家（剔除换股吸收合并葛洲坝的中国建能），同比增长约19.91%；A股上市公司总数达到4691家，较2021年初增加501家；总市值达91.36万亿元，较年初增加11.55万亿元。2021年，A股年成交额近256万亿元，再创新高，其中149个交易日成交额突破万亿元，远超2015年大牛市里114个交易日破万亿元，曾创下连续49个交易日成交额破万亿元的纪录。

债券市场方面，Wind统计数据显示，2021年，我国债券市场总存量达130.40万亿元，较2020年增加16.15万亿元，其中利率债73.79万亿元、信用债42.71万亿元、同业存单13.90万亿元。全年各类债券发行合计61.63万亿元，同比增长8%；利率债发行达到19.84万亿元，较2020年增长5%；信用债发行20.00万亿元，同比增长4%。2021年末，我国10年期国债收益率为2.78%，较上年末下降36个BP；全部产业债利差中位数下降46.47个BP，略大于10年国债降幅。

二、证券投资信托产品发行情况

统计数据显示，2021年，全行业发行证券投资集合资金信托5887个，同比增速为14.29%；募集资金2203.18亿元，同比增速为-17.01%。发行数量继续保持较快增长态势，但发行规模呈现收缩状态。其原因可能是：2021年，金融市场投资机会并不明显，债券市场高位震荡，信用债风险维持2020年的水平；股市呈现显著的结构性机会特点，整体投资收益要显著低于2020年，且面对全球新冠肺炎疫情、监管政策以及全球货币政策调整等因素，其波动性加大。从各月份发行走势来看，发行规模呈现"M"形走势，分别在3月和8月达到阶段性高峰；发行数量呈现逐步上升的趋势，在11月达到全年最高水平。如图3-11所示。

2021年，传统非标业务压降，房地产等核心业务的风险逐步显现，进一步加快了信托公司布局证券投资信托的速度。信托公司布局证券投资信托业务要坚持独立自主和外部合作相结合，一方面要不断提升自主投研能力，通过内部培育、外部引进等方式，充实专业人才；另一方面要与券商、公募基金等在证券投资领域具有优势的金融机构开展产品创设、代销等深度合作。2021年，信托公司布局的证券信托产品并没有太多创新之处，更多的是围绕核心业务产品体系，如固收类、FOF、打新类等加强产品规模化、盈利化发展。

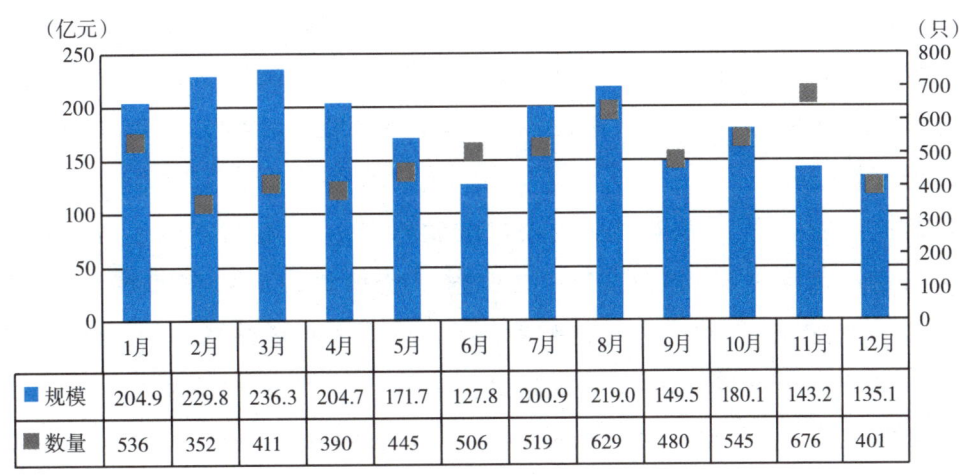

图3-11　2021年证券投资信托发行数量及规模统计

三、证券投资信托产品创新

自2007年信托公司发行首只FOF产品开始，全市场共发行946只FOF产品，发行规模约为390.03亿元。2007—2019年，FOF产品的发行处于缓慢发展趋势，2020年FOF产品发行开始提速，2021年增速不断加快，2021年第三季度对外发行产品数量为313只，同比增速为247.78%。从产品发行方来看，中航信托、外贸信托和中信信托发行产品数量排名前三，其发行产品数量占比为68.29%，这说明FOF产品发行的头部集中化严重。

（一）外贸信托FOF业务发展策略

在产品种类方面，外贸信托根据不同客户需求，设计了稳健型、稳进型和进取型三大类FOF产品，每类产品又包含不同的投资策略。以稳健型FOF产品为例，其主要包含"固收+策略""固收+量化"策略。2021年，外贸信托推出公募FOF，实现由私募FOF向公募FOF的边界拓展。

在私募管理人累积方面，外贸信托自2007年开始从事专业证券信托服务业务，截至2013年底积累了超过1000亿元的证券信托产品管理规模，并与全市场优秀的资产管理人开展合作；建立可为私募基金管理人提供包括受托、募资、交易、估值清算在内的证券综合服务。这为外贸信托发函FOF业务储备了丰富的私募管理人资源。

在投研方面，2013年，外贸信托开始探索主动投资管理，组建专业FOF投资研究团队，提高投研能力，逐步建立科学的资产配置框架与基金绩效分析评价体系，构造集投资研究、运营管理、风险监控、绩效分析等于一体的FOF投研管理平台。

在资产配置方面，基于科学的资产配置框架，外贸信托通过自上而下的宏观研究与资产周期波动特征研究，在风险评价模型、风险预算模型的原则下，形成大类资产配置方案。在策略配置方面，管理人遵循基金绩效分析评价体系，对各类子基金管理人的投资策略进行分类。在FOF产品层面，管理人利用各子基金策略间的低相关性、负相关性，谨慎构建产品组合，平滑母基金波动，在保持稳健的同时，管理人根据市场情况动态调整各类资产、策略的占比，实现多维度轮动，以获取穿越周期的收益。

（二）中信信托FOF业务发展策略

中信信托2018年发起设立的首只多资产、多策略产品"中信信托·睿信稳健配置 TOF 金融投资集合资金信托计划"，基于"稳健收益、分散风险、控制回撤"的投资目标，历史最大回撤仅有 2%，年化收益率约 10%。在产品策略方面，该产品秉承大类资产配置理念，运用量化分析手段和深厚的资本市场投资经验，灵活调配股票、债券、市场中性、CTA 等风险收益特征各异的子策略。其主要投资流程为：大类资产配置阶段（包括战略配置和战术资产配置）→子基金评价及入库阶段→构建投资组合阶段→组合动态再平衡阶段。其中大类资产配置为战略资产配置与战术资产配置相结合，运用风险预算模型，形成战略资产配置方案。

四、证券投资信托发展展望

2022 年，经历了 3 年的连续正增长，我国股市面临正负两方面的影响。从正面因素来看，市场流动性相对宽松，投资者资产配置需求仍较高；对外开放步伐加快，外资加快入市；我国深化资本市场改革，市场活力更强。从负面因素来看，企业盈利能力可能下滑，消费、新能源等部分领域的估值偏高，后期需要通过业绩对其进行验证。我国债市可能进入相对友好的环境，经济增长压力加大，通胀水平下降，货币政策有进一步宽松的空间，银行信贷资产配置空间不大，会增大债券配置力度。信用债市场可能恢复部分活力，不过信用风险市场常态化态势仍将延续，需要重点关注高杠杆运营、经营现金流不佳的发债主体。

从证券投资信托产品发展来看，2022 年，信托公司会继续加快证券投资产品的布局，并从提升投研水平、系统建设等方面入手，强化专业能力；从产品设计、波动控制等方面创设具有信托特色的证券投资产品；从与券商、私募基金等同业机构的合作入手，强化在客户服务、产品创新和投研合作等方面的强强联合。总之，信托公司发展证券投资信托仍处于初步布局和产品打磨的阶段，需要坚定战略定力，塑造特色和差异性，不断提升市场竞争力。

第六节　信托业务创新及特色发展

一、培训预付金信托创新发展

为解决培训预付费监管问题，2021年，无锡和苏州等城市创新发展了培训预付金信托，以此防范培训机构跑路，保障消费者权益。

以苏州为例，2021年11月，苏州市校外培训预付资金信托管理系统正式上线，并在苏州市高新区、相城区进行试点。苏州市校外培训预付资金信托管理系统是苏州市预付式消费资金管理平台的子系统，系统提供了政府端、商户端、消费者端、金融机构端功能，并具备全流程一体化的服务能力，具有安全性、普惠性、灵活性、开放性和持续性的特点。该模式将服务信托运用于预付式消费管理中，可以充分发挥《中华人民共和国信托法》赋予的财产独立和破产隔离制度优势，相对于传统的资金管理模式，服务信托模式可以使消费资金独立于收付双方，进而更好地保障资金安全；平台可以接入多种模块，使系统更加开放；支持多种支付方式，使消费者操作更加便捷；平台不会增加消费者和商户的任何成本，且信托公司的专业管理使资金运用效益更高。在充分保障消费者权益的同时，该平台有助于提升商户的信誉度和信息透明度，切实维护消费者和培训机构的合法权益。

二、养老信托创新发展

《国家人口发展规划（2016—2030年）》预计，中国2030年60岁以上老年人口占比将达到25%左右；世界卫生组织预测，2050年中国将有35%的人口超过60岁，成为世界上老龄化最严重的国家之一。为解决养老问题，2021年3月13日发布的《中华人民共和国国民经济和社会发展第十四个五年规划和2035年远景目标纲要》明确，要发展多层次、多支柱的养老保险体系，提高企业年金覆盖率，规范发展第三支柱养老保险。目前，人社部和财政部牵头推动的第三支柱个人养老金制度在研究论证过程中。

五矿信托于2021年7月推出颐享世家养老信托。该产品中，五矿信托作为受托人，受让委托人不少于 500 万元的信托财产，成立养老信托。产品期限不少于 5 年，其与中航信托产品类似，产品运作方式分为全权委托型和非全权委托型。全权委托型信托产品的闲置资金主要投资五矿信托的非标及标品业务；非全权委托型产品主要根据客户指令进行资产配置。

颐享世家养老信托产品提供五位一体的养老服务，包括养老社区入住权、高端医疗服务、居家适老化改造、殡葬临终关怀以及以失能失智为核心的意定监护等服务功能。目前养老社区主要选定了泰康人寿，与太平养老等养老机构正在密切洽谈中。客户主要通过信托锁定未来养老社区的入住权，五矿信托在项目中主要扮演受托支付的角色；高端医疗方面选定 5 个左右的高端医疗领域头部运营机构，为客户提供私人定制化健康管理方案或服务套餐，客户可以享受相对优惠的折扣；居家适老化改造引进行业头部的养老改造认证企业；殡葬服务与北京同泰服务机构合作，为客户提供生前殡葬及临终关怀等配套服务；意定监护旨在为失能失智的客户提供良好的监护保障。颐享世家养老信托产品以养老保障为核心目标，可提前规划部分财产用于养老支出，同时提供资产隔离、投资管理、传承分配、养老消费款项受托支付等综合服务；对于迷茫于选择何种养老方式，或对市场中各类养老服务机构了解不足、缺乏筛选能力的客户来说，养老信托打通了养老产业供需端，受托人将提供全面、客观的服务信息，并定期跟踪养老机构的市场口碑及经营动态，协助客户实现"老有所养、安心养老"。

三、物业管理服务信托创新发展

针对物业服务行业社会公信力下降的治理危机，信托制物业模式在全国多个小区快速发展，但信托制物业模式不能从根本上解决资金的独立、安全、长期保管问题。在此背景下，信托制度独特的破产隔离及账户管理等优势，使物业委托型物业服务信托模式及双受托人物业服务信托模式发展成为新型的信托制物业管理模式。

2021 年 9 月，万向信托与成都智乐物业签署"阳光物业系列"服务信托合同，实现国内首单物业服务信托落地，这也是服务信托首次进入物业服务领域，发挥了信托制度优势，促进社会共同富裕。

万向信托作为"阳光物业系列"服务信托的受托人，受让成都智乐物业从成都市武侯区机投桥街道某小区的业主大会获得的物业费，通过信托账户财产独立、破产隔离的制度优势，对小区物业费及公共收益等涉众资金进行安全及高效运用管理，为小区业主提供资产保值增值、破产隔离、安全管理及资金运用信息披露等专业服务。相较传统的物业管理模式，物业服务信托的特色在于小区物业费及公共收益资金由专业金融机构实施监管，物业公司回归"忠诚管家"的角色，按需支取小区维护所需费用，资金收支情况公开透明，最大限度保障业主权益。"阳光物业系列"服务信托是万向信托基于物业服务应当建构在信义关系基础之上的认识而推出的新型服务信托产品，有助于充分发挥信托制度的优势，以及专业的信托机构的资产管理能力。该服务信托是发挥受托服务的本源优势、彰显服务信托真正价值的重要探索，是创新物业管理模式的重要体现，也是以信托方式助力社会治理、建设共同富裕的和谐家园的重要实践之一。

第七节 2022年信托产品创新转型趋势和展望

2022年，信托行业严监管仍将继续，且资管新规正式实施，客户需求更加多元化，这为信托产品创新提供了更广阔的空间。

第一，2022年信托产品市场规模可能继续收缩。资管新规叠加融资类信托压降，信托产品净值化管理和销售合规要求更高，将制约信托产品供给，特别是非标信托供给将显著下降，而替代产品的推出并不会顺利。因此，传统产品与新模式产品正处于交替的关键时期，信托产品市场景气度短期内恐难有较大提振。

第二，证券投资信托或将面临考验。2022年，资本市场可能并非一帆风顺，特别是在经历了新冠肺炎疫情的长期受益累积后，欧美等国家的货币政策会加快收紧，投资者风险偏好可能有更大波动。在此背景下，在顺风顺水的情况下发展起来的证券投资信托，可能面临逆势情景的压力测试，一方面考验信托公司的产品回撤控制能力，另一方面考验其风险管控能力。如果应对举措无法获得客户的认同，那么信托资金有可能大幅流出。

第三，客户财富传承需求加速释放。我国老龄化趋势加快，围绕客户财富传承需求的产品创新大有可为。围绕老年客户的养老服务需求，养老信托发展潜力较大；围绕个人财富的代际传承和管理，家族信托、遗嘱信托等创新空间较大。

第四，利用信托制度解决社会治理难题成为创新的重要方向。2021年，政府部门探索出利用信托制度解决小区物业管理难题、预付金监管难题等涉及社会公众利益的问题，取得一定成效，并为探索利用信托制度解决其他社会性治理问题提供了参考。如我国推进共同富裕，完善三次分配，可以利用信托助力慈善公益事业发展；维护残障人士权益，可以利用信托制度帮助其规划资产管理，实现财产保护。

中国信托业发展报告
（2022）

第四章

2021年泛资产管理市场：严监管与促转型

第一节 2021年泛资管市场：抓住机遇、迎接挑战

一、银行理财：规模持续调整、业务转型升级

（一）银行理财净值型产品业绩持续增长

2021年第三季度，共新发11969款银行理财产品（包括封闭式净值型、开放式净值型、非净值型产品），产品发行量环比减少1158款。其中固收类封闭式净值型产品的平均业绩基准为4.17%，环比不变。混合类产品发行量相对较小，第三季度共新发833款产品，其中封闭式净值型产品的平均业绩基准为4.78%，环比上涨0.01个百分点。权益类产品第三季度新发78款，其中封闭式净值型产品的平均业绩基准为5.23%，环比上涨0.20个百分点。

2021年第三季度新发封闭式净值型理财产品8206款，城市商业银行发行数量最多，共发行4322款封闭式净值型理财产品。从产品类型来看，固收类产品最多；从收益方面来看，各类银行中股份制银行的平均业绩基准最高，达到4.55%。从产品类型来看，权益类产品业绩基准略高，为5.23%，环比上涨0.20个百分点。

2021年第三季度共有4861款开放式净值型理财产品在售，环比增加611款，平均业绩基准达到4.05%，环比下跌0.05个百分点。其中股份制银行在售产品数量最多，达到2325款。在业绩基准方面，股份制银行的整体预计业绩水平相对较高，达到4.21%，环比下跌0.03个百分点。在产品类型方面，固收类产品居多，共有4488款，环比增加612款，业绩比较基准为4.02%。2021年第三季度在售的封闭式预期收益型产品共有2096款，其中国有银行占比最高，产品期限多为3~6个月。

（二）银行理财产品存续规模缩小

2021年第三季度，全市场商业银行（不包括外资银行）非保本理财产品的存续数量为53652款，较2021年第二季度减少375款，环比下降0.69%；平均存续数量为173款，与第一季度持平；非保本理财产品存续规模估计为

26.93万亿元，环比上升5.98%。

从发行主体类型来看，2021年第三季度城市商业银行非保本理财产品的存续数量继续保持领先，其次是全国性银行，最后是农村金融机构。在存续规模方面，全国性银行继续保持领先，其次是城市商业银行，最后是农村金融机构。其中全国性银行（包括国有银行和股份制银行）的非保本理财存续数量为18940款，较2021年第二季度减少629款，环比下降3.21%；平均存续数量为1052款，较2021年第二季度减少35款；非保本理财存续规模估值为20.42万亿元，环比上升5.18%。城市商业银行非保本理财存续数量为22318款，较2021年第二季度减少207款，环比下降0.92%；平均存续数量为188款，较2021年第二季度减少3款；非保本理财存续规模估值为5.11万亿元，环比上升7.83%。农村金融机构（包括农商银行、农信社、农合行）非保本理财存续数量为12394款，较2021年第二季度增加461款，环比上升3.86%；平均存续数量为72款，较2021年第二季度增加4款；非保本理财存续规模估值为1.41万亿元，环比上升11.37%。

从认购对象来看，2021年第三季度的个人非保本理财存续数量为50051款，较2021年第二季度减少52款，环比下降0.10%；存续规模估值为23.49万亿元，环比上升6.00%。机构非保本理财产品的存续数量为3098款，较2021年第二季度减少191款，环比下降5.81%；存续规模估值为3.18万亿元，环比上升7.33%。同业非保本理财存续数量为503款，较2021年第二季度减少132款，环比下降20.79%；存续规模估值为0.26万亿元，环比下降8.93%。

在净值型理财产品方面，2021年第三季度，全市场商业银行净值型理财产品存续数量为41583款，较2021年第二季度增加4926款，环比上升13.44%；平均存续数量为142款，较2021年第二季度增加15款；存续规模估值为22.18万亿元，环比上升19.05%。其中全国性银行净值产品的存续数量为12899款，较2021年第二季度增加1068款，环比上升9.03%；平均存续数量为717款，较2021年第二季度增加59款；存续规模估值为16.15万亿元，环比上升19.09%。城市商业银行净值产品的存续数量为18822款，较2021年第二季度增加2058款，环比上升12.28%；平均存续数量为160款，较2021年第二季度增加15款；存续规模估值为4.81万亿元，环比上升17.19%。农村金融机构净值产品的存续数量为9862款，较2021年第二季度增加1800款，环比上升22.33%；平均存续数量为63款，较2021年第二季度增加11款；存续规模估值为 1.23 万亿元，环比上升 26.36%。

（三）银行理财能力排行榜

截至 2021 年第三季度，在综合理财能力方面，全国性银行中排名前 5 的银行依次为兴业银行、中国工商银行、中信银行、中国光大银行和中国银行。城市商业银行中排名前 10 的银行依次为江苏银行、南京银行、宁波银行、上海银行、青岛银行、徽商银行、北京银行、杭州银行、汉口银行和大连银行。农村金融机构中排名前 10 的银行依次为重庆农村商业银行、广州农村商业银行、上海农村商业银行、江苏江南农村商业银行、青岛农村商业银行、江苏苏州农村商业银行、成都农村商业银行、广东南海农村商业银行、东莞农村商业银行和杭州联合农村商业银行。具体数据见表 4-1 至表 4-3。

表 4-1　2021 年第三季度全国性商业银行理财能力综合得分排名

排名	银行名称	发行能力	收益能力	运营管理	投资者服务体系	信息披露规范性	评估问卷	综合得分
1	兴业银行	24.81	14.22	23.98	17.62	11.69	95.20	92.89
2	中国工商银行	24.85	14.60	23.91	18.07	11.53	95.60	92.68
3	中信银行	24.50	14.24	23.96	18.06	11.55	95.60	92.64
4	中国光大银行	23.93	14.60	23.85	17.53	11.56	94.80	91.80
5	中国银行	24.69	14.22	23.83	17.36	11.31	94.60	91.73

表 4-2　2021 年第三季度城市商业银行理财能力综合得分排名

排名	银行名称	发行能力	收益能力	运营管理	投资者服务体系	信息披露规范性	评估问卷	综合得分
1	江苏银行	21.84	14.66	23.95	15.80	11.87	94.80	88.79
2	南京银行	21.48	15.02	23.58	16.36	11.51	94.40	88.60
3	宁波银行	21.45	14.43	23.18	16.50	11.33	94.60	87.66
4	上海银行	22.10	14.97	21.68	16.31	11.40	94.20	87.23
5	青岛银行	19.93	14.72	23.15	16.35	11.42	95.20	86.53
6	徽商银行	21.69	14.38	22.88	15.51	11.49	87.40	86.10
7	北京银行	20.98	14.62	22.84	15,57	11.23	87.00	85.42
8	杭州银行	21.05	14.93	21.85	15.90	11.12	87.00	85.07

续表

排名	银行名称	发行能力	收益能力	运营管理	投资者服务体系	信息披露规范性	评估问卷	综合得分
9	汉口银行	18.52	14.47	21.90	14.81	11.50	94.40	82.52
10	大连银行	17.83	14.54	21.85	15.23	11.30	95.20	82.20

表4-3 2021年第三季度农村金融机构理财能力综合得分排名

排名	银行名称	发行能力	收益能力	运营管理	投资者服务体系	信息披露规范性	评估问卷	综合得分
1	重庆农村商业银行	19.43	13.75	21.56	15.11	11.51	94.80	82.70
2	广州农村商业银行	18.79	13.58	21.74	15.91	11.27	95.20	82.68
3	上海农村商业银行	19.44	13.55	21.09	15.47	11.23	95.60	82.26
4	江苏江南农村商业银行	18.05	14.06	21.73	15.30	11.61	95.20	82.20
5	青岛农村商业银行	16.92	13.97	21.53	15.85	11.46	95.20	81.28
6	江苏苏州农村商业银行	16.52	13.73	21.40	15.32	11.47	94.80	80.08
7	成都农村商业银行	18.60	13.49	21.13	14.04	11.10	95.20	80.04
8	广东南海农村商业银行	16.43	13.64	21.43	14.71	11.42	95.20	79.39
9	东莞农村商业银行	17.51	13.91	21.38	13.59	11.21	95.20	79.36
10	杭州联合农村商业银行	17.16	13.56	20.88	14.37	11.34	95.60	79.14

(四) 资管新规下的商业银行理财业务转型发展趋势

自 2018 年资管新规颁布以来，银行理财产品结构、资产配置等都加快转型进程。截至 2020 年末，银行理财存续规模为 25.86 万亿元，同比增加 6.9%，净值型产品占比为 67.28%。未来，随着行业制度规范的不断完善、行业竞合格局的不断调整，商业银行将持续加快理财业务转型，提升市场竞争力。

1. 客户需求变化推动理财产品端结构调整

居民理财需求潜力持续释放，产生现金管理、财富保值、资产增值等多样化需求。理财需求扩张的驱动力主要有以下几个方面：一是随着居民人均可支配收入的增加，财富管理规模占 GDP 的比重持续增加；二是随着居民财富结构中金融资产占比的提升，我国居民资产配置的结构将从房地产向金融资产配置转变；三是随着居民财富分层的加剧，高收入人群财富扩张对资产配置策略多样性提出更高要求；四是人口老龄化促使居民理财需求长期化，居民对长期财富增值的诉求也在增加。

客户需求分层和应用场景的细分推动资管产品配置和产品创设的变动。从需求来源和应用场景角度来看，当前，银行主流净值型产品可分为现金管理、财富保值、资产增值三类。如图 4–1 所示。

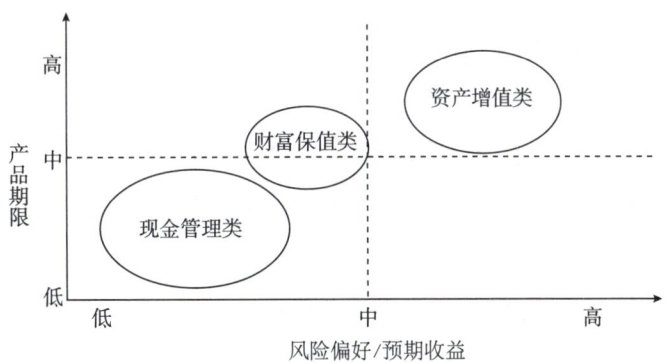

图 4–1　不同场景分类对应的产品期限与风险偏好

（1）现金管理类产品。现金管理类产品是银行理财转型过程中的重要抓手。现金管理类理财产品作为活期存款较好的替代品，用来管理短期闲置资金，叠加背靠银行客户属性，其客户接受度较高。现金管理类产品在前期产品设计上兼容了净值型管理与摊余成本法估值，同时依靠银行垫资能力，客户申赎体验优势明显，成为银行理财产品向净值型管理转型的"第一站"。截至

2021年第一季度末，现金管理类产品规模突破7万亿元，约占净值型理财规模的40%。

现金管理类产品逐步整改，依靠增配低流动性资产获得超额收益越发困难，未来资管机构应调整现金管理类产品的定位。2021年5月底，银保监会、中国人民银行正式发布《关于规范现金管理类理财产品管理有关事项的通知》，要求相关产品在投资范围、资产期限、流动性、赎回要求等方面在过渡期内进行整改。整改后，现金管理类产品相对货币基金的收益和流动性优势被弱化，预计该类产品将定位于"引流"理财客户，这对各机构的渠道建设提出更高要求。

（2）财富保值类产品。配置房地产和地方融资平台非标债权资产是理财产品增厚收益的主要手段。财富保值类理财产品以追求财富保值增值为目的，通常具有流动性好、收益稳健等特征。但投资的资产标的为中长久期债券，或辅以一定比例的非标资产增厚收益，收益来源主要是票息、非标债券收益和资本利得收益。财富保值类理财产品的风险等级为中等，面向的客户类型主要是收益型、积极进取型的机构或个人客户。

银行在资管转型过程中，替代非标资产，重构资金与资产的新循环将是资管机构转型面对的重要问题。近年来，市场流行的"固收+"产品本质是重估新的资产配置形式，为寻找资产替代方向提供解决方案。随着负债期限拉长，一年期以上的产品已基本转向"固收+"策略，其中"债券底仓+多资产组合增厚收益"将是主要应对模式。

（3）资产增值类产品。资产增值类理财产品以追求资产长期稳健增值为目的，通常具有投资期限长、收益较稳健等特征，契合银行理财投资期偏长又不能期限错配的客观要求。银行理财发展资产增值类产品依托银行在风险管控、项目获取、账户管理、客群基础、品牌信誉、服务场景等方面的资源，相较基金、保险、信托等机构更具比较优势。

养老服务产品是未来该类产品最受政策鼓励的产品类型之一。随着我国养老体系的发展，资产增值场景下的理财产品将更加多元化，单一资产类别或策略难以满足市场需求，这推动了银行理财产品向组合FOF的发展，资产管理的解决方案由单个工具成为工具集成的"变形金刚"。参考海外成熟资管机构，资产增值涵盖全球公募基金、私募股权、房地产、对冲基金、大宗商品以及艺术品投资等另类资产，在为投资人提供多元投资渠道的同时享受全球资本市场红利,实现财富长期的保值增值。

2. 经营环境的变化推动理财资产配置端加快转变

随着宏观经济环境的深刻变化,资产价格的定价过程也发生改变,这一改变引导资管机构产品的配置。一方面,对于以股票、债券为主的传统标准化资产,经济基本面、市场流动性变化以及货币政策走向成为影响机构配置的核心因素;另一方面,非标转标等制度红利将带来新的资产机会,如公募REITs、标准化票据资产等。

(1)非标资产逐步退出,非标转标加速推进存量非标准化产品到期退出,新增非标资产的来源收缩,但标准化资产的类型在拓宽。一是资管新规前的老产品配置的长期限非标产品逐步自然到期不再续作,非标资产占比下降。2020年末,非标准化债权资产占比约为10.89%,较2017年末下降近6个百分点。二是随着房地产政策调控力度持续加大,信托行业监管日趋严格,房地产信托等非标融资渠道受限,来自房地产和融资平台的非标规模将继续下降,风险收益合理的非标资产将越来越少。三是部分非标资产通过非标转标等方式转化为标准化资产,这符合资管新规的发展导向。图4-2为旧资产处置过程。

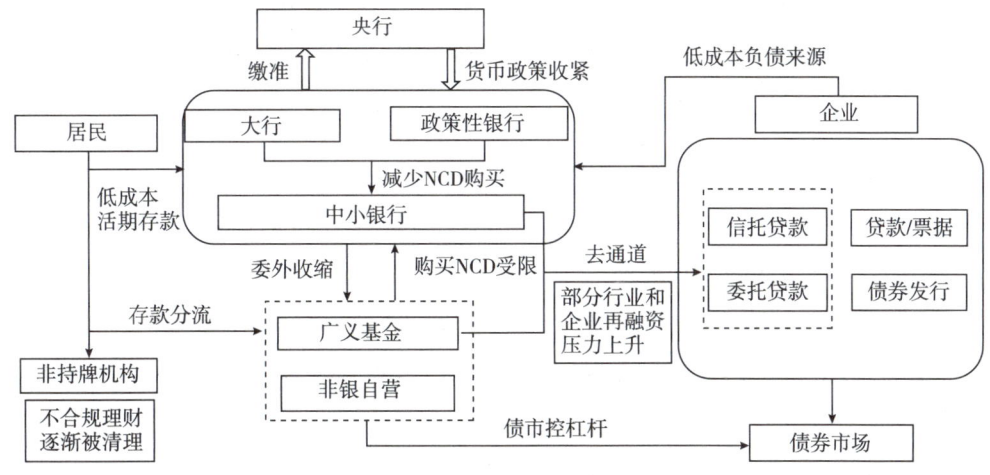

图4-2 旧资产处置过程(阶段性去杠杆过程)

(2)权益资产正逐渐成为银行理财的战略配置方向。权益资产是银行理财在追求绝对收益要求下最有潜力的资产之一。截至2020年末,权益类资产占银行理财规模的比重约为4.75%。一方面,权益市场规模空间大,较商品、私募等另类资产市场更能提供大规模的高收益资产。另一方面,权益资产属于标准化资产,流动性相对较高,信息披露更透明,符合资管新规鼓励的方向。

尽管权益市场资金容量大，但银行理财作为万亿元级的资金规模很难通过择时赚钱，因此需要构建差异化的投资与风险文化。这主要体现在：通过资产配置的模式承担权益市场系统性风险以实现收益上的增厚；建立收益分享文化，对承担系统性风险获得的超额收益进行分成，进一步推动投研体系的进化，这也是未来银行理财子公司参与权益资产的解决模式之一。

（3）通过多资产策略开发绝对收益品种。银行理财产品与公募基金的客户基础具有明显差异，其中理财客户追求绝对收益，对风险与回撤的厌恶度更高。基于客户偏好，低回撤、稳收益一直是理财产品创设的主要方向。在2017年后的低利率环境下，银行理财的负债成本高于基础资产的收益，同时资管新规对非标资产期限错配进行了严格限制，银行理财机构普遍选择拉长负债久期且增配一部分多资产组合来增厚收益，相关策略包括股票多头、可转债、打新、量化对冲和衍生品等，进而形成"固收+"配置思路。尤其在2019—2020年权益市场行情走高的情况下，多资产部分的收益增厚能力显著提高，这为产品带来较高的绝对收益。在2021年"固收+"配置的思路中，多资产部分的收益增厚能力的不确定性增强，"固收+"转变为"+固收"，即同等负债期限下，从重视增厚收益的多资产组合转向能提供高票息保护的基础资产部分。因此，不同的宏观经济背景对应着多种银行理财开发绝对收益策略的配置思路。

3. 银行理财业务转型推动销售渠道变迁

银行仍是目前市场上最大的金融资产销售渠道之一。2021年第二季度，非货币型基金保有量销售前5名中有3家为商业银行，合计市场占有率为24.7%（基于前10家保有量）。从银行理财销售渠道变化及后续发展趋势来看，其分为三个阶段：从拉存款到产品销售、从产品销售到投顾配置和从投顾配置到"超级账户"。

（1）从拉存款到产品销售。2010—2014年，财富管理市场迎来第一次转型，即从拉存款到产品销售。利率市场化下活期与定期利率持续走低，其中一年期定期存款利率由高点时的3.5%降至2.75%，在2015年末又降至1.5%，而这期间余额宝等货币型基金依托线上流量红利迅速崛起，2013年末余额宝的7日年化收益达到6.58%，存款的收益风险比却呈下降趋势。同时，2010年后表外融资需求旺盛，银行理财开始大量投资非标资产，增厚理财产品收益。

（2）从产品销售到投顾配置。2015—2021年，银行财富管理市场进行第二次转型,即从产品销售到投顾配置。财富管理是机构以金融产品交易佣金为收入来源的模式,这一模式内生性地影响了代销机构的独立性和客观性。相关业务开展的驱动力是获得更多的销售佣金,而难以站在匹配客户风险承受意愿与能力的角度销售产品,可能导致将高风险(高佣金)产品推向不匹配的投资者,带来道德风险,这具体体现在"高举高打"的第三方财富代销机构"爆雷"不断。道德风险的积累推动财富管理模式向着更加"买方视角"的投顾配置模式转型,即银行根据投资人的资产情况、风险偏好、投资目的等因素构建科学的配置组合。图4-3为从销售驱动到投顾驱动变革模式。

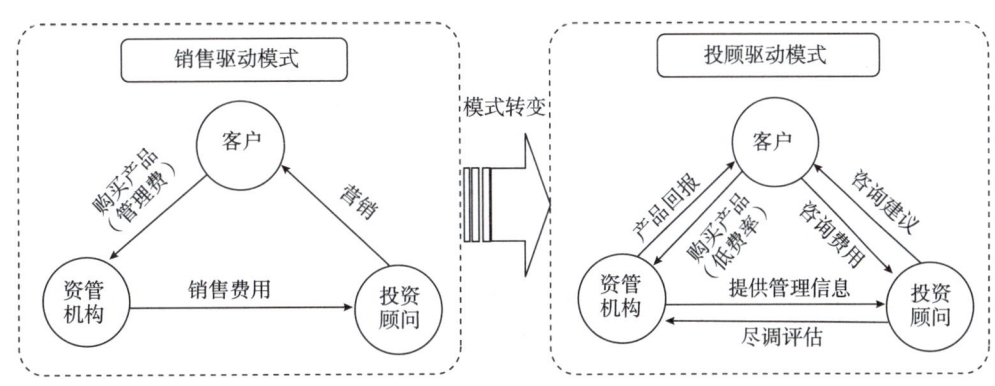

图4-3 从销售驱动到投顾驱动变革模式

(3)从投顾配置到"超级账户"。投资人购买产品的金融需求从简单的获取收益,逐渐转变为投研咨询、税收优惠、薪酬管理、养老投资等复杂且个性化的方式,这种多元化需求或将推动形成综合解决方案,形成类似于美国401K及IRA账户的"超级账户"。除了传统意义上的购买理财产品,"超级账户"包含证券交易、个人退休计划、信托基金、医疗账户、年金、保险等。"超级账户"涉及全方位的金融机构服务,包含券商、公募基金、信托、保险、养老资管等,而商业银行全面的金融生态是其发展的现实基础。同时,"超级账户"的形成也依赖于制度红利的推动。目前我国的个人养老税收递延正进行试点,考虑人口老龄化和我国仅依靠第一支柱资金供给的匮乏,未来面向养老第三支柱政策导向的制度红利将逐步加大,这为银行理财带来新的发展机遇。

4. 理财业务分化,行业格局重塑

(1)新进者入局——银行理财子公司探索自身发展模式。理财子公司将是未来商业银行扩充表外规模、参与资产管理和财富管理转型的核心抓手。截至2021年8月9日,全国已有25家银行系理财子公司和4家外资参股的银行理财子公司获批并筹建。相比发展相对成熟的公募基金公司，银行理财子公司未来在产品体系、渠道类型、投资禀赋上仍有较大的发展和探索空间。

在渠道类型上，理财子公司渠道主要依赖于母行渠道，其他渠道（如同业代销）的拓展还不够。理财子公司的销售渠道普遍依托总行，而银行拥有覆盖范围更广的销售网点，客户通过线下网点可以和理财销售人员进行沟通，更容易建立信任，这为后续"投顾化"服务模式奠定基础。相比传统银行资产管理部，未来银行理财子公司有可能拓展本行直销、他行线下代销、他行线上代销的一体化销售模式。

在投资禀赋上，理财子公司建立替代非标资产的投资方向和策略。就银行理财子公司而言，虽然从趋势上看，非标资产占比逐步下降，但非标债权资产仍在收益增厚中起到重要作用。据估计，目前一年期定开产品中较多产品仍有20%左右的仓位配置非标。整体来看，规模超过万亿元的理财子公司短期要做到对非标资产的完全替代还任重道远。

（2）外部机构引入——引入外资机构加入银行理财市场。中国是继美国后的全球第二大资产管理市场，海外资产管理机构在近20年间尝试在公募基金、信托、私募、保险资管等多个维度布局中国资管和财富管理业务。整体来看，外资机构参与维度广泛，但深度有限。以参股数量最多的公募基金为例，截至2020年12月末，中外合资的45家公募基金公司中外资持股比例在49%的机构有14家，占持牌公募基金数量的比重约为10%。自2018年我国加快金融业对外开放以来，海外资金参与中国资管市场的脚步逐渐加快，近一年出现首家外资独资公募基金、保险资管公司等。

在加快金融行业对外开放的背景下，外资在资管行业的逐步引入将在资产、产品、服务模式三个方面产生影响。一是资产端挖掘另类资产提供高收益。从海外市场经验来看，另类资产业务产品复杂程度高、非标准化程度强、管理费率较高，且有较高的收入提升要求。二是负债端深化投顾模式，财富管理再升级。从海外市场经验来看，通过提供系统方案和专业资产配置服务可以获得客户信任，进而可以更好地沉淀长期资金。三是加速指数产品的创设。美国ETF市场快速发展的近30年，除了市场占有率近80%的排名前3的机构（贝莱德、Vanguard、道富）外，也有一些机构凭借领域细分形成精品特色资产。外资ETF机构的加入将增强中国国内资管市场ETF产品的丰富度及话语权，对追求绝对收益的资管机构形成良好的产品补充。

5. 多举措推动银行理财业务转型发展

当前及未来一段时期，商业银行将在产品设计、产品销售以及科技化方面加快转型。在产品设计方面，银行理财将持续加大产品创新，丰富产品线，减少对现金管理类产品的规模依赖，增加以公允价值为主的净值型产品。在产品销售方面，以银行理财子公司为代表的商业银行持续拓宽销售渠道，探索建立独立的销售渠道，从完全依托母行渠道转为"母行代销＋公司直销＋他行代销"相结合的模式，逐步建立投资顾问制度。在科技化转型方面，银行理财业务持续布局资管科技化，吸取海外知名机构如贝莱德等的先进经验，构建大类资产定价系统，服务全市场各类型机构。

为了更好地把握市场机遇、加快推进理财业务转型，商业银行将持续强化投资能力、渠道构建、风险文化等的建设。一是发展差异化的投资能力。理财子公司将在进一步扩张管理规模的目标下，完善投研体系的搭建、强化投资能力，包括资产配置、风险管理、选股择券、另类资产、产品设计等环节。对于中小银行资管业务，考虑在资产端扩张资产配置能力方面有天花板，建议以服务本地实体经济为主，深挖当地资产项目特色，这需要提高项目投行能力，包括企业客户积累、非标转标、综合融资方案设计等。二是构建结构化的渠道优势。当前财富管理市场面临渠道拥挤、传统模式竞争过于激烈的问题，银行理财如何将客户的资金持续沉淀在自身账户，而不被互联网、非银、第三方渠道分流是最大考验，因此建议银行理财子公司等机构持续投入资源，搭建获客渠道和培育客户分层能力。三是重建有别于表内信贷的风险定价文化。过去银行表外理财规模扩张表现为"银行的影子"的类贷款模式。在传统信贷业务理念的主导下，银行对金融资产的风险评价主要基于抵质押物，尤其是土地抵押物的价值。为顺应经济高质量发展的新金融需求，提高直接融资比重、增加对产业结构转型的有效供给、全面落实资管新规整改要求，在银行理财调整资产端配置结构的同时，金融资产风险评价体系也在发生变化，即从过去的信贷抵押文化转向风险定价文化。图4-4为基于"潜在规模—资源禀赋"框架下的资管发展象限。

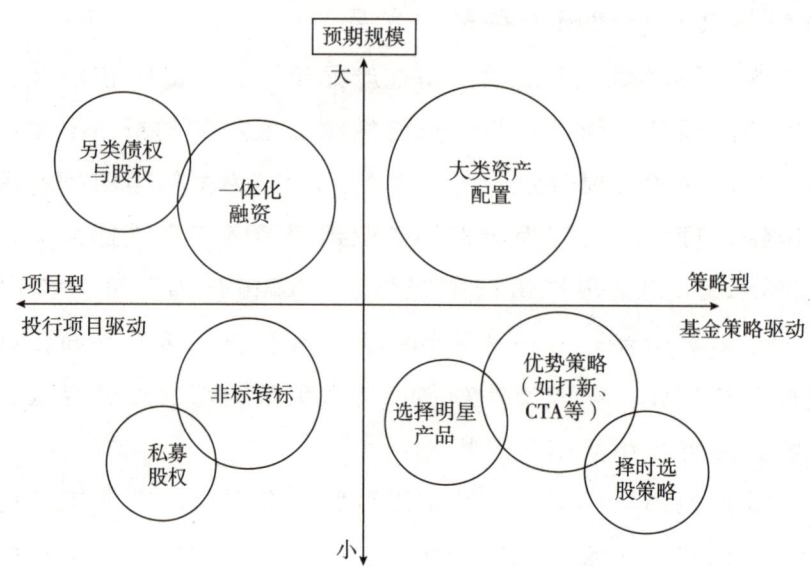

图 4-4 基于"潜在规模—资源禀赋"框架下的资管发展象限

二、信托资管：转型成效显著、发展目标明确

2021年第三季度，我国经济发展面临更加复杂、严峻的外部形势，发达国家经济景气回落，通胀压力持续上升。中国国内受地产调控、地方政府隐性债务监管、"双限双控"以及疫情散发等多重因素叠加的影响，经济面临一定下行压力，复苏动能有所减弱。国家统计局数据显示，2021年我国第三季度GDP（国内生产总值）同比增长4.9%，跌破5%，工业生产、消费、投资等主要经济数据均有所回落。2021年9月以来，中央多次强调加强跨周期调节，保持经济运行在合理区间，政策重心转向保供稳价、扩能增产，抑制PPI上涨速度等方面。

中国人民银行2021年第三季度金融统计数据显示，当前金融运行总体平稳，货币供应量和社会融资规模的增速同名义经济增速基本匹配，宏观杠杆率保持稳定，流动性保持合理充裕。作为金融行业的重要组成部分，信托行业面临资管新规过渡期即将结束和"两压一降"严监管的双重压力，行业转型亟待取得实质性进展。2021年第三季度，信托资产规模较第二季度末有所回落，资产结构继续优化，经营绩效不断提升，信托公司资本实力持续增强，风险抵御能力逐步夯实。下一阶段，信托业将紧密围绕"十四五"规划，始终坚持稳中求进，以监管导向为遵循，把握行业转型中的新机遇，服务经济高质量发展和人民的美好生活需求。

(一) 信托资产规模平稳回落，信托资产结构持续优化

1. 信托资产规模小幅回落，规模变化趋向平稳

截至 2021 年第三季度末，信托业受托管理的信托资产余额为 20.44 万亿元，同比下降 2%，较第二季度末环比下降 0.94%，较 2017 年第四季度末峰值下降 22.11%。自资管新规发布以来，信托行业在严监管的引导下，信托资产规模持续压降，2021 年第三季度继第二季度后首次出现规模回升后的小幅回落，略高于第一季度末的资产余额，规模变化趋向平稳。如图 4-5 所示。

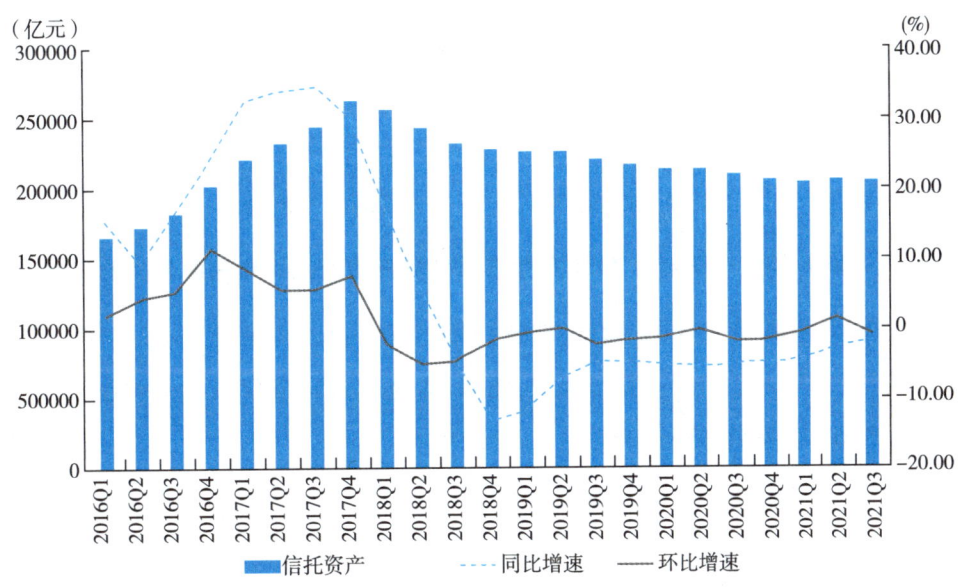

图 4-5　2016 年第一季度至 2021 年第三季度信托资产规模变动情况

2. 信托资产结构不断优化，业务转型成效初显

从资金来源看，截至 2021 年第三季度末，集合资金信托规模为 10.55 万亿元，同比增长 2.37%，环比增长 1.81%；集合资金信托占比为 51.63%，环比上升 1.39 个百分点。单一资金信托规模为 5.12 万亿元，同比下降 26.04%，环比下降 8.64%；单一资金信托占比为 25.04%，环比降低 2.11 个百分点。管理财产信托规模为 4.77 万亿元，同比增长 31.37%，环比增长 2.21%；管理财产信托占比为 23.33%，环比上升 0.72 个百分点。如图 4-6 所示。

信托业务转型成效在信托资金来源的规模及占比变化上均有所体现。2017 年第四季度以来，以通道业务为主的单一资金信托规模及占比逐年下降，2021 年初至今的同比降幅超过 20%。集合资金信托、管理财产信托规模保持平稳增

长,这反映了信托公司正在积极谋划业务转型。

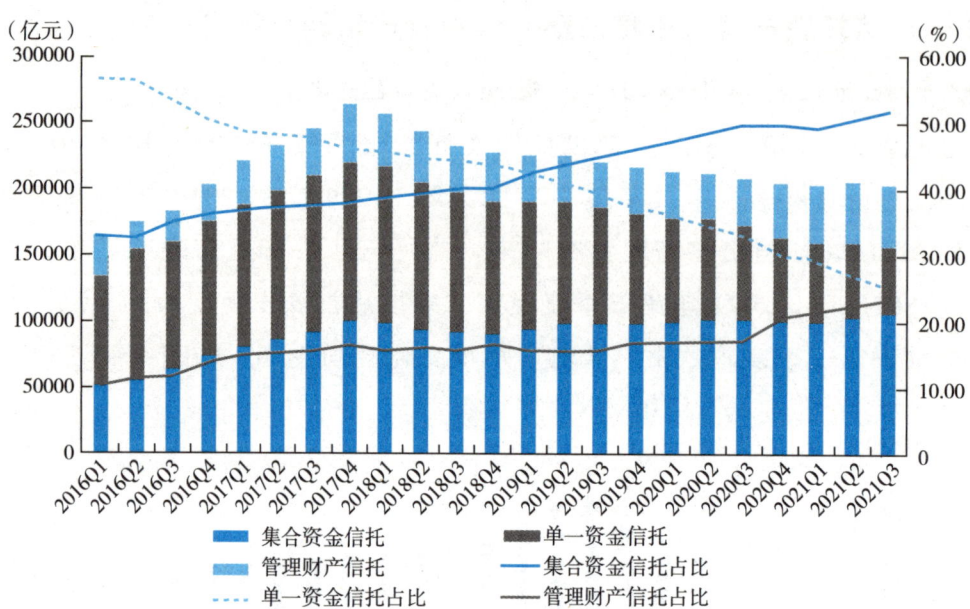

图 4-6　2016 年第一季度至 2021 年第三季度信托资产按资金来源分类的规模及占比

从信托功能来看,事务管理类信托规模及占比仍居首位但持续下降。截至 2021 年第三季度末,事务管理类信托规模为 8.55 万亿元,同比下降 7.38%,环比下降 3.6%;事务管理类信托占比为 41.83%,同比上升 2.43 个百分点,环比下降 1.15 个百分点。

投资类信托呈现快速增长态势,规模占比已接近事务管理类信托。截至 2021 年第三季度末,投资类信托规模增至 8.03 万亿元,同比大幅增长 41.42%,环比增长 5.19%;投资类信托占比升至 39.29%,同比上升 12.07 个百分点,环比上升 2.29 个百分点。

在监管部门持续压降融资类信托的政策背景下,融资类信托规模自 2020 年第三季度以来快速回落。截至 2021 年第三季度末,融资类信托规模为 3.86 万亿元,同比下降 35.13%,环比下降 6.57%;融资类信托占比为 18.88%,同比下降 9.64 个百分点,环比下降 1.14 个百分点。如图 4-7 所示。

以上说明,信托行业正在符合监管导向下,着力优化业务结构,积极提升主动管理能力。

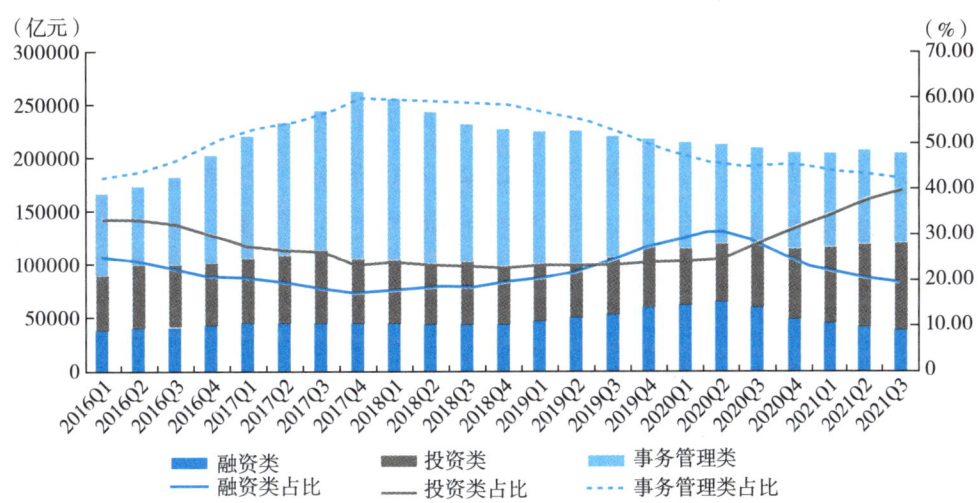

图 4-7　2016 年第一季度至 2021 年第三季度信托资产按功能分类的规模及占比

(二) 信托资金加速投向证券市场，资金运用方式持续优化

1. 信托资金投向结构优化，证券市场规模持续扩大

资管新规过渡期临近结束，通道业务持续压缩，非标投资明显减少，标准化投资快速发展，信托业转型取得一定成效。截至 2021 年第三季度末，资金信托规模为 15.67 万亿元，同比下降 9.04%。从资金信托在五大领域的占比来看，其排序分别是工商企业 (29.02%)、证券市场 (19.50%)、基础产业 (12.52%)、房地产业 (12.42%)、金融机构 (12.12%)。如图 4-8 所示。

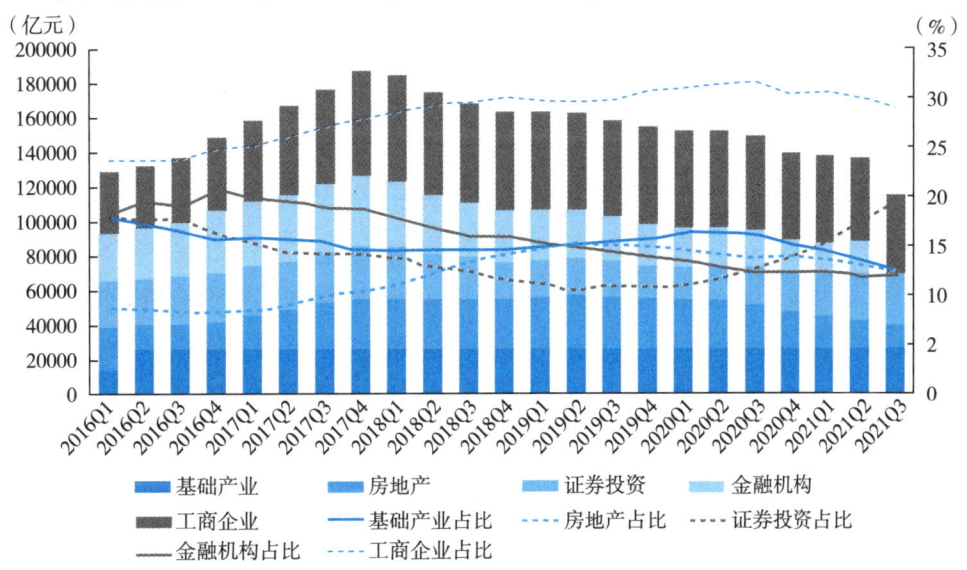

图 4-8　2016 年第一季度至 2021 年第三季度资金信托按投向分类的规模及增长情况

（1）工商企业。长期以来，工商企业信托稳定占据资金信托投向的第一位，是信托支持实体经济的直接体现。截至2021年第三季度末，投向工商企业的资金信托余额为4.55万亿元，同比下降16.12%，环比下降5.06%；工商企业信托占比为29.02%，同比降低2.45个百分点，环比降低0.98个百分点。随着资金信托整体规模的收缩，工商企业信托规模有所缩小。尽管如此，信托业仍不断探索发挥行业优势，为区域经济发展和工商企业经营提供更多、更好的金融支持和服务。

（2）证券市场。证券市场是资金信托投向的第二大领域。截至2021年第三季度末，投向证券市场的资金信托余额为3.06万亿元，同比增长38.12%，环比增长9.22%；证券市场信托占比升至19.50%，同比上升6.66个百分点，环比上升1.98个百分点。其中，投向股票、债券和基金的规模分别为0.65万亿元、2.13万亿元和0.28万亿元，同比分别增长6.54%、57.36%和10.75%，其占比分别为4.12%、13.60%和1.78%。可以发现，证券市场信托的增长主要源于投向股票和债券的资金信托产品，尤其是投向债券的资金信托产品的同比大幅增长。

标品信托是信托公司业务转型的重点领域。在政策的引导下，证券市场信托的规模和占比将持续提升。同时，资本市场深化改革的环境为信托公司带来标准化资产投资机会，信托公司应充分发挥信托资产的本源属性，发展直接融资业务，促使金融市场投融资结构与实体经济发展结构相匹配，形成良性互动、高效运转的金融与实体经济资金融通格局。

（3）基础产业。截至2021年第三季度末，投向基础产业的资金信托余额为1.96万亿元，同比下降28.89%，环比下降8.45%；基础产业信托占比降至12.52%，同比降低3.49个百分点，环比降低0.90个百分点。

2021年上半年，银保监会与财政部联合发文，规范地方政府相关融资业务，防止新增地方政府隐性债务，短期内对基础产业信托业务带来较大影响。但在新基建的发展理念下，基础产业信托仍有较大的发展空间。新基建是信托公司转型发展的重要方向，因此信托公司需要不断拓展业务模式，丰富资产端类型，以适应市场不断变化的新需求。

（4）房地产业。在"房住不炒"的政策定位下，有关部门对房地产行业的管控持续加码，融资条件不断收紧。同时，房地产企业违约事件频发，信托公司在房地产领域的资金投入持续收紧。截至2021年第三季度末，投向房地产业的资金信托余额为 1.95 万亿元，同比下降 18.13%，环比下降 6.30%；房地产业信托占比降至 12.42%，同比降低 1.38 个百分点，环比降低 0.59 个百分点。

房地产行业调控升级有助于防范金融资源的过度集中，避免由此导致的资源浪费和潜在系统性金融风险。同时，房地产信托业务规模和占比的下降，有助于信托公司将更多资金投入经济转型升级的重点领域，更好地发挥信托服务实体经济高质量发展的职能。

（5）金融机构。截至 2021 年第三季度末，投向金融机构的资金信托余额为 1.90 万亿元，同比下降 11.68%，环比下降 0.64%；金融机构信托占比降至 12.12%，同比降低 0.36% 个百分点，环比上升 0.15 个百分点。

在监管部门的指导下，信托业"两压一降"成效显著，当前投向金融机构的资金信托规模较 2017 年末的高点（4.11 万亿元）已压缩过半，资金空转现象明显减少，在提高金融效率的同时，有助于降低资金链条过长隐匿的风险。

2. 信托资金运用方式改善，贷款占比继续降低

从资金信托的资金运用方式来看，贷款（29.99%）、可供出售及持有至到期投资（27.03%）和交易性金融资产投资（20.97%）排名前 3。如图 4-9 所示。

在信托业务转型的背景下，贷款规模持续 9 个季度缩减。截至 2021 年第三季度末，贷款规模为 4.70 万亿元，同比大幅下降 29.26%，环比下降 8.81%；贷款占比降至 29.99%，同比降低 8.57 个百分点，环比降低 2.29 个百分点。

买入返售同样出现大幅缩减。截至 2021 年第三季度末，买入返售规模为 0.48 万亿元，同比大幅下降 32.77%，环比下降 7.78%；买入返售占比降至 3.04%，同比降低 1.07 个百分点，环比降低 0.20 个百分点。

受益于证券市场及证券投资信托的快速发展，交易性金融资产投资规模自 2020 年第三季度开始迅速增长。截至 2021 年第三季度末，交易性金融资产投资规模增至 3.29 万亿元，同比大幅增长 48.78%，环比增长 15.41%；交易性金融资产投资占比达到 20.97%，同比上涨 8.15 个百分点，环比上涨 3.14 个百分点。

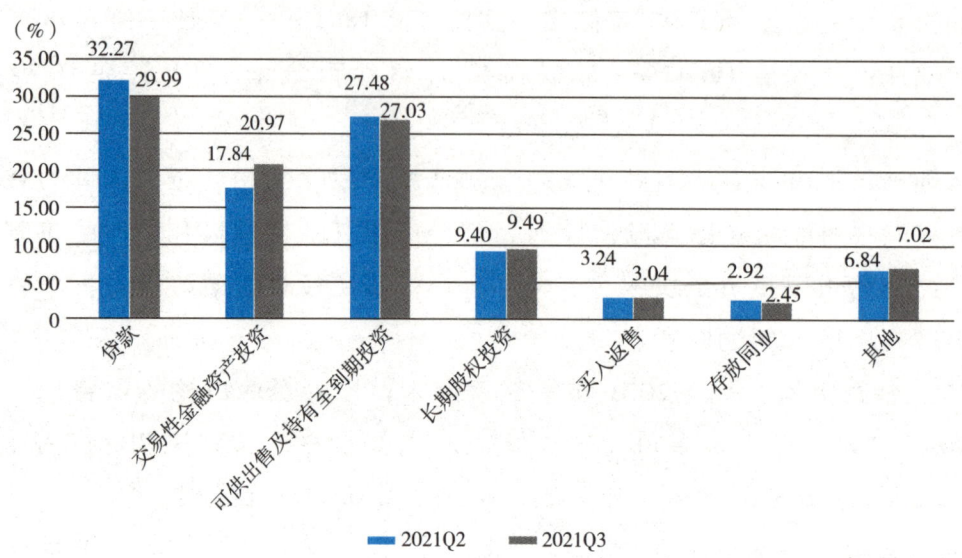

图 4-9　2021 年第二季度、第三季度资金信托各类运用方式占比变化

(三) 信托公司资本实力增强，提质增效成果显著

1. 所有者权益增速平稳，资本实力夯实

2021 年以来，信托公司的资本实力继续增强。截至 2021 年第三季度末，全行业 68 家信托公司所有者权益总额为 7006.08 亿元，同比增长 6.47%，环比增长 1.17%，增速平稳。

从所有者权益的构成来看，实收资本和信托赔偿准备金较 2020 年呈现明显的增长，未分配利润小幅上升。截至 2021 年第三季度末，实收资本为 3187.21 亿元，同比增长 8.68%，环比增长 1.05%，实收资本占比为 45.49%，同比增长 0.93 个百分点，环比小幅下降 0.05 个百分点；信托赔偿准备金为 329.66 亿元，同比增长 11.28%，与第二季度持平；信托赔偿准备金占比为 4.71%，同比小幅增长 0.20 个百分点，环比小幅下降 0.06 个百分点；未分配利润为 2082.27 亿元，同比增长 3.14%，环比增长 1.48%；未分配利润占比为 29.72%，同比降低 0.96 个百分点，环比上升 0.09 个百分点。在经济下行压力较大、监管政策收紧及行业风险加剧暴露的形势下，夯实资本实力是信托公司转型发展的前提和基石。如图 4-10 所示。

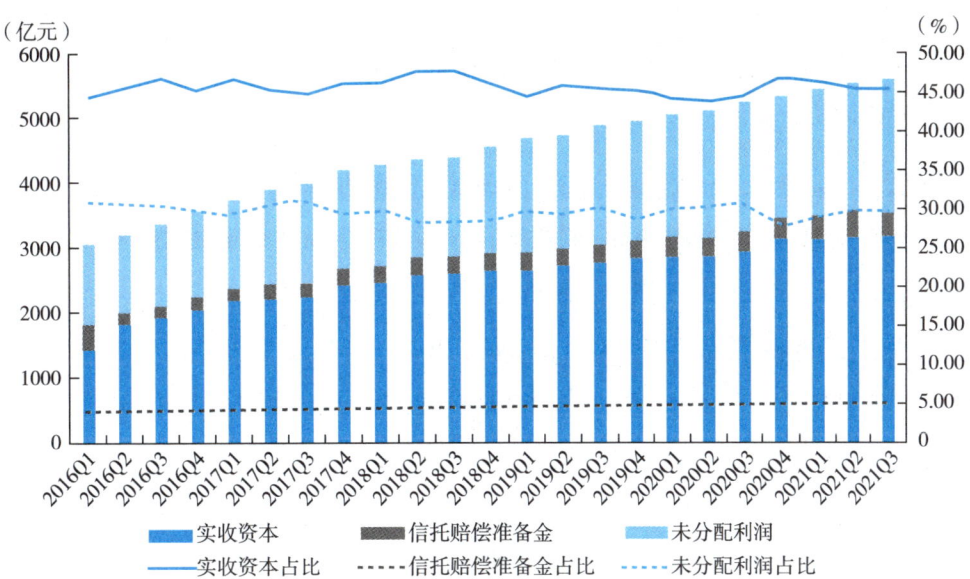

图 4-10　2016 年第一季度至 2021 年第三季度信托公司所有者权益的主要构成及占比

2. 固有资产运用以投资为主，结构变化不大

从固有资产的运用方式来看，截至 2021 年第三季度末，固有资产投资规模为 6933.02 亿元，同比增长 7.69%，环比增长 1.59%；投资占比为 81.53%，同比上升 0.13 个百分点，环比小幅下降 0.17 个百分点。固有资产贷款规模为 651.31 亿元，同比大幅增长 43.48%，环比增长 4.06%；固有资产贷款占比为

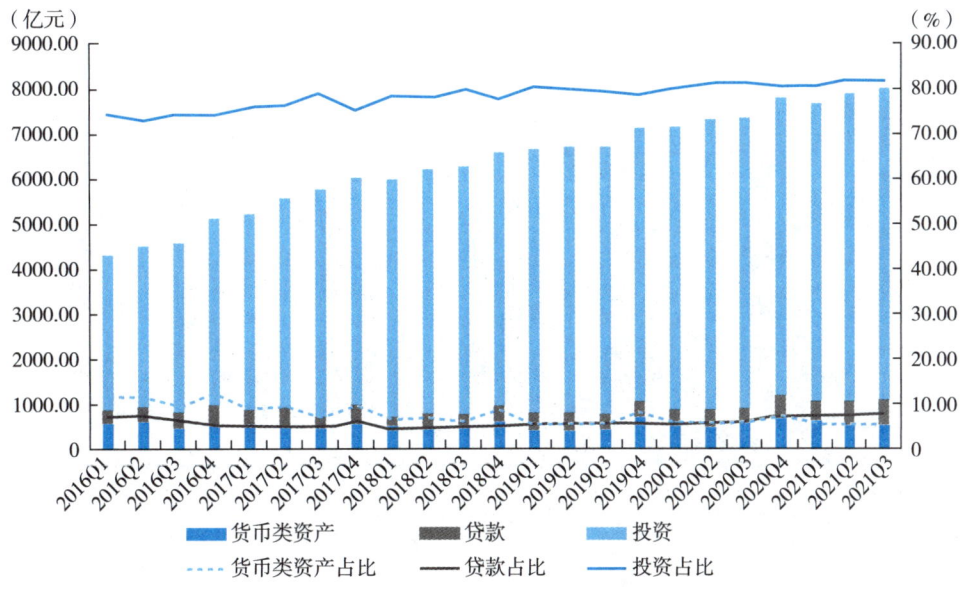

图 4-11　2016 年第一季度至 2021 年第三季度固有资产主要运用方式的结构变化

7.66%，同比上升1.92个百分点，环比上升0.17个百分点。货币类资产规模为424.75亿元，同比下降6.27%，环比下降1.63%；货币类资产占比为4.99%，同比下降0.74个百分点，环比下降0.17个百分点。如图4-11所示。

3. 经营收入增速小幅下降，经营业绩企稳增效

信托全行业经营收入增速略有回落，但信托业务整体稳定性良好，提质增效成果显著。

（1）信托业务保持良好稳定性。截至2021年第三季度末，信托公司实现经营收入872.64亿元，同比增长3.69%，增速有所放缓。2021年第三季度，信托公司单季营业收入为270.34亿元，同比下降7.13%。

从收入结构来看，信托业务收入是信托公司最主要的收入来源，其继续保持良好的稳定性。截至2021年第三季度末，信托公司实现信托业务收入632.29亿元，同比增长2.68%；信托业务收入占比为72.46%。

2021年第三季度，投资收益延续增长态势，但占比略有下降。截至2021年第三季度末，信托公司实现投资收益185.19亿元，同比增长10.44%；投资收益占比为20.97%，同比下降1.05个百分点。

利息收入同样实现较快的增长。截至2021年第三季度末，信托公司实现利息收入44.44亿元，同比增长12.89%；利息收入占比为5.97%，同比上升1.29个百分点。如图4-12所示。

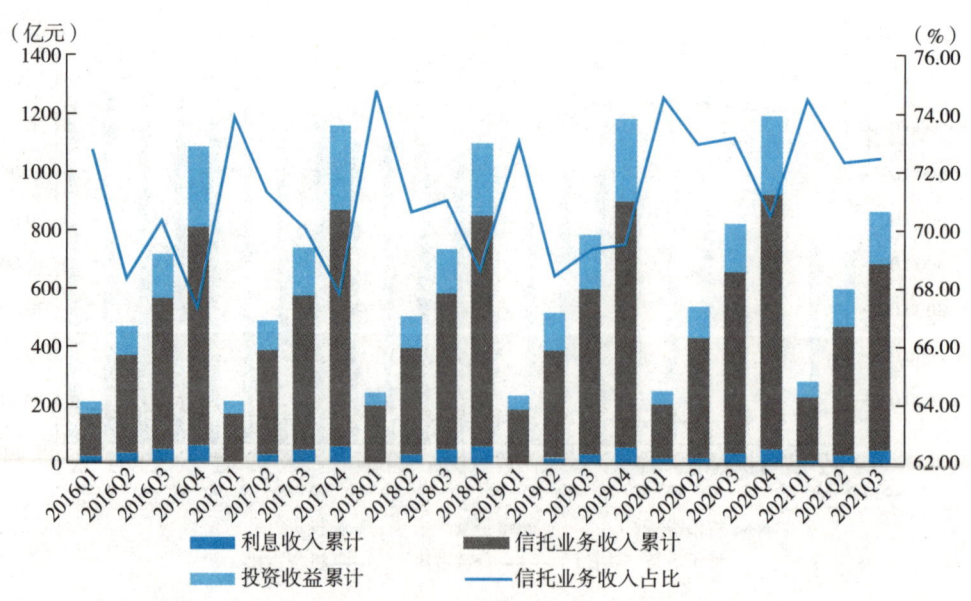

图4-12 2016年第一季度至2021年第三季度信托公司经营收入主要构成与信托业务收入占比

（2）提质增效成果显著。2021年第三季度，信托公司利润规模延续增长态势。截至2021年第三季度末，信托公司累计利润为556.76亿元，同比增长14.58%，增速较第二季度略降1.50个百分点。同时，2021年第三季度利润同比增速超过营业收入增速（3.69%）10.79个百分点，这表明信托公司持续压缩营业成本，提高经营质效，转型成效逐步显现。如图4-13所示。

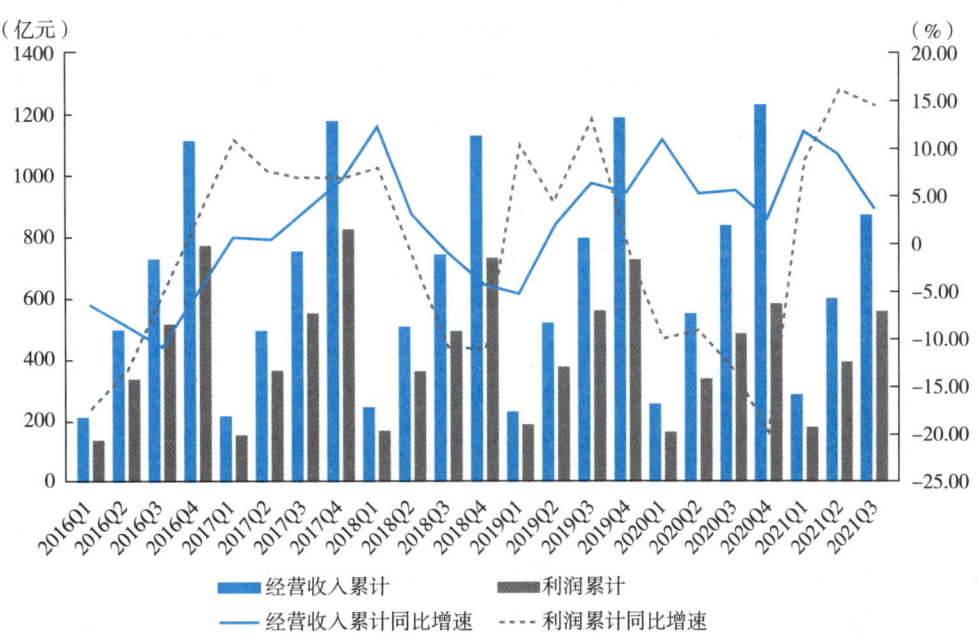

图4-13　2016年第一季度至2021年第三季度营业收入与利润总额当年累计值及同比增速

（四）信托业发展方向日趋明确，业务转型进入攻关期

2021年11月，党的十九届六中全会在北京召开。银保监会在传达学习贯彻党的十九届六中全会精神时指出，金融工作要聚焦服务实体经济、防控金融风险、深化金融改革三项任务，增强金融服务新发展格局的能力，准确贯彻新发展理念，推动构建新发展格局，平衡好稳增长和防风险的关系，坚决守住不发生系统性金融风险的底线。因此，信托业应切实把党的十九届六中全会精神贯彻到各项工作中，在供给侧结构性改革的大背景下，把握经济发展趋势，重塑信托业发展的新优势和新能力，服务实体经济高质量发展。

1. 提高服务实体经济能力，有效支持经济高质量发展

习近平总书记关于金融工作的重要论述指出，服务实体经济是金融工作的出发点和落脚点。信托公司应始终坚持以服务实体经济为导向，积极贯彻落实国家政策，不断优化完善与实体经济结构和融资需求相适应的、多层次且广覆盖的业务结构，为实体经济发展提供高质量的金融服务，实现行业与实体经济的良性互动和协调发展。

2. 积极有为促进共同富裕，扎实推进慈善实践

要促进共同富裕，就要重点关注地区差距、城乡差距、收入差距问题，在不断提高城乡居民收入水平的同时，缩小收入分配差距。慈善信托是助力解决贫困问题、缩小收入差距、促进共同富裕的新型慈善工具，是我国慈善事业的重要组成部分，是实现第三次分配的重要方式。信托公司应持续创新业务模式，更好地发挥慈善信托在居民财富管理中的作用，实现更多高净值客户慈善需求的落地。

3. 遵循监管导向坚定转型，有序压降融资和通道类业务

压降融资和通道类业务是防范行业风险、避免行业盲目扩张导致的风险隐患、促进行业可持续发展的必然要求。信托公司应提高站位，增强大局意识，贯彻监管部署安排，有序压降通道及融资类业务规模。

4. 把握资本市场发展新机遇，构建差异化的资管能力

2018年以来，随着宏观经济和政策的变化，信托行业传统融资类业务展业受限，各信托公司逐步发力资产管理业务，大力开发标准化信托产品。未来，信托公司应积极拥抱资本市场，把握新机遇，提升主动管理能力，依托"投行+资管"的优势，建立具有自身特色的产品线，构筑细分领域的差异化竞争优势。

5. 拓展绿色信托业务实践，支持绿色低碳发展

力争在2030年前实现碳达峰，在2060年前实现碳中和，是以习近平同志为核心的党中央作出的重大决策。在"双碳"目标的指引下，中国经济将迎来绿色低碳转型，其机遇与挑战并存。信托公司在前期开展绿色信托业务实践与创新的基础上，可以通过参与碳市场交易、灵活运用资产证券化工具探索绿色供应链金融服务、设立慈善信托支持绿色公益等方式，有效支持绿色低碳发展。

三、基金管理：规模再创新高、挑战与机遇并存

（一）公募基金总规模再创历史新高

1. 公募基金规模再创新高，数量逼近9000只

截至2021年10月底，我国境内共有基金管理公司137家，其中中外合资公司44家、外商独资1家、内资公司92家；取得公募基金管理资格的证券公

司或证券公司资产管理子公司有 12 家、保险资产管理公司有 2 家。以上机构管理的公募基金资产净值合计约 24.41 万亿元。相比 2021 年 9 月底，公募基金 10 月的单月规模增加 5055.66 亿元，环比增长 2.12%；公募基金整体份额达到约 20.90 万亿份，环比增加 3637.55 亿份，增幅为 1.77%；基金数量增加了 103 只，至 8969 只，进一步逼近 9000 只。10 月，公募基金全行业无论是基金规模、份额还是基金数量均创历史新高。如表 4-4 所示。

表 4-4　2021 年 9 月和 10 月公募基金行业基金规模、份额、数量对比

类别	基金数量（只）	份额（亿份）	值（亿元）	基金数量（只）	份额（亿份）	值（亿元）
时间	(2021年10月31日)	(2021年10月31日)	(2021年10月31日)	(2021年9月30日)	(2021年9月30日)	(2021年9月30日)
封闭式基金（共计）	1157	272656.62	29425.80	1146	27017.52	29107.16
开放式基金（共计）	7812	181761.57	214642.88	7720	178372.12	209905.87
股票基金	1692	15166.57	24319.31	1664	14881.48	23716.76
混合基金	3823	38952.75	57630.07	3772	38709.60	56423.47
债券基金	1784	29574.67	33966.77	1772	29349.96	33736.12
货币基金	330	96647.25	96773.33	330	94050.99	94171.35
QDII 基金	183	1420.33	1953.39	182	1380.08	1858.16
合计	8969	209027.19	244068.68	8866	205389.64	239013.02

从 2021 年以来的相关情况来看，10 月单月规模增长的绝对值在前十个月中排名第五，2 月在股市行情的带动下，公募基金规模一度大增 1.19 万亿元。3 月出现跌势后，4 月的公募基金单月规模环比增长 9400 亿元以上，首次突破 22 万亿元。此后的四个月，公募基金总规模实现五连涨，并于 8 月底破 20 万亿元。9 月公募基金环比小幅缩水，10 月重拾升势，重新实现 24 万亿元大关并创历史新高。如表 4-5 所示。

表 4-5　2021 年 1—10 月公募基金总规模变动情况

截止日期	总数	截止日规模（亿元）	单月增量（亿元）	单月增幅（%）
2021 年 10 月 31 日	8969	244068.68	5055.66	2.12
2021 年 9 月 30 日	8866	239013.02	-1146.84	-0.48

续表

截止日期	总数	截止日规模（亿元）	单月增量（亿元）	单月增幅（%）
2021年8月31日	8674	204159.86	4752.37	2.02
2021年7月31日	8481	235407.49	5079.16	2.21
2021年6月30日	8320	230328.33	1237.67	0.54
2021年5月31日	8061	229090.66	4022.54	1.79
2021年4月30日	7943	255068.12	9475.15	4.39
2021年3月31日	8314	215562.97	-2218.48	-1.02
2021年2月28日	8202	217811.45	11866.85	5.76
2021年1月31日	8037	205944.60	7029.69	3.53

2. 七大类型基金规模10月均实现增长，权益基金规模站稳8万亿元

整体来看，2021年股票市场持续波动，7—9月市场持续震荡，10月市场依然呈箱体震荡格局，总体呈下行态势，创业板指数上涨3.3%，上证综指下跌0.6%。在固定收益市场方面，10月债市延续调整，10年国债收益率上行3.3BP，10Y-1Y期限利差小幅收窄，DR007上行20BP至2.59%。尽管股债两市震荡，七大类基金均实现份额及规模的净增长，投资者借道基金参与市场的意愿明显。

从权益基金品种来看，基金业协会的数据显示，股票型基金、混合型基金10月的整体份额分别增长285.09亿份、243.15亿份，月末最新份额达到1.52万亿份、3.9万亿份，环比增长1.92%、0.63%。在份额增长的同时，权益基金的规模也在10月实现增长。其中，股票型基金增长602.55亿元，环比增幅2.54%，截至10月底规模达2.43万亿元。混合型基金规模环比增加1206.60亿元，增幅2.14%，10月底规模为5.76万亿元。如表4-6、表4-7所示。值得一提的是，10月混合型基金规模环比增量在五大细分品类基金中排名第二。震荡市中混合型基金收益可观，同时净值回撤较低，或是其规模增量可观的重要原因。也有人称，混合型基金中既有积极布局权益市场的偏股混合型产品，也有主打"固收+"的偏债混合型产品，这两类产品受到投资者追捧，规模增长迅猛。

截至2021年10月底，包括混合型基金和股票型基金在内的两大权益类基金总规模继9月首破8万亿元后继续攀升，达到8.19万亿元。另外，股票型基金和混合型基金10月末的最新基金数量分别为1692只、3823只，分别增长了28只、51只。由此可见，尽管市场震荡，新基金的发行依旧火爆，尤其8月、9月投资者申购新基金的热情高涨，热点板块的快速轮换在一定程度上助推相关产品的市场关注度。市场弱势调整，固收类基金成为资金避风港。货币型基金是10月单月规模增量最多的一类细分基金，单月"吸金"2601.98亿元，环比增幅为2.76%。同时，货币型基金总份额从9月末的9.41万亿份增至10月末的9.66万亿份，增加了2596.26亿份。

债券型基金同样实现规模增长，由9月底的3.37万亿元增加至10月底的3.40万亿元，单月增加230.65亿元，不过增幅较小，为0.68%；另外，债券型基金的数量10月增加了12只。由于基数偏小，投资海外的QDII基金虽然在单月规模变动绝对值上增量最小，仅增加了95.23亿元，增至1953.39亿元，但却是10月单月规模增幅最大的一类细分基金，增幅达到5.12%。至此，QDII基金规模实现三连涨，逼近2000亿元大关。如表4-6、表4-7所示。

表4-6 各类型基金2021年10月份额变化情况

截止日期	10月底（亿份）	9月底（亿份）	10月份额变化（亿份）	变化率（%）
全部	209027.19	205389.64	3637.55	1.77
封闭式基金	27265.62	27017.52	248.10	0.92
开放式基金	181761.57	178372.12	3389.45	1.90
股票型基金	15166.57	14881.48	285.09	1.92
混合型基金	38952.75	38709.60	243.15	0.63
债券型基金	29574.67	29349.96	224.71	0.77
货币型基金	96647.25	94050.99	2596.26	2.76
QDII基金	1420.33	1380.08	40.25	2.92

表4-7 各类型基金2021年10月规模变化情况

截止日期	10月底（亿元）	9月底（亿元）	10月规模变化（亿元）	变化率（%）
全部	244068.68	239013.02	5055.66	2.12
封闭式基金	29425.80	29107.16	318.64	1.09

续表

截止日期	10月底（亿元）	9月底（亿元）	10月规模变化（亿元）	变化率（%）
开放式基金	214642.88	209905.87	4737.01	2.26
股票型基金	24319.31	23716.76	602.55	2.54
混合型基金	57630.07	56423.47	1206.60	2.14
债券型基金	33966.77	33736.12	230.65	0.68
货币型基金	96773.33	94171.35	2601.98	2.76
QDII基金	1953.39	1858.16	95.23	5.12

2021年前10个月，震荡一直是市场的主旋律。股市结构性行情明显，将分化演绎到极致。债市显示低波动特征，难言趋势性机会。在此背景下，公募基金依然"乘风破浪"，实现规模节节攀升。基金业协会披露的数据显示，公募基金总规模从2021年初的19.89万亿元增长至10月末的24.41万亿元，增加4.52万亿元，增幅达到22.70%，这显示出公募基金较强的增长态势。具体而言，2021年前10个月各类型基金份额和规模均实现增长，其中混合型基金、债券型基金、货币型基金和QDII基金的增幅较大。如表4-8、表4-9所示。

表4-8 各类型基金2021年前10个月份额变化情况

截止日期	2021年10月底（亿份）	2020年底（亿份）	前十月增长（亿份）	增长率（%）
全部	20902719	170346.52	38680.67	22.71
封闭式基金	27265.62	23967.66	3297.96	13.76
开放式基金	181761.57	146378.86	35382.71	24.17
股票型基金	15166.57	11930.28	3236.29	39.83
混合型基金	38952.75	27857.78	11094.97	19.93
债券型基金	29574.67	24660.6	4914.07	19.93
货币型基金	96647.25	80915.99	15731.26	19.44
QDII基金	1420.33	1014.21	406.12	40.04

表 4-9 各类型基金 2021 年前 10 月规模变化情况

截止日期	2021 年 10 月底（亿元）	2020 年底（亿元）	前 10 月增长（亿元）	增长率（%）
全部	244068.68	198914.91	45153.77	22.70
封闭式基金	29425.8	25609.21	3816.59	14.90
开放式基金	214642.88	173305.7	41337.18	23.85
股票型基金	24319.31	20607.94	3711.37	18.01
混合型基金	57630.07	43600.75	14029.32	32.18
债券型基金	33966.77	27286.59	6680.18	24.48
货币型基金	96773.33	80521.47	16251.86	20.18
QDII 基金	1953.39	1288.94	664.45	51.55

包括混合和股票在内的权益类基金 2021 年初总规模为 6.42 万亿元，10 月末达到 8.19 万亿元。这意味着，权益市场波动不断的 1—10 月，权益基金的规模却逆市增长 1.77 万亿元，在公募基金新增规模中占比达 39.28%，权益类基金依然是公募市场重要的"生力军"。其中，混合型基金增势强劲，总规模在前 10 个月增加 1.4 万亿元，增幅超三成，其也是前 8 个月增长超过万亿元水平的两个细分基金品类之一。除积极布局权益市场的偏股混合型基金外，混合型基金还包含灵活配置基金、偏债混合基金和平衡混合基金，而这些细分品类都是震荡市场中"进可攻退可守"的投资佳选，在 2021 年受到投资者追捧。股票型基金前 10 个月规模增加 3711 亿元，在股市持续震荡中仍然实现 18.01% 的增幅。除混合型基金外，货币型基金是前 10 个月规模增长超过万亿元的另一细分品类。2021 年初总规模刚过 8 万亿元的货币型基金截至 10 月底总规模直逼 10 万亿元，增加 1.63 万亿元，其是年内规模增量最大的品类，增幅达到 20% 以上。

事实上，2021 年以来，货币型基金仅在 6 月末和 9 月末出现规模下滑，其余月份规模均实现环比正增长。不过在权益基金崛起的大趋势下（见图 4-14），货币型基金占整个公募基金规模的比重却从早前的 50% 下降至 40% 左右。10 月底，货币型基金规模为 9.68 万亿元，在公募基金总规模中占比仅为 39.65%。2021 年前 10 个月，QDII 基金规模增幅达到 51.55%，从年初的不到 1300 亿元迅猛增至 10 月末的 1900 多亿元。尽管规模在公募基金总量中占比不

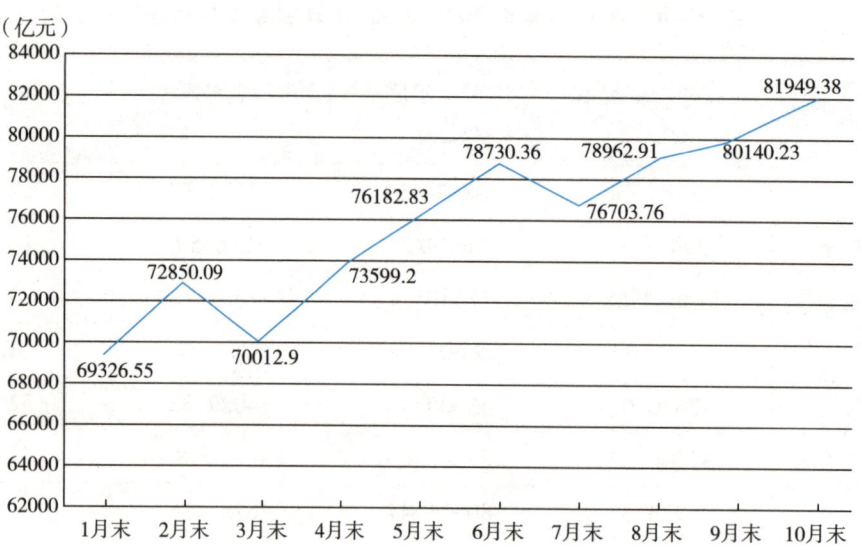

图 4-14 权益基金总规模 2021 年前 10 个月变化情况

高,但 QDII 基金无疑是 2021 年公募市场上的一抹亮色。

2021 年以来,原油价格走势强劲,推动油气及商品类 QDII 的净值步步攀升,业绩在实现"逆袭"的同时成为 QDII 业绩排行榜领头羊。同时,跌幅较大的海外互联网 QDII 基金成为"吸金大户",助推"出海"基金资金净值规模走高。

(二) 私募基金总规模创新高

1. 私募总规模增至 19.73 万亿元,管理基金数量突破 12 万只

基金业协会的数据显示,截至 2021 年 11 月末,存续私募基金管理人管理的基金总规模达到 19.73 万亿元,再创历史新高。如图 4-15 所示。

但从单月的情况来看,11 月私募基金规模仅增长了 425.14 亿元,相比 10 月增长的 5040.85 亿元增速明显放缓。从 2021 年的整体情况来看,1—11 月,私募基金规模共增长了 3.76 万亿元,显示出较为强劲的增长态势。从私募管理人和私募基金产品备案的情况来看,截至 2021 年 11 月末,存续私募基金管理人为 24542 家,单月减少了 27 家;管理基金数量达到 121522 只,单月增加了 2254 只。

同时,基金业协会表示,2021 年 11 月,在资产管理业务综合报送平台(AMBERS 系统)提交私募基金管理人登记申请的机构为 183 家,办理通过的机构为 111 家,其中私募证券投资基金管理人为 50 家,私募股权、创业投资基金管理人为 61 家。关于私募管理人数量减少的原因,协会的数据给了答案,即 2021 年 11 月,注销的私募基金管理人有 138 家。另外,协会中止办理 12 家

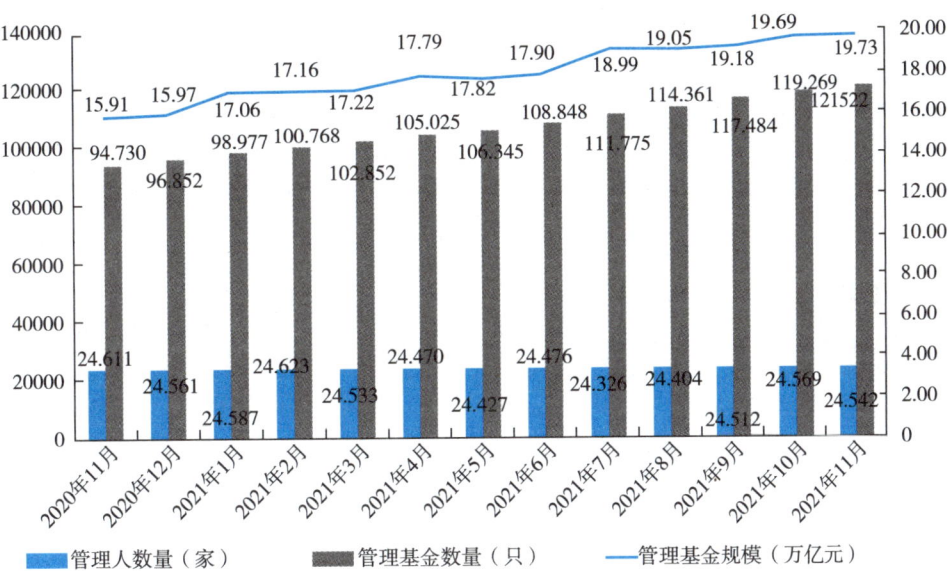

图 4-15 私募基金管理人存续情况趋势

图 4-16 2020 年 11 月至 2021 年 11 月各类型私募基金管理人存续情况

相关机构的私募基金管理人登记申请。图 4-16 为 2020 年 11 月至 2021 年 11 月各类型私募基金管理人存续情况。

2. 证券私募规模增长最大，股权私募超过 10 万亿元

相对增量较大的是私募证券投资基金，2021 年 11 月基金规模增长了 236.44 亿元，达到 61041.28 亿元；基金数量增加了 1686 只，达到 74947 只。如表 4-10 所示。

表4-10 私募基金存续情况统计表

基金类型	基金数量（只）	较上月变化（只）	基金规模（亿元）	较上月变化（亿元）
私募证券投资基金	74947	1686	61041.28	236.44
其中：顾问管理类基金	3749	16	7112.62	-9.59
私募股权投资基金	30630	198	105082.71	111.24
创业投资基金	13939	414	22554.73	121.77
私募资产配置类基金	17	1	42.48	0.65
其他私募投资基金	1989	-45	8563.77	-44.96
合计	121522	2254	197284.97	425.14

创业投资基金11月规模增长了121.77亿元，为22554.73亿元；基金数量增加了414只，为13939只。同时，私募股权投资基金单月增长了111.24亿元，达到105082.71亿元；基金数量增加了198只，达到30630只。另外，私募资产配置类基金截至11月末的规模为42.48亿元，与10月几乎持平；最新备案基金数量为17只，11月仅增加了1只。但其他私募投资基金的规模还在持续缩减，到2021年11月底仅为8563.77亿元，单月继续减少44.96亿元；基金数量为1989只，减少了45只。截至11月末，私募证券投资基金管理人为9023家，较10月增加了16家；私募股权、创业投资基金管理人为14979家，较10月减少了32家；私募资产配置类基金管理人为9家，与10月持平；其他私募投资基金管理人为531家，较上月减少了11家。

3. 11月新备案私募产品为3602只，新备案规模近1000亿元

从私募基金产品备案登记的情况来看，2021年11月基金业协会新备案私募基金数量为3602只，较10月增加1376只，环比增长61.81%；新备案规模为962.60亿元，较10月增加184.42亿元，环比增长23.70%。如表4-11所示。

表4-11 2021年10—11月新备案私募基金情况统计表

基金类型	2021年11月			2021年10月	
	基金数量（只）	基金规模（亿元）	规模增长率（%）	基金数量（只）	基金规模（亿元）
私募证券投资基金	2707	423.66	34.13	1679	315.86

续表

基金类型	2021年11月			2021年10月	
	基金数量（只）	基金规模（亿元）	规模增长率（%）	基金数量（只）	基金规模（亿元）
其中：顾问管理类基金	87	79.41	109.66	48	37.88
私募股权投资基金	433	339.11	1.87	277	332.90
创业投资基金	461	199.19	53.90	270	129.43
私募资产配置类基金	1	0.65	—	0	0
其他私募投资基金	0	0	—	0	0
合计	3602	962.60	23.70	2226	778.19

由上可以发现，2021年11月相比2021年10月的新备案基金规模和基金数量都有明显的增长。其中，私募证券投资基金11月新备案的基金数量有2707只，占新备案基金数量的75.15%；新备案规模为423.66亿元，环比增长34.13%。同时，私募股权投资基金11月新备案的基金数量有433只，新备案规模为339.11亿元，环比增长1.87%；创业投资基金11月新备案的基金数量有461只，新备案规模为199.19亿元，环比增长53.90%。另外，私募资产配置类基金11月仅新备案了1只，规模为0.65亿元。

4. 上海私募规模逼近5万亿元，北、上、深三地规模占全国的58%

基金业协会数据显示，截至2021年11月末，从注册地分布来看（按36个辖区）已登记私募基金管理人数量，主要集中在上海、深圳、北京、浙江（除宁波）和广东（除深圳），总计占比达69.21%，低于10月的69.38%。

从管理基金规模来看，排名前5的辖区分别为上海、北京、深圳、浙江（除宁波）和广东（除深圳），总计占比达69.15%，低于10月的69.37%。其中，上海、北京和深圳依旧是"三巨头"，合计管理规模占全国的57.93%。上海有私募基金管理人4529家，管理基金规模为4.92万亿元，在全国排名首位；第二是北京，私募管理的基金规模为4.25万亿元，管理人为4291家；第三是深圳，私募管理的基金规模为2.26万亿元，管理人为4320家。

（三）基金业面临的挑战和机遇

近年来，我国公募基金市场发展取得可喜的成绩，公募基金行业的规范性、专业性和受托理财的文化发展水平领先于大资管行业，在百姓理财、养老金管理等方面树立了标杆。这些改变得益于基金市场的对外开放。对外开放为我国基金行业引入先进的制度经验和管理思想，极大地推动了我国基金行业规范发展的进程。自2002年兴办合资公司以来，外资的一些成熟内控制度和经验在我国的基金行业落地，市场的竞争推动了全行业更加重视内控制度的建设，对改善公司治理水平也起到重要的作用。

从基金业发展和对外开放的历程来看，我国公募基金监管始终与国际市场同步接轨，并且持续完善，较好地兼容了我国资本市场的实际和国际市场的理念，构建信息披露制度、公平交易制度、公司内控制度、公允价值制度等一系列、一整套体系，所以目前"卖者有责，买者自负"的信托文化和理念深入人心，这些都为公募基金的发展奠定了坚实的基础。不过由于中国的基金市场和国际市场相比有自己的特点，所以中外资基金管理公司都面临挑战和机遇。我国基金业面临的挑战主要有以下几个方面。

第一，从投资生态来看，我国是以散户为主的投资机构，且这一现象还要在相当长的时间内存在。目前从我国的基金有效账户来看，99%都是自然人投资，自然人投资者持有全部公募基金资产占比约为50%，机构持有50%。但在公募基金当中，养老金持有公募基金的资产比重还不到1%，当然，养老金大部分是通过基金专户来管理的，没有大规模进入公募基金的资产。这个和美国公募基金市场养老资产占比40%相比差异较大，这也是我国基金中缺少长期稳定的资金，导致权益类的公募基金发展比较缓慢的原因之一。另外，投资行为短期化也是一个很重要的原因。

第二，从运营生态来看，我国是以银行和第三方销售主导的客户服务体系，这在一定程度上不利于基金管理公司的公平竞争和良性发展。一方面，银行系的合资公司和非银行系的合资公司在渠道资源上有很大的差异；另一方面，销售费用体系有待完善。自然人也包括一部分机构频繁申赎，这其实既伤害了基金管理人，也伤害了基金投资者的长期利益。

第三，从监管生态来看，大资管还没有实现有效的功能监管。公募基金受到的监管比较严格，尽管大资管办法与基金法在监管理念、原则、方向上趋同，但监管主体、监管对象和监管规则不尽一致，资产管理业的功能监管还有很长的路要走。这也不利于各类资产管理机构的公平竞争。

尽管当前存在挑战和困难，但全球化时代为基金行业带来的机遇也是巨大的。20年来，总的来讲基金业一直是金融对外开放的排头兵，也是对外开放的受益者。我国的基金市场发展得很快，整个基金市场的发行迎来了轰轰烈烈的发行潮，但跟发达国家市场相比，我国市场还存有短板，其中最大的短板是权益型的公募基金占比较低、发展速度较慢。

未来中国应该进一步积极地扩大对外开放，推进基金行业的生态建设，立足统一市场要求，对内资和外资提供更加公平的竞争环境，具体可以从以下几个方面入手。

第一，推动鼓励长期资金和长期投资的制度建设，优化资本市场结构。养老金、保险资金应当成为公募基金投资的基石，大量财险的资金也应当制度化地通过大类资产的配置来持有合适的资产，大类资产配置的产品要专注于匹配不同人群的生命周期和风险偏好需求，提供资产配置和风险管理的解决方案。大类资产配置产品以各类公募、私募基金为主要投资标的，公私募基金要挑选优质公司的股份或者债券，并以构建特定投资组合为目的，将资金配置到各类基础资产上，由此形成从大类资产产品到基金投资工具，再到基础资产的这样一个有机生态，进而进行长期的投资。

同时要鼓励长期资金、发展长期投资。公募基金公司本身需要进行改革，公募基金公司自身如何健全长期资金的制度约束也是很重要的。现在有的资产管理公司进行了很好的探索，如怎样改革基金公司的经营理念和考核机制，寻找选择合格的客户。基金管理公司要选择适合自己的长期投资的客户，而非盲目地追求资产规模。通过一系列产品的设计和服务方案，改变基金持有者的短期行为，可以增加长期资金的来源。所谓的短期资金其实通过制度设计、产品设计和服务方案，是可以变为长期资金来源的。

第二，积极推动基金的费率体系改革，要确保基金销售运营过程和投资者利益保持一致。我国当前向管理人收取基金产品销售的佣金，基金销售大部分依赖银行和第三方销售，同时向投资者收取投资顾问服务费，这削弱了基金销售当中对投资者利益的保护。特别是现在针对投资者的适当性管理，还没有完全得到落实。所以，我国应当借鉴先进经验，改革费率体系，从产品返佣的模式转向管理费模式，即不再从产品发行人那里获得佣金，而是依照不同的规模，向投资者收取固定的费用，避免投资者的频繁申赎，加重其负担。这样有利于改善基金产品的销售行为，降低投资者的成本负担，也能够很好地引导投资者的长期投资，壮大权益型基金的投资基础。

第三，要推进功能监管和境内外监管协调，应当把公募、私募基金和公私募资产管理业务统一到《中华人民共和国证券投资基金法》下，进一步提升功能监管的有效性，减少监管套利，促进市场的公平竞争。

四、期货资管：业绩再创新高、规模稳步提升

（一）交易规模再创新高

中国期货业协会统计资料表明，以单边计算，2021年11月全国期货市场成交量为705731971手，成交额为507884.01亿元，同比分别增长10.18%和9.24%，环比分别增长12.96%和6.03%。1—11月全国期货市场累计成交量为6919065231手，累计成交额为5364588.98亿元，同比分别增长28.61%和40.27%。如表4-12所示。

表4-12 2021年11月分交易所成交情况

交易所名称	11月成交量（手）	2020年同期成交量（手）	同比变化（%）	10月成交量（手）	环比变化（%）	11月成交量占全国份额（%）
上海期货交易所	230806702	175099284	31.81	186837623	23.53	32.70
上海国际能源交易中心	7316110	7713730	-5.15	5326030	37.37	1.04
郑州商品交易所	227810669	199217506	14.35	235726661	-3.36	32.28
大连商品交易所	229827521	248306366	-7.44	189612676	21.21	32.57
中国金融期货交易所	9970969	10164658	-1.91	7276526	37.03	1.41
全国期货市场	705731971	640501544	10.18	624779516	12.96	100.00

上海期货交易所11月成交量为230806702手，成交额为171894亿元，分别占全国市场的32.70%和33.85%，同比分别增长31.81%和21.36%，环比分别增长23.53%和5.97%。11月末上海期货交易所持仓总量为8236813手，较上月末增长20.48%。1—11月上海期货交易所累计成交量为2200818950

手，累计成交额为1798136亿元，同比分别增长21.11%和48.47%，分别占全国市场的31.81%和33.52%。

上海国际能源交易中心11月成交量为7316110手，成交额为22533.97亿元，分别占全国市场的1.04%和4.44%，同比分别减少5.15%和增加70.57%，环比分别增长37.37%和45.21%。11月末上海国际能源交易中心持仓总量为219917手，较上月末增长15.57%。1—11月上海国际能源交易中心累计成交量为66977774手，累计成交额为189102亿元，同比分别增长38.83%和69.55%，分别占全国市场的0.97%和3.53%。

郑州商品交易所11月成交量为227810669手，成交额为96882亿元，分别占全国市场的32.28%和19.08%，同比分别增长14.35%和38.29%，环比分别减少3.36%和15.10%。11月末郑州商品交易所持仓总量为9036182手，较上月末增长1.73%。1—11月郑州商品交易所累计成交量为2393428467手，累计成交额为1001799亿元，同比分别增长64.56%和95.80%，分别占全国市场的34.59%和18.67%。

大连商品交易所11月成交量为229827521手，成交额为123085亿元，分别占全国市场的32.57%和24.23%，同比分别减少7.44%和10.88%，环比分别增长21.21%和5.90%。11月末大连商品交易所持仓总量为11802842手，较上月末增长8.71%。1—11月大连商品交易所累计成交量为2146230021手，累计成交额为1292433亿元，同比分别增长9.78%和38.02%，分别占全国市场的31.02%和24.09%。

中国金融期货交易所11月成交量为9970969手，成交额为93489亿元，分别占全国市场的1.41%和18.41%，同比分别下降1.91%和8.26%，环比分别增长37.03%和31.81%。11月末中国金融期货交易所持仓总量为998463手，较上月末增长1.53%。1—11月中国金融期货交易所累计成交量为111610019手，累计成交额为1083119亿元，同比分别增长6.14%和2.77%，分别占全国市场的1.61%和20.19%。

（二）期货公司资管业务"旧貌换新颜"

截至2021年8月底，期货公司及其资管子公司私募资管业务规模为2058亿元，行业管理规模稳步回升。自资管新规出台后，期货公司资管业务逐渐适应新规要求，回归本源，不断夯实基础、修炼内功，提升主动管理能力。

1. 迅速调整、弯道超车，业务适应新生态

2014—2016 年，期货公司资管业务处于快速增长期，出现大量的通道业务、结构化保本保收益产品等。随着监管力度不断升级，各家公司纷纷主动控制管理规模，清退不符合监管要求的相关产品。

随着监管检查、合规整治取得阶段性进展，目前国内资管市场合规展业的环境逐步形成，期货公司大力发展凸显自身优势、特色的主动管理业务，资管业务规模逐步回升，业务发展质量得到很大提高。起步晚、规模小、投资范围窄，一直是期货公司资管业务的短板，不过，期货公司资管在大资管行业中占比较小，发展初期通道业务占比高，整体规模不大，因此整改难度相对较小。在资管新规实施之后，期货公司以各类标准化业务为方向，聚焦投资能力，寻找特色发展之路。

期货公司资管业务发展起步晚，业务类型较少，可投资范围较窄，主要以标准化业务为主，在资管新规的监管框架下，面临的整改压力相对较小，对新规适应较快。自 2018 年资管新规发布以来，资产管理子行业的配套细则相继落地，在新的运行框架下，资产管理业务的发展环境更加公平、规范。期货公司资管业务回暖，这与我国经济高速发展、社会财富积累、财富管理和投资需求不断增强有关。随着资管新规的落地，统一的资管业务监管要求为期货公司资管业务发展奠定了良好的基础。

2. 借势发展、打造品牌，管理规模快速增长

2021 年第二季度私募资产管理月均规模排名前 5 的期货公司分别为中信期货、弘业期货、海通期货、兴业期货以及上海东证期货，其月均私募资产管理规模分别为 421.85 亿元、206.15 亿元、115.49 亿元、95.23 亿元和 79.82 亿元。

在经受新冠肺炎疫情冲击后，中国国内经济持续向好，公司投研团队专业化建设和精细化管理不断加强，资管业务得到较快发展。在上述五家期货公司中，弘业期货是唯一非券商系期货公司。其资管一直以服务实体经济和满足客户财富管理需求为根本目标，资管团队根据不同层次客户的需求，紧跟市场行情变化，发行了不同风险收益比的产品，2021 年资管规模稳中有升。当然，规模的增加与 2021 年上半年权益市场和商品期货市场的良好表现也有很大关系。

3. 突出优势、形成特色，转型发展成果显现

商品及金融衍生品的投研能力，是期货公司资管业务的天然优势。但与银行、券商、保险等资管相比，期货公司资管业务有发展起步晚、投资范围和销售渠道相对较窄的劣势。期货公司资管业务的优势在于，传统从业人员在期货、期权等衍生品领域有多年的从业和风险管理经验，在期现套利、量化对冲、CTA趋势策略等领域相对于其他资管机构经验更丰富，在绝对收益的产品发行方面更胜一筹。但由于资管业务涉及的投资领域十分广阔，投资策略也很丰富，尤其以固定收益和股票权益投资为主。这类投资逻辑较衍生品而言更通俗易懂，也更容易被普通客户接受。由于期货资管起步晚，投研人员团队还未达到银行、券商和公募基金的成熟度，这一劣势也不是在短期内就可以扭转的。

期货交易本身具有双向性的特征，任何情况下都有可能获利，大环境不佳或出现"黑天鹅"事件时，当其他产品大幅亏损，其有可能获利，可以起到对整体资产对冲保值的作用。相比证券公司、基金、信托等其他金融行业，期货公司更加了解期货市场，期货品种涉及的行业和领域非常广泛，期货公司在研究分析时视野更广，更加注重全面性。另外，随着期权等工具的上市，期货市场交易品种不断丰富，影响力不断增强，越来越多的资金流向期货市场。但期货市场属于小众市场，总体规模较小，资管业务投资的容量受限。

另外，期货公司资管业务的优势还体现在CTA策略、量化策略的开发能力上。期货公司在商品期货、金融期货以及期权等衍生品投资方面，对风险的认识、理解及处理都较领先，在这一类策略的研发上具有一定优势。但市场对期货资管仍然存在一定"偏见"，起步本来就晚的期货公司资管业务的市场接受度更低。而且期货公司资管业务牌照单一，只能从事标准化的私募资产管理业务，没有公募牌照。在优势和劣势都很明显的情况下，如何扬长避短成为期货公司资管业务发展的关键。期货公司资管业务的发展路径可能各不相同，但核心是投资能力，业内做的较好的公司都有自身的特色，会在不同市场阶段关注不同的策略。

瑞达期货坚持产品驱动战略，从客户需求角度出发，探索设立更科学、系统、全面的优质产品，丰富资管产品的种类。其专注投资期货、期权衍生品市场，坚持市场中性的投资策略，通过期货市场不同品种的强弱关系进行分散投资，以纯自主管理发展为主。

五、券商资管：收入有所增加、转型持续进行

（一）资管业务净收入提高，集中度提升

随着券商2021年第三季报披露完毕，券商前三季度资管业务名次随之揭晓。在券商经纪、投行、资管、自营、信用五大主营业务中，资管业务增速最为亮眼，与2020年同期相比增长24.58%。值得一提的是，在券商私募资产管理规模方面，中国基金业协会2021年11月1日数据显示，2021年第三季度中信证券、中金公司月均规模实现领跑。

1. 中信证券和广发证券收入占据行业"半壁江山"

2021年前三季度，41家上市券商合计实现资管业务手续费净收入349.79亿元，相比上年同期增长24.58%，是券商经纪、投行、资管、自营、信用五大主营业务中增速最快的业务。

从排名来看，中信证券、广发证券牢牢占据了"双雄"的地位，前三季度分别揽入85.79亿元、73.51亿元的资管业务净收入，同比分别增长59.05%、56.25%。二者合计净收入占41家上市券商全部资管净收入的45.5%，占据"半壁江山"。值得一提的是，中信证券和广发证券前三季度的资管净收入均超过2020年全年的净收入，二者2020年该项净收入分别为80.06亿元、65.98亿元。同时，有超过一半的上市券商资管业务收入有所下滑。其中光大证券下滑约39%，从2020年同期的11.09亿元下降至2021年前三季度的6.76亿元。头部券商中，华泰证券资管业务净收入略有下降，前三季度下滑7.72%达到23.35亿元的净收入。

2. 券商资管集中度提升，公募持续拉动大资管业务增长

从行业整体来看，券商资管业务集中度有所提升，中信证券与广发证券两家"超级巨头"合计净收入占41家上市券商全部资管净收入的45.5%，几乎占据"半壁江山"，而2020年同期占比仅为36%。此外，41家上市券商中，仅有19家资管业务实现同比正增长，占比不到一半。对于资管业务排名靠前的券商来说，资管业务与经纪业务平分秋色，甚至部分券商的资管业务净收入规模超过了经纪业务。比如，广发证券前三季度资管及基金管理业务的净收入达到73.51亿元，已经超过经纪业务的净收入（60.09亿元）。东方证券的资管业务净收入达到27.88亿元，也超过了经纪业务的净收入（26.17亿元）。

从行业来看，2021年，资管新规过渡期结束在即，资产管理行业净值化转型进入最后阶段。同时，近两年乘着公募基金行业大发展的东风，券商大资管业务快速发展，公募基金已经成为券商母公司营收增长的一大引擎。以中信证券为例，中信证券资管业务前三季度实现收入约86亿元，同比增长59%，第三季度单季收入为30亿元，同比增长43%，环比增长8%。据悉，中信证券在大集合参公改造等业务中取得傲人的成绩。目前，公司旗下已有16只大集合产品完成参公改造，改造产品数量领跑整个行业。

（二）资管新规临近尾声，券商资管业务转型进入冲刺阶段

2021年，资管新规过渡期即将结束。在整个大资管的成员中，由于通道、杠杆早在资管新规之前就被严格管理，券商资管备受约束。时至今日，站在大资管转型的起跑线上，券商资管不得不重新思考自身的定位和发展方向，未来券商资管对标的不是银行理财和信托，而是在标准化投资里摸爬滚打20多年的公募基金，如何利用自身优势，在夹缝中求得一席之地，是券商资管必须面对的课题。

1. 券商资管转型方向

整改再艰难，业务也不能停滞不前。证券公司的转型离不开资管部门的发展。如果不能利用好这张资管牌照，证券公司只能以经纪、投行这类中介、通道业务为主。最近几年资管业务占证券公司整体收入的比重逐渐提高，随着证券公司向综合财富管理服务机构转型，资管业务势必成为转型过程中不可缺少的重要板块。

（1）"产品超市" vs "专卖店"。既然监管不希望券商资管做非标、做通道，那怎么转变为主动管理？是做"产品超市"还是走"专卖店"路线？券商资管在战略上可以根据资源禀赋选择做全能型或专业精品型，但产品线还是要尽量健全。通过不同时间期限、不同资产类型、不同产品结构、不同投资策略的产品种类，满足不同客户群体根据自身需求选择产品，管理人再通过投研能力、资金性质、产品设立统筹规划帮助投资者获取长期收益。也可以选择做"专卖店"型，只卖特色、只卖爆款，但这种路线存在一个风险，即投资端资产是具有周期性的，如果其擅长的领域行情不好，那么会非常难熬。另外，最近资本市场利好政策频出、热点丰富，券商可以抓住热点，推出相应策略的产品，如拥抱科创板、布局新三板精选层、跟踪注册制后创业板的投资机会。

（2）发挥牌照优势，发展资产证券化和股票质押业务。尽管信托一直想

挤近交易所的 ABS 市场，但目前只有两家信托获得交易所 ABS 的管理人资格。从服务数量、行业广度、承做专业度来看，券商资管占有绝对优势。有的券商资管认为 ABS 业务不赚钱，资金、资产两头在外，券商只提供一个牌照。但跟投资债券股票不同的是，ABS 业务客户黏性较高，需要定期做投后回访，平常还有各种事项的信息披露工作，即需要经常跟客户沟通、接触，如果服务维护得好，客户一般不会想着换人，进而有更多的机会了解客户的需求，提供其他服务。千万不要认为 ABS 项目挂牌就是项目做完了，相反这才是业务的开始。

再来看股票质押业务方面。谈起股票质押可能不少券商资管心有余悸。2017 年至今，就像一场噩梦刚醒来，想平仓的股票不是法规限制平不了，就是暴跌停牌平不了，看着击穿最后的本金保障线，能平仓也不能随便平仓了，不然就是实亏。但客观来说，过去的股票质押灾难不是这个业务本身不行，而是券商资管在展业时步子迈得太大、杠杆放得太高。如果能反思重塑股票质押式回购的业务逻辑和风控标准，随着注册制的推行、新股发行的加快，场内股票质押式回购的业务机会将非常可观。这也是除券商自营资金外，全市场只有券商资管能做的业务了。

（3）探索创新业务。在非标转标的监管导向下，公募 REITs、标准化票据为券商资管提供新的业务机会。但这些业务需要进行前期布局，如公募 REITs 项目，政策规定能够开展的领域主要是仓储物流、机场港口等市政设施、产业园区基础设施，不含住宅和商业地产。一方面对这类资产的获取比较考验公司和当地政府的关系；另一方面这类业务对公司的要求很高，要求其设立独立的部门、要有基建行业的运营经验等，需要券商资管花力气、资金引入团队、培育项目。

2. 券商资管转型案例——国泰君安

2021 年 12 月，大资管意味着资管新规过渡期临近收官。在历经行业大变局和转型阵痛后，券商资管在完成参公改造的同时，加速落地资管子公司以谋求公募牌照，旨在提高"含基量"以呼应大财富管理的主旋律。在历时近 3 年大集合产品参公改造中，国泰君安资管成为目前唯一获得公募牌照的券商资管。2021 年，12 月 7 日，国泰君安资管旗下 2 只参公大集合率先变更为公募基金，再一次为行业提供了公募化改造的样本。同时，这意味着券商资管的参公大集合开始"蜕变"为真正的公募基金。为打响财富管理"一战"，各家券商摩拳擦掌。当通道业务逐步退出市场舞台，为推行净值化管理，"含基量"成为极为重要的指标。

2018年，资管新规正式推行以来，其重点提出对不合规通道、高杠杆、资金池的限时清理，推行净值化管理，券商资管面临存续产品整改与运作模式转变。在"去通道、去资金池、大集合公募化"的新规要求下，券商资管积极进行公募化改造，回归主动管理本源。按照新规要求的改造方法，持有公募基金牌照的券商，可直接将其转化为与风险收益特征相匹配的公募基金。未持有公募基金牌照的券商，要么将大集合产品管理人更换为其控股、参股的基金管理公司，并变更注册为公募基金；要么就该大集合产品向证监会提交合同变更申请，合同期限原则上不得超过3年，3年期满仍未转为公募基金的，将适时采取规模管控等措施。2020年7月，证监会出台《公开募集证券投资基金管理人监督管理办法（征求意见稿）》，放宽"一参一控"，推出"一参一控一牌"，允许同一主体同时控制一家基金公司和一家公募持牌机构，这意味着部分券商以及旗下券商资管将拥有申请公募牌照的资格，这将进一步推动券商旗下产品公募化的改造进程，推动证券公司加速申请公募牌照。由此，越来越多的券商加入设立资管子公司，谋求公募牌照。相较于把资管业务作为证券公司资管部门，资管子公司的优势包括以下几个方面：一是资管子公司是市场化运作的前提；二是在业绩凸显下，其有利于用人选人；三是对标国际化，其有利于开拓市场资源。

具体而言，首先，资管子公司拥有独立的人事和考核、市场化薪酬，与母公司其他业务建立防火墙。资管子公司如果能形成良好的文化和机制，则可以实现业务的大幅提升。以东方证券为例，其资管子公司业务排名明显优于母公司的整体排名。其次，公司化运作后，资管子公司的业绩在很大程度上依赖于高管。以业绩为标准，能够更好地实施优胜劣汰，寻得优质管理人才；另外，高盛、摩根大通旗下的资管子公司，只有约50%的业务来自母公司。如果能找到好的经营管理者，券商资管子公司可实现业务的大幅拓展。

2021年是资管新规过渡期的最后一年，大集合公募化改造也到了最后的冲刺阶段。2021年以来，券商资管业务转型成效初显。2021年前三季度，在券商的五大主营业务中，往年并不起眼的资管业务表现优异，收入同比增幅排名居各主营业务增幅之首。

六、保险资管：持续保持增长、面临崭新环境

（一）保险业及其资管规模上涨

1. 保险业总资产稳健增长

2021年第三季度末，保险公司总资产为24.3万亿元，较2021年初增加2.0万亿元，较年初增长9.0%。其中，产险公司总资产为2.5万亿元，较年初增长8.9%；人身险公司总资产为20.7万亿元，较年初增长8.8%；再保险公司总资产为6502亿元，较年初增长31.2%；保险资产管理公司总资产为964亿元，较年初增长26.8%。

2. 保险业持续加强金融服务

2021年前三季度，保险公司原保费收入为3.7万亿元，同比增长3.3%。赔款与给付支出为1.2万亿元，同比增长18.1%。2021年前三季度新增保单件数345亿件，同比下降3.0%。

3. 保险业偿付能力情况

2021年第二季度末，纳入统计范围的保险公司的平均综合偿付能力充足率为243.7%，平均核心偿付能力充足率为231%；有95家保险公司的风险综合评级被评为A类、76家保险公司被评为B类、5家保险公司被评为C类、2家保险公司被评为D类。

（二）资管行业发展新趋势下保险资管机构发展

1. 资管行业发展呈现新趋势

资管新规实施以来，国内资管行业进入规范发展的新阶段。2014—2017年，资管行业快速发展，年化复合增长达到27%，但增长质量不高，存在监管套利、资金空转现象。2018年资管新规出台以来，行业复合增速放缓至2%，但各子行业分化明显，通道类业务快速压缩，资管业务维持中高速增长态势。

我国资管行业未来前景广阔。一是我国"资管AUM/名义GDP""资管AUM/M2"与美国相比还有差距，资管行业深度仍有较大提升空间。二是资管行业发展是经济转型和融资方式转型的必然结果，资管业务相比银行传统信贷业务，更加符合直接融资、股权融资的要求。此外，近年来，外资巨头在中国资产管理行业加紧布局，这表明其对中国资产管理行业十分看好。

2. 投资环境面临新形势

（1）利率低位震荡，上行空间有限。一是在经济增速回落、劳动力供给减少、资本相对充裕的背景下，成熟行业的资本回报率趋势下行，对利率顶部形成制约。二是存款利率报价机制改革、摊余成本法理财清理等政策，压降银行负债成本，为利率下行打开空间。三是债券市场持续深化对外开放，全球低利率环境下，国内债市持续吸引资金流入。

（2）超长期债券占比偏低，供给不足。我国10年期以上债券存量约10万亿元，较20万亿元的保险资金规模供给明显不足。

（3）经济转型期，信用违约风险明显上升。地产、城投和强周期行业是我国信用债和非标融资的主体，三类企业占非金融企业债券总规模的70%。在传统行业资本回报率下降的过程中，较高的债务率可能导致这些行业违约风险的上升。

（4）非标融资收缩是必然趋势。一方面，监管压降融资信托、资金信托新规、"15号文"在内的一系列政策，导致非标融资渠道收缩。另一方面，在地产三道红线、地方隐性债务和国企债务风险管控从严的背景下，城投、地产和国企等传统非标融资主体的融资能力受到限制。

（5）宏观经济与资本市场周期性波动弱化。一是宏观总需求对信贷敏感性减弱。地产、基建增速放缓，经济对货币信贷的敏感性降低。二是供给端产业结构变化。服务业占比提升，经济内生波动性下降。三是宏观政策调控方式发生变化。不搞"大水漫灌"、不"急转弯"，不将房地产作为短期刺激经济的手段。四是传统产业集中度提升。传统产业发展壮大，供给侧结构性改革推动了行业集中度提升，龙头公司抗风险能力更强。五是资本市场结构向新经济倾斜。A股市场市值分布中，能源、材料、金融地产等占比下降，新经济（消费、医疗、信息技术等）占比明显提升。

（6）极致分化可能成为常态，传统高估值体系面临冲击。一是经济转型期容易出现新旧经济冰火两重天，导致估值极致分化。二是很多新兴成长行业处于渗透率提升的早期，成长空间巨大，但缺乏估值体系的历史参照。三是估值分化在一定程度上反映了市场定价效率的提高，这与A股市场机构化、注册制等基础制度的改革完善密不可分。

（7）转型阶段需重视新兴产业，但面临更大难度和挑战。新兴产业在一、二级市场都享有高估值溢价，如果因为太贵而不进行投资，企业有可能失去重要机会，面临更大风险。同时，投资新兴产业面临很大挑战。一是新兴产业的先发优势并不一定构成"护城河"。新兴产业技术更新迭代较快，行业发展早期难以形成稳定的竞争格局。二是新兴产业的高估值隐含了高成长的预期和假设。一旦这些假设被证伪，企业有可能面临业绩和估值的戴维斯双杀。

3. 保险资管机构应对建议

（1）扬长避短，积极参与资产管理行业竞争。一是发挥均衡投资能力优势。保险资金的"负债经营"与"长期性"决定了保险资金兼顾长期和短期、相对和绝对，实践中体现为"固收+"的配置模式，因此保险资产管理机构在均衡投资方面具有天然优势，也取得较好效果——保险资金从来没有年份是负收益。二是发展特色策略化投资能力。未来"半委托"的模式将成主流趋势，必须发展特色策略化的投资能力。保险资管机构应向基金公司学习，补足策略化投资能力的短板。

（2）夯实内功，加强产品和客户体系建设。保险资管机构在产品和客户管理方面存在短板。保险资管机构出身于保险公司的投资部，主要管理集团内部资金，这导致其普遍缺乏产品和客户的概念，在泛资管竞争中存在劣势。产品、客户和销售能力建设需要科学的体系设计。保险资管机构要围绕客户体系打造商业模式，包括客户服务体系建设、产品体系建设、销售体系建设和组织流程再造。

（3）顺应时势，加快数字化转型。数字化浪潮下，保险资管机构面临的挑战与机遇并存。一方面，传统资管机构的数字化能力，与互联网公司和国际资管巨头相比不占优势。另一方面，保险资管机构可以依托金融科技手段，弥补自身短板。例如，可以发展线上获客能力，布局符合线上理财要求的产品；再如，投研数字化建设有助于研究体系的沉淀、积累和迭代，对公司投研能力的提升大有益处。

（4）加强风险防范和投资模式创新，更加重视权益配置价值。一是把信用风险防范放在更加重要的位置。我国信用违约进入常态化，保险资金大量持有信用类资产，持续以前的"零违约、零踩雷"并不现实，因此必须要加强信用风险能力建设，提升信用风险管理的主动性。二是积极探索服务新经济的模式和路径。一方面，面对存量资产，要探索 REITs、ABS 等新品种的投资机会；另一方面，低碳转型和新经济部门需要进行大量投资，可以关注清洁能源、氢能与新能源汽车等领域的基础设施投资机会。三是在利率维持低位、合意资产供给不足的背景下，要更加重视权益类品种的配置价值，从根本上降低资产负债错配的风险。

（5）升级投研体系，从宏观驱动下沉到产业和赛道驱动。对于新兴成长行业的投资，一方面，要加强二级市场产业链的研究深度，通过产业链上下游交叉验证，更加准确地把握产业趋势和上中下游供需格局的边际变化；另一方面，保险资金的投资范围横跨一、二级市场，可通过一、二级市场的投研互动，在行业或公司发展初期进行跟踪研究布局，不断深化对新兴产业的理解和认识，建立认知"护城河"。

七、基金子公司：情况喜忧参半、探索转型方向

（一）基金子公司资管情况喜忧参半

中国证券投资基金业协会发布的私募资管产品备案数据显示，2021年3月，基金子公司存续资产规模为32649亿元，相比2月的34105亿元大幅减小1456亿元，降幅达到4.27%。如图4-17所示。

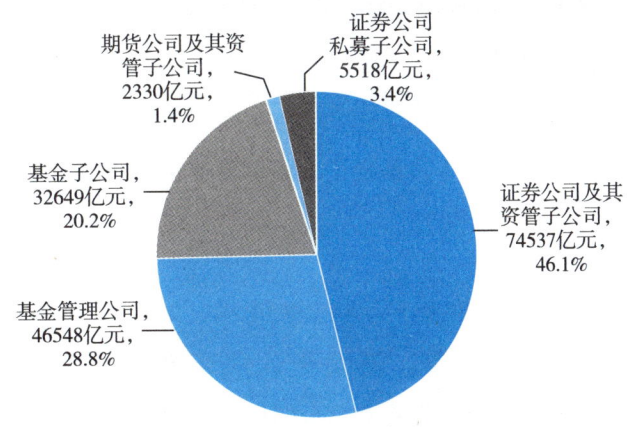

图4-17 2021年3月证券期货经营机构存续产品规模及分布情况

但基金子公司新增备案数据又给行业发展带来希望。相比2021年2月，3月基金子公司备案数据回升明显，其中备案规模在证券期货经营机构中的占比达到49%，近乎占据"半壁江山"。

1. 基金子公司规模减少1456亿元

中基协公布了新一期的私募资管产品备案月报数据，最为业内关心的基金子公司数据可谓"喜忧参半"——"喜"的是单月备案数据回升；"忧"的是资产管理规模再次掉头向下。截至2021年3月底，证券期货经营机构私募资

管业务规模合计 16.16 万亿元（不含社保基金、企业年金以及证券公司大集合），较 2 月底减少 5386.58 亿元，降幅达到 3.2%。公司存续资产管理规模为 32649 亿元，占比为 20.2%。

基金子公司管理规模大幅缩水，也直接反映在各家公司的平均规模上。2021 年 3 月，基金子公司平均管理私募资管业务规模为 435 亿元，对比 2 月同一口径的 455 亿元数字下降了 20 亿元。基金子公司管理规模的中位数也从 153 亿元降至 145 亿元。"千亿阵营"从 10 家降为 9 家，"100 亿元至 200 亿元"和"0 至 20 亿元"变化更为明显——前者从 10 家减至 7 家，后者从 7 家增至 9 家。如图 4-18 所示。

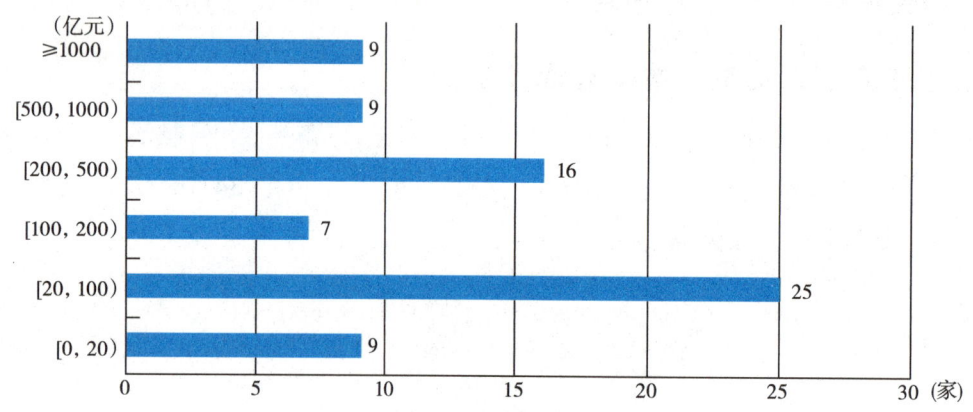

图 4-18　2021 年 3 月基金子公司私募资管业务规模分布情况

2. 新增备案占比近半

如果说基金子公司存续规模数据代表的是"过去"，那么每月新增备案数据则预示着"未来"。过去几年，基金子公司通道持续缩水早在预期之内，相比之下，业内更关心基金子公司每月的新增备案数据。2021 年 3 月，证券期货经营机构当月备案私募资管产品共计 1248 只，设立规模为 944.18 亿元。从机构类型来看，2021 年 3 月备案私募资管产品数量最多的为证券公司及其资管子公司，备案产品设立规模最大的为基金子公司。其中，基金子公司 2021 年 3 月共备案资管产品 245 只，设立规模为 463.01 亿元，规模占比达到 49.0%。对比 2021 年 2 月的数据（当月新备案资管产品有 134 只，设立规模为 186.27 亿元，规模占比 37.7%），2021 年 3 月的基金子公司新备案的各类数据均有较为明显的回升。

从产品管理方式来看（不含证券公司私募子公司私募基金，含基金子公司),通道类产品规模继续下降。截至 2021 年 3 月底,通道类产品规模为 4.82 万亿元,较 2 月底下降 6.5%;主动管理类产品规模为 10.79 万亿元,较 2 月底下降 1.9%。一边是通道业务的持续缩水,另一边是主动管理业务的持续推进——尽管基金子公司的管理规模继续下滑,但在新旧业务的"此消彼长"中,基金子公司的资产管理质量和水平也朝着更为健康的方向前行。

(二) 基金子公司转型持续推进

2016 年 12 月出台的新规对基金子公司行业可以说是一道分水岭,自此,整个行业结束了此前狂飙猛进的局面,转型、分化成了整个行业的关键词。截至 2021 年 6 月末,基金子公司不仅首尾规模分化超过 3000 亿元,注册资本金也不再像 2017 年那样集体增资,开始出现同一家基金子公司连续减少注册资本金、部分基金子公司逆势增资的分化局面。转型成效也因公司而异,有基金子公司在资产证券化、股权投资等方面合理布局,也有基金子公司至今仍在寻找业务发展方向。

1. 多家基金子公司再次调整注册资本金

2016 年出台的新规对基金子公司提出净资本约束的要求,此后的一至两年时间里,基金子公司开启增资之路,不过随着业务开展进度不同,一些已经增资的基金子公司开始收缩注册资本金。2021 年 7 月 20 日,北京一家基金子公司将注册资本金从原来的 1.8 亿元减少至 1.3 亿元,下降幅度达到 27.78%。事实上,这并不是该基金子公司第一次减少注册资本金,2019 年 10 月,该基金子公司曾将注册资本金从 3.1 亿元减少至 1.8 亿元。2018 年 4 月,为了满足新规要求,该基金子公司一次性将注册资本金从 2000 万元提升至 3.1 亿元。

除了上述基金子公司外,北京一家中小基金公司旗下的基金子公司在 2020 年 12 月曾将注册资本金从 3 亿元减少至 2 亿元。过去几年基金子公司增资主要是为了满足新规对基金子公司的净资本要求,而当时基金子公司的通道业务管理规模较大,因此需要的注册资本金较多。近几年随着一些项目陆续清算到期,由于监管趋严,整个行业处于转型期,新增业务开展缓慢,管理规模处于下降的过程中,此前增加的注册资本金发挥不了太大作用,因此股东方决定减资。

从母公司基金公司的股东方即证券公司历年年报可以看出基金子公司规模的变化,该基金子公司成立于 2012 年 12 月,仅用了 1 年时间,于 2013 年末管理规模就接近百亿元。2016 年末,其管理规模达到顶峰时期的 984.41 亿元,不过近些年管理规模逐年下降，2020年末存续项目共计9个，资产管理规模已不足30亿元。也有基金子公司为了开展新业务或是应对财务压力逆势增资。天眼查信息显示，2021年5月，中欧盛世资产管理（上海）有限公司将注册资本金从原来的1.67亿元提升至2.67亿元；南方资本在2021年3月将注册资本从4.6亿元增加至5.42亿元；2021年2月，北京英大资本管理有限公司将注册资本金从3亿元增加至5.58亿元。深圳华润元大资产、鹏华资产两家基金子公司2020年也有过增资举动。

2. 部分基金子公司及时抓住转型时间窗

2016年新规落地，通道业务大幅受限，基金子公司全行业走上"瘦身之路"。截至2021年6月末，基金子公司全行业规模为2.89万亿元，相比顶峰时期的11.15万亿元差距较大。旧有业务模式难以为继，基金子公司纷纷寻求可行的新业务模式。如今基金子公司在"转型之路"上出现大幅分化。

2014年12月21日，证监会正式发布了《证券公司及基金管理公司子公司资产证券化业务管理规定》及配套工作指引，取消事前行政审批，实行基金业协会事后备案和基础资产负面清单管理。部分基金子公司在2015年开始探索向资产证券化业务方向发展。当时转型的好处在于，转型成本较低，银行同业业务等既有业务还能继续开展，因此，转型时期有其他业务收入作为基础，可以支持整个资产证券化业务团队的建设。此外，当时整个市场对资产证券化业务处于懵懂期，业务推进也相对容易，还远谈不上"红海"阶段。从业务性质来看，资产证券化属于投行业务，不像之前通道业务那样"短平快"。

当下，很多基金子公司存量业务大幅萎缩，重新搭建团队涉及成本开支，转型面临较大的财务压力。资产证券化市场已经非常成熟，其尤为看重机构的品牌影响力，新进者突围已不再容易。但相比券商机构，基金子公司在资产证券化业务优势不算突出，这几年一直处于"如履薄冰"的状态，公司一旦选错业务，可能一整年都没有收入。另外，部分基金子公司积极推进私募股权业务，但这一业务要求基金子公司寻找资金和项目，难度不小。也有一些基金子公司的转型并没有实质进展，行业普遍持观望态度。资产证券化业务已经变为常态业务，而私募FOF业务比较强调销售能力，有销售实力的基金子公司并不算多。

3. 探索资产证券化、私募FOF等转型方向

多位业内人士指出，资产证券化、私募FOF、私募股权、公募REITs等主

动管理业务是目前基金子公司转型的主要方向。在资产证券化方面，CNABS数据统计显示，截至2021年7月末，深圳平安汇通投资自2015年以来发行的企业ABS总额超过千亿元；南方资本、东方汇智资产发行的企业ABS规模超过700亿元；万家共赢、工银瑞信投资等基金子公司的发行规模也均超300亿元。上述基金子公司在资产证券化发展上各具特色，如深圳平安汇通投资、南方资本在地产类ABS项目上布局较多，万家共赢资产发力保障房ABS项目，东方汇智成功拿到与蚂蚁金服的多单ABS项目。

而在私募FOF领域，一些基金子公司布局中性策略或是带有风险敞口的指数增强型FOF产品；也有基金子公司尝试发行打包多个明星私募的主动多头策略私募FOF；还有基金子公司人士提及，公募REITs试点推行的"公募+ABS"模式强调母子公司联动，这也会给基金子公司带来潜在的业务机会。不过，在上述几大转型方向上，多数基金子公司都需要培养自身的核心竞争力。在资产证券化业务上，券商占据着平台优势，能够获取的优质项目资源更多，且部分券商不惜压低费率以开拓业务，基金子公司从资源禀赋上看还难以与券商进行竞争。在投资业务上，基金子公司缺乏品牌及薪酬竞争力，很难得到优秀的投资人才；传统的私募股权类业务领域，基金子公司面临着"三类股东"的问题；定增等一级半市场业务受到"双25%"的监管指标限制，基金子公司发行的产品如果规模不大，也很难拿到合适的定增项目。

每个细分领域最终都会有优秀的机构脱颖而出，基金子公司最终的转型方向取决于其资源禀赋、人才结构，因此不能一概而论。

八、银行理财子公司：开局即逢转型、发展迎来机遇

2021年是"十四五"规划的开局之年，也是资管新规过渡期的收官之年。自2019年5月第一家银行理财子公司成立至今，银行理财子公司产品存续规模不断扩大，产品类型日益丰富，逐渐发展为理财市场的主力军。银行理财子公司的设立开启了银行理财新时代，推动了银行理财业务回归本源，也促进了资管行业的高质量发展。在当前承上启下的关键时间节点，银行理财子公司未来的高质量发展之路，既迎来难得的历史机遇，也将面临前所未有的挑战。

（一）转型发展进入冲刺阶段

2021年底，资管新规过渡期即将结束，各家银行严格落实监管要求，大幅压缩老产品规模，产品结构明显改善，产品体系进一步丰富，在业务发展取得

显著成效的同时，整改转型进入冲刺阶段。

首先，理财子公司纷纷成立，业务发展呈现新特色。银行理财是大资管的重要组成部分，也是银行业务的重要一环。随着理财市场转型发展的稳步推进，各家银行纷纷成立理财子公司。截至2021年6月末，已获批筹建的28家理财子公司，产品存续规模达到10.01万亿元，占理财市场的比例达到38.80%，银行理财子公司已经超越股份制银行，成为存续理财产品规模最大的机构类型。银行理财子公司脱胎于商业银行，在业务上与母行具有关联性和协同性。同时，理财子公司在推进净值化转型、降低"刚性兑付"预期、重构资管行业新业态、重建资产风险定价新机制等方面展现了自己的新特色，部分银行理财子公司积极发行如碳达峰、碳中和及ESG等主题概念类型的产品，其在原有基础上进一步丰富了理财产品的货架，为投资者提供了更多元化的产品选择。

其次，理财产品净值化转型进程有序推进。长期以来，市场和银行理财客户形成了银行理财是预期收益型产品的观念，能否接受产品净值波动是银行理财子公司在净值化转型过程中需要面临的巨大挑战。这需要理财子公司建立适应产品净值化的全面风险管理系统，以及估值、信息披露、投资者适当性管理等工作机制，并提供人、财、物等多方面的支持。从全市场来看，银行理财净值化转型成效明显。截至2021年9月末，净值型理财产品存续规模稳步上升，占全部理财产品存续余额的86.56%，较2020年同期提高26.08个百分点。

最后，理财业务规范化转型效果明显。2021年以来，理财业务规范化转型取得一定成效，截至2021年6月末，全部理财存量整改任务完成近七成，保本型理财产品存续余额仅为0.15万亿元，同比减少90.68%，对于个别银行剩余的少量难处置资产，相关部门将按照相关规定进行专项处置，直至全部清零。然而，不可否认的是，2021年以来，银行理财存量整改的力度及难度明显加大，整改面临新产品承接不足、流动性风险边际增加、母行资本充足率承压等挑战。

（二）发展迎来难得的机遇"窗口"

截至2021年底，理财子公司或将完全代替商业银行，承担理财产品的设计及销售工作。鉴于此，银行理财子公司未来的发展将面临难得的机遇"窗口"。

1. 中国经济的持续发展为理财业务的发展壮大奠定基础

改革开放以来，中国积累并创造了巨大的社会财富，社会各界对财富产品的需求日趋多元化。2020年全年，中国国内生产总值逾101万亿元，新冠肺炎疫情期间仍较2019年逆势增长2.3%；人均GDP超7.2万元，人均可支配收入为3.2万元，而北上广深等一线城市的人均可支配收入已超过或逼近7万元大关。2021年上半年，国内生产总值同比增长12.7%，全国规模以上工业增加值同比增长15.9%，这展现了中国强大的经济复苏潜力。2020年，我国债券市场共发行各类债券57.3万亿元，托管存量规模达到117万亿元，沪深两市总市值约80万亿元，外汇储备余额为3.2万亿美元，各项规模均稳步增长。这些都为理财业务发展营造了良好的外部环境。

2. 居民财富结构优化为理财业务发展提供广阔的空间

统计数据显示，我国居民财富中房地产占比70%，金融资产占比只有20%。而在一些成熟经济体，房地产在居民财富中的占比通常只有20%，金融资产却占70%以上。成熟经济体的数据至少从一个侧面说明了未来居民财富的配置方向，即房地产占比会越来越低，而金融资产的配比会逐渐提升。

2016年，中央经济工作会议提出了"房住不炒"的理念。此后，除一、二线城市外，其他城市的房价增速都呈现放缓态势，居民投资房地产的热度逐渐降温。未来，居民财富增长的最大机会还是在金融市场，增加金融资产的配置或将成为主流。2013年开始，居民可投资的金融资产总量开始不断提升，其增长速度甚至高于同期GDP增速。这也充分体现了党中央、国务院的政策目标，即让广大居民增加包括金融资产在内的财产性收入，以进一步分享中国经济增长的红利。

3. 相关顶层设计为理财业务发展营造良好的政策环境

2020年11月，习近平总书记在浦东开发开放30周年庆祝大会上明确提出"完善金融市场体系、产品体系、机构体系、基础设施体系，发展跨境贸易结算和海外融资服务，建设国际金融资产交易平台，提升重要大宗商品的价格影响力"等要求，这些都与资产管理业的发展有着紧密的联系。

2021年5月17日，上海市政府办公厅印发了《关于加快推进上海全球资产管理中心建设的若干意见》，提出到2025年，上海将基本建设成为要素集聚度高、国际化水平高、生态体系较为完备的综合性、开放型资产管理中心，打造成为亚洲资产管理的重要枢纽，迈入全球资产管理中心城市前列。这是我国首个由地方政府层面出台的，系统性支持银行理财、信托、证券、基金、保险、私募、期货等大资产管理行业发展的文件，其为上海国际金融中心和全球资管中心建设绘制了蓝图、指明了方向。交通银行是唯一总部设在上海的国有大型商业银行。作为交通银行财富管理战略的"领头雁"，交银理财致力于积极参与上海全球资管中心建设，打造货架式的产品体系，为客户创造共同价值。

（三）面临的挑战不容忽视

当然，理财子公司的净值化转型发展并非一蹴而就，在前进过程中仍然面临诸多挑战。

第一，从信贷文化向投资文化转型。银行理财子公司脱胎于商业银行，企业架构、员工、经营理念都源于商业银行。尽管这有助于降低银行理财子公司与母行之间的磨合成本，但由于银行信贷文化扎根较深，直接融资理念和相关权益投资经验略显不足。随着权益类产品规模的不断扩大，这一问题会日趋明显。

第二，投资者教育工作任重道远。设立银行理财子公司的一个重要目的是打破刚性兑付，树立"卖者尽责，买者自负"的投资理念。但从目前的情况来看，由于投资者早已适应了过往保本保收益的银行理财观念，对于净值化转型带来的产品波动接受度较低。这就需要银行理财子公司进一步做好产品适当性管理，加强投资者教育工作，努力降低市场波动对理财产品的负面影响，打造管理人与投资者的命运共同体。

第三，对消费者保护工作提出更高要求。随着资管新规和理财新规等一系列行业规定的颁布，监管层对资产估值方法进行了进一步的规范，从摊余成本法改为市值法后，产品净值波动将不可避免。这对银行理财子公司提出更高要求。管理人除了制定与消费者保护相关的制度办法外，还要不断提升信息透明度，通过建立微信公众号、财富号、官方网站、电话服务热线等形式，及时将投资观点传达给广大投资者，解答投资者关心的问题。

（四）坚守初心，走高质量发展之路

未来，面对机遇和挑战，银行理财子公司应始终坚持服务实体经济、服务国家战略的初心，走出一条高质量发展之路。

第一，坚持服务实体经济目标。服务实体经济、防范金融风险、深化金融改革是党中央国务院给金融机构部署的三项任务。商业银行及其理财子公司要始终做支持国家战略、服务实体经济的全面落实者，积极布局碳中和、养老理财等主题市场，深耕长三角一体化、粤港澳大湾区、京津冀一体化和成渝双城经济圈等国家战略的区域建设。

第二，做好全球大类资产配置。目前，国内商业银行已经在国际市场上"小试牛刀"，随着沪港通、深港通等的开通，我国金融对外开放不断深化，商业银行需要不断提高跨境跨市场的投资能力。

第三，提升全面风险管理能力。银行理财子公司要充分借鉴表内业务在信用、市场、流动性、操作、合规风险管理方面的经验和优势，建立符合国际标准的风险管理体系，使其更好地服务理财子公司向全球化资产管理机构发展的需求。

第二节 2021年泛资管市场相关政策及解读

一、《理财公司理财产品流动性风险管理办法》

2021年12月17日，银保监会发布《理财公司理财产品流动性风险管理办法》（以下简称《办法》），明确了理财产品流动性管控重点和规范细则，至此针对理财产品的长效性监管文件基本出台完毕。值得关注的是，《办法》明确了开放式理财产品应持有的7个工作日可变现资产比例，但对面向单一投资者发行的私募理财产品留出"口子"。业内人士认为，这对占主要地位的公募产品来说，其可能会影响产品投资的灵活性。

截至2021年第三季度末，国内理财产品净值化比例已经超过86%，比2021年上半年再提升超过7个百分点。在近28万亿元的存续规模中，理财公司的市场份额已达48.97%，成为理财市场的绝对主体。但从银行半年报来看，2021年底前大行相比中小银行的转型压力更大。

《办法》针对的流动性风险是指理财产品无法通过变现资产等途径以合理成本及时获得充足资金，用于满足该理财产品的投资者赎回需求、履行其他支付义务的风险。银保监会有关部门负责人表示，文件的出台有三大背景：一是进一步完善理财公司制度规则体系的需要；二是保护投资者合法权益的需要；三是维护金融市场稳定的需要。

随着《办法》的出台，此前监管部门计划中针对理财产品的长效性监管文件已基本出台完毕。2021 年以来，监管部门先后出台了《理财公司理财产品销售管理暂行办法》《关于规范现金管理类理财产品管理有关事项的通知》；进入 2021 年第三季度，又分别就《理财公司理财产品流动性风险管理办法（征求意见稿）》（以下简称《征求意见稿》）、《资产管理产品相关会计处理规定（征求意见稿）》公开征求意见，理财产品穿透式监管也随着理财子公司启动"并网直联"得以进一步推进。此次针对流动性风险正式出台《办法》，距离 2021 年 9 月《征求意见稿》发布仅有 3 个月左右的时间，其对理财公司管理责任、投资交易、流动性管理措施提出明确要求。

从内容来看，《办法》基本参照了 2017 年证监会针对公募基金制定的流动性风险管理规定，并根据理财产品特征进行了微调，其中对公募和私募产品在认购和赎回端均设置了流动性风险管理要求，且在认购端的风险管理工具方面的设定较公募基金明显增加。值得注意的是，《办法》明确了理财投资不同流动性资产的具体要求，其中开放式产品投资流动性受限资产不超过 15%，且现金管理类产品还要满足《关于规范现金管理类理财产品管理有关事项的通知》规定，即投资流动性受限资产不超过 10%。

对于定期开放周期不低于 90 天的公募理财产品，《办法》要求在开放日及开放日前 7 个工作日内持有不低于净值 5% 的现金或到期日在一年以内的国债、中央银行票据和政策性金融债券。对于所谓现金类资产的定义，《办法》相比证监会针对公募基金的文件和《关于规范现金管理类理财产品管理有关事项的通知》更为严格，增加了"一年以内"的时间要求。

此外，理财产品计划投资不存在活跃交易市场，且在比例达到净值 50% 以上的情况下，理财产品只能采用封闭或定开方式，但对于所谓"不存在活跃交易市场"的资产范围未进行明确界定。ABS/私募债、金融债、二级资本债等都可以划分为"不活跃资产"。在客户集中度方面，单只理财产品允许单一投资者持有份额超过总份额 50% 的，《办法》也要求采用封闭或定期开放运作方式，定期开放周期不得低于 90 天（现金管理类理财产品除外）。鉴于理财公司客户普遍较为分散，其整体影响不会很大。相比《征求意见稿》，《办法》充分吸收采纳合理意见，其中主要有两处改动值得注意。

第一，豁免向单一投资者发行的私募理财产品的持有 7 个工作日可变现资产比例限制。但私募产品对应的投资者风险承受能力更强，这一调整更能体现私募产品的灵活性，也更适应市场的多样化需求。不过对于"在开放日前一工作日内，开放式理财产品 7 个工作日可变现资产的可变现价值应当不低于该产品资产净值的 10%"的要求，这相较于公募基金虽然预估开放日的赎回压力较小，但必须调仓以持有一定比例的高流动性资产，可能会在一定程度上影响理财产品的投资灵活性。

第二，对关联交易放宽条件，删除"理财公司本公司理财产品之间、理财产品与其自有资金之间不得相互进行融资，理财公司及其关联方不得为理财产品提供任何直接或间接、显性或隐性担保，银保监会另有规定的除外"的要求，将"不得"改为"严格"交易管理以及"有效识别"不正当交易等表述。

如果能做到价格公允，（关联方）融资本身不是大问题，进行修正和细化以后可执行性会更强，也便于机构对理财公司的日常管理。对于理财公司关联交易的管理应该无异于其他机构，管理并不意味着"禁止"。为便于机构做好业务制度、系统建设、产品整改等各项工作准备，银保监会称《办法》将自发布之日起五个月后施行。

二、《关于规范基金投资建议活动的通知》

2021 年发布的《关于规范基金投资建议活动的通知》（以下简称《通知》）明确对基金投资组合策略建议活动的业务界定和规范整改安排。《通知》要求，未来将剩余基金组合业务全面转型为投资顾问服务，没有投资顾问资质的销售机构将不能提供基金组合类方式的服务，基金销售机构选择与拥有投资顾问试点资质的机构合作将变得更为广泛。

（一）提供基金投资组合策略建议活动属于基金投顾业务

《通知》指出，提供基金投资组合策略建议活动为基金投资顾问业务，应当遵守《中华人民共和国证券投资基金法》、《关于做好公开募集证券投资基金投资顾问业务试点工作的通知》（以下简称《试点通知》）关于基金投资顾问业务资格管理、行为规范等有关要求。管理型基金投资顾问业务与非管理型基金投资顾问业务是基金投资顾问业务的两种形态，均应遵守上述规则。基金销售业务附带提供基金投资建议活动，应当遵循基金销售业务基本法律关系。

（1）业务开展主体为基金销售机构。

（2）标的基金为基金销售机构代理销售的基金产品。

（3）服务对象限于该机构的基金销售业务客户。

（4）不得就提供基金投资建议与客户单独签订合同。

（5）不得就提供基金投资建议服务单独收取费用。

（6）不具有基金投资顾问业务资格的机构不得提供基金投资组合策略投资建议。

（7）不得提供基金组合中具体基金构成比例建议，不得展示基金组合的业绩，不得提供调仓建议。

《通知》要求，各机构不得新增开展不符合《试点通知》的基金投资组合策略建议活动，包括"不得展示或上线新的基金投资组合策略，已上线的基金投资组合策略不得新增客户，不得允许存量客户追加组合策略投资"。还应当以显著方式提示存量客户：正在对提供基金投资建议活动进行规范整改，后续存在不能持续提供服务的风险。

其中，基金投资顾问机构应当于2021年12月31日前将存量提供基金投资组合策略建议活动规范为符合《试点通知》的基金投资顾问业务；不具有基金投资顾问业务资格的基金销售机构应当于2022年6月30日前将存量提供基金投资组合策略建议活动整改为符合前述法律关系的基金销售业务。

《通知》还要求，各机构需于2021年11月10日前报送业务整体规范整改方案、存量业务情况，此后应于每月结束后5个工作日内报送月度情况。

（二）利好"持牌"机构

不少相关机构表示，《通知》的发布是基金投资顾问试点工作必经的过程，利好已有基金投资顾问业务的机构。同时，第三方机构表示，将根据规范要求将剩余基金组合业务全面转型为投资顾问服务。

投资顾问试点规范对试点机构以及试点机构推出的投资顾问组合策略服务都具有严格要求，而形态类似的基金组合业务一直处于这套管理体系外，所以基金组合与基金投资顾问拉平到统一的监管标准是必然的，这对行业长期规范发展是很重要的环节。

（三）有利于引导投资者培养更长期理性的投资观

证监会2021年7月16日的新闻发布会信息显示，自2019年10月证监会批准公募基金投资顾问业务试点工作以来，合计服务资产逾500亿元，服务投资者约250万户。

"未来没有投顾资质的销售机构将不能提供基金组合这种方式的服务，未来基金销售机构大概率是选择与拥有投顾试点资质的机构合作，可以预见这类合作将更为广泛。"一家第三方基金销售公司负责人表示，《通知》是针对基金组合市场的重磅规范，此前行业内也多次传出过相关监管思路，这有利于基金投资顾问业务的规范发展，可以说是投资顾问业务"正规军"时代的到来。

基金投顾业务的目的是帮助投资者达到长期投资目标，相较于传统业务，其更加重视投资风险收益水平和客户陪伴。目前，市场上部分基金投资组合存在持仓集中度高或换手率较高等问题，可能无法帮助投资者实现长期投资目标，甚至还会增加波动风险。基金投资顾问活动的规范化将有利于管理业务风险，为投资者提供更好的投资环境。未来，投资顾问规则进一步细化落地，将有利于引导投资者培养更加长期、理性的投资观，使其在选择组合时更加关注组合的风险控制能力和长期风险的收益水平。

《通知》有利于净化投资顾问市场环境，保护和促进新兴的公募基金投资顾问业务的发展，让投资者真正享受专业化、高质量的投资顾问服务，最终促进公募基金行业的不断规范发展。《通知》的出台可以令公募基金的营销环境更为良好、营销行为更为规范，同时促进基金代销业务的发展。

三、《期货经营机构资产管理业务备案管理规则》

2021年11月26日，中国期货业协会（以下简称"中期协"）起草了《期货经营机构资产管理业务备案管理规则》（以下简称《规则》），主要从机构展业资质、登记备案、人员设置等方面对期货经营机构开展资产管理业务的备案工作进行细化和调整，同时启动了期货经营机构资产管理业务信用报告工作，以期加强行业自律管理。

第一，《规则》明确取消净资本要求。从具体登记备案条件来看，《规则》适当提高了机构展业的资质条件。将以期货公司单设部门形式开展业务的分类监管评级条件提升为B类BB级，不再设净资本要求。以子公司形式开展业务的，《规则》主要对其母公司提出资管业务开展年限、开展情况、合规情况和内控要求等业务层面的要求，不再对其母公司净资本和分类评级设置条件。

"对比2014年版《规则》提出的期货公司申请资管牌照有净资本金不低于

一亿元的要求，协会本次新规取消了这项要求，而在不设净资本要求之外，新规在期货公司开展资管业务时的分类评级上提高了条件，将原先申请资管牌照时要求期货公司的分类评级为 C 类 C 级提高至 B 类 BB 级，门槛明显提高。"物产中大期货副总经理景川进行了上述分析。

同时，《规则》进一步提高并明确了开展资产管理业务的岗位和人员要求。即从事资产管理业务的人员不得少于 8 人，其中投资经理不得少于 3 人、交易执行不得少于 1 人、风险控制不得少于 1 人、信息披露不得少于 1 人，且应为前述岗位做出合理的备岗安排；以子公司形式开展业务的，还应设置合规岗位，且不得少于 1 人。

第二，《规则》明确要求，期货公司与其专门从事资产管理业务的子公司不得同时开展资产管理业务。具体来看，期货经营机构可以根据自身业务需求，选择转换展业主体，但应当由期货经营机构向协会重新登记，并提交正在运行的资产管理计划基本信息及过渡方案，保障客户合法权益不受损失。值得注意的是，子公司终止资产管理业务、由期货公司设立资产管理部开展业务的，应当由期货公司根据本规则规定向协会重新登记。《规则》对暂停新增业务、撤销登记备案等方面作出详细的规定。当期货经营机构资质不能持续符合展业要求，或发生较为严重的风险事件时，协会可暂停相关机构新增业务。《规则》还明确，期货经营机构资产管理业务撤销登记备案的，应当制定存续资产管理计划处置方案，并报协会备案，有序压缩存量资产管理计划规模，不得新增资产管理业务，资产管理计划到期后终止，不得展期。存续资管计划全部终止后，正式撤销登记备案。期货经营机构撤销资产管理业务登记备案的，自撤销登记备案之日起 12 个月后可按照本规则要求重新办理业务登记备案。

第三，在退出机制方面，《规则》规定撤销业务登记的情形包括但不限于申请撤销资产管理业务登记的、未能正常持续开展业务的、发生重大违法违规事件的情形。

第四，协会还发布了《期货经营机构资产管理业务信用报告工作规则》，意在加强行业自律管理，推动行业以信用立身。具体要求期货经营机构资产管理业务信用报告，要基于期货经营机构合法合规情况及其向协会报送的登记备案、业务运作、信息披露及从业人员信息等客观、动态事实，从公司治理及稳定度、业务发展性、投资运作专业性、内控合规性四个维度持续记录资产管理业务综合情况。

中国信托业发展报告
（2022）

第五章

2021年信托法规评述

第一节 服务信托的规则和实践

服务信托的概念并非在 2021 年提出，但在 2021 年，服务信托的实践开始逐渐增加，于是就有了对服务信托的规则进行梳理、对服务信托实践中存在的问题进行研究的必要性。

一、界定服务信托

"服务信托"并非规范的法律概念。该概念在 2018 年中国信托业年会上被首次提出，在 2020 年 5 月发布的《信托公司资金信托管理暂行办法（征求意见稿）》（以下简称《征求意见稿》）中又有进一步规定。由于后者并非生效的法律规范，只有参考意义，此处首先对《征求意见稿》中传递的信息进行初步解读。

第一，《征求意见稿》主要从消极方面界定"服务信托不是什么"。《征求意见稿》明确指出，服务信托不适用该文件中关于资金信托的规范。有关人士在《征求意见稿》答记者问中指出："对于以受托服务为主要服务内容的信托业务，无论其信托财产是否为资金形式，均不再纳入资金信托。"这说明，服务信托可以是以资金作为信托财产的信托，但不是过去信托公司比较依赖的消极型、通道型、债权融资型的资金信托。

第二，《征求意见稿》中关于"服务信托是什么"的正面界定具有一定参考价值。其规定，"服务信托业务是指信托公司运用其在账户管理、财产独立、风险隔离等方面的制度优势和服务能力，为委托人提供除资产管理服务以外的资产流转，资金结算，财产监督、保障、传承、分配等受托服务的信托业务"。需要注意的是，即使是传统的通道类资金信托，也具有部分上述的"账户管理、财产独立和风险隔离"及"资产流转、资金结算、财产监督"的功能，传统业务和服务信托之间只有量的区别而无质的区别。《征求意见稿》强调，服务信托的服务功能远远大于通道类融资业务或者影子银行业务，而正是后者阻碍了我国信托业回归本源业务。

无法回避的问题是，信托机构为金融机构，即使在服务信托中也无法排除其资金管理的功能，资金管理甚至可以算作信托公司提供服务的主要形式。例如，在非常典型的服务信托——家族信托中，虽然更重视"保障、传承、分配"功能，但一定的资金管理功能仍然必不可少。反过来，传统的融资信托具有一定的服务属性，差异只在于其服务的重点是委托人还是融资方。

第三，《征求意见稿》的答记者问中列举了服务信托的典型类型。据此可以推测，服务信托至少包括家族信托、资产证券化信托、企业年金信托、慈善信托及其他监管部门认可的信托类型。下面本报告根据实务中对服务信托的需求，整理出潜在的服务信托类型。

二、服务信托的类型

（一）慈善信托

慈善信托是毫无争议的、典型的服务信托，慈善信托是服务信托的重要类型。这种信托和传统的通道类信托不同，所有信托财产都用于信托文件所确定的慈善目的，只是在信托存续期间，作为对信托财产的管理方式之一，其可能会对第三人提供融资。2016年《中华人民共和国慈善法》颁布之后，我国慈善信托事业得到一定程度的发展，未来仍有很大发展空间。

（二）慈善信托以外的其他社会型信托

（1）养老金信托。《征求意见稿》中列举了企业年金信托，但仅限于企业年金信托是不够的，企业年金只是广义养老金信托的部分内容。广义的养老金信托包括三个层次。一是基本养老金信托。《社会保险法》确立了强制性养老金制度为社会保障制度的一环。基本养老保险目前全面涵盖企业、事业和机关单位在内的所有工作人员。基本养老金在募集和保障方面采取保险机制，但在基金管理方面，还应当以信托原理理顺各参与方的角色定位和功能。二是单位年金信托，包括企业年金、事业年金和机关年金信托等。单位年金具有自愿性，是基本养老金的有益补充。三是个人年金信托。其是完全由个人选择加入的年金计划，目前还较少见。以上三个层次的养老金信托都是具有一定社会功能的信托，和慈善信托一样都可以归属于"社会信托"，应享受一定的税收优惠待遇，如何差异化地设置这种优惠待遇有待进一步探讨。

（2）物业服务相关信托。目前已有信托公司作为受托人介入物业服务，利用其资产流转、资金结算、财产监督和保障方面的功能，理顺物业和业主关系，这对激活基层活力、构建和谐社会具有重要意义。另外，2007年的《住宅专项维修资金管理办法》确立公共维修资金的信托基金性质；财政部在2020年4月20日发布的《住宅专项维修资金会计核算办法》在会计核算上进一步落实了该资金的信托财产性质，使得用信托制来理顺专项维修基金管理体制变得更具有可操作性。如果能运用信托法所提供的机制理顺住宅专项基金管理体制，很多棘手问题，如所有人无法参与管理、政府部门定位错位、基金保值增值和便捷使用、管理人的责权义等问题均可迎刃而解（详见后文探讨物业信托的三种版本）。

（3）住房公积金信托。住房公积金基金在性质上完全符合信托的概念，可探索运用信托制度对住房公积金基金的管理体制进行变革。另外，道路交通事故社会救助基金等公共基金都有信托业介入，使之成为服务信托的必要方式。

（三）满足私人目的的服务信托

（1）家族信托。银保监会的"37号文"把家族信托定义为："信托公司接受单一个人或者家庭的委托，以家族财富的保护、传承和管理为主要信托目的，提供财产规划、风险隔离、资产配置、子女教育、家庭治理、公益（慈善）事业等定制化事务管理和金融服务的信托业务。"[①] 家族信托作为代表性的本源信托业务，其服务信托的属性是毋庸置疑的。

（2）资产证券化信托。资产证券化信托是典型的服务信托，它为投融资双方提供了一个简洁高效的制度框架。不过，人们对资产证券化信托中的受托人很少有特别主动的资产管理要求，由此可以看出，是否主动管理并非区分服务信托和传统资金信托的标准。

（3）预付款信托。教育培训、美容、健身、餐饮、共享单车等领域存在着大量预付费的操作，商家收取预付款之后卷款"跑路"的事例屡见不鲜。如果信托机制介入这些领域，对商家和消费者都将是一个福音。为了避免商家卷款"跑路"，也为了明确各方主体对押金的权利和义务，有必要强制要求运营商将相关的押金进行托管，建立一种消费者保护信托机制。信托制度基于信任，也能反过来构建信任。

另外还有员工持股计划信托等。

---

① 中国银行保险监督管理委员会，《关于加强资产管理业务过渡期内信托监管工作的通知》（信托函〔2018〕37号，2018年8月17日）。

三、用好服务信托，促进共同富裕

2021年8月17日，中央财经委员会第十次会议聚焦研究扎实促进共同富裕问题，研究防范化解重大金融风险、做好金融稳定发展工作问题。会议再提构建初次分配、再分配、三次分配协调配套的基础性制度安排。

理论上，第一次分配发生在私人形成的"市场之地"，第二次分配发生在政府主导的"政府公域"，第三次分配主要出现在"社会领域"，其中服务信托能够在整个三次分配领域发挥重要作用。家族信托、资产证券化信托、员工持股信托等都属于首次分配领域；慈善信托很显然属于第三次分配领域；养老金信托等则是和第二次分配密切联系的机制。物业服务相关信托、住房公积金信托、其他公共基金信托和预付款信托则处于第二次和第三次分配机制之间。可以说，信托所提供的破产隔离、专业管理和信义义务约束等功能，对于社会财富的三次分配而言，都属于赋能性的促进力量，服务信托将为我国共同富裕社会的建成做出突出贡献。

（一）三次分配的特点及三次分配的关系

很难对"三次分配"给出规范的定义。这里尝试对其特征进行描述。

第一次分配发生在私人形成的"市场之地"，市场经济规则起到支配作用。调整第一次分配的法律为民商法。

第二次分配发生在政府主导的"政府公域"，主要方式为税收和转移支付，调整这一领域的法律多为公法。

第三次分配主要出现在"社会领域"，调整这一领域的法律主要为慈善法等社会法。

第三次分配和第一次分配的相似点在于：其参与主体都是私主体，都出自私主体的自愿；第三次分配和第二次分配的相似点在于，二者都为了社会公共利益。

在认清三次分配的特点和关联之后可以发现，三次分配不是分开的，而是需要相互协调、相互配合的。为了达成共同富裕的社会目标，在完善和促进第三次分配机制时，需要注意以下两点：

第一，第三次分配具有自愿性和自组织性的特点，需要激发民众和企业的热情和主动性；要求立法提供保障和激励机制，提供便利的制度工具。

第二，注意政府的角色。政府在第三次分配中是提供激励者、帮助者和监管者，而非在第二次分配中的强制性角色。

第三次分配的本质是民众和企业将第一次分配得到的财富，直接运用于和第二次分配所要达到的大致一样的社会公共目的中。

（二）慈善事业是三次分配中的重要内容

随着我国经济的蓬勃发展，民众和企业从第一次分配中获得实惠，这构成第三次分配的"源头活水"。一个社会越健全，就越需要激活社会力量，进而利用良好的创新性社会治理工具，分担政府的社会治理功能。目前，在我国从事慈善事业有着良好的物质基础和思想基础。如果按照中央的精神大力鼓励慈善事业的发展，将对第三次分配起到极大的促进作用。

2016年《中华人民共和国慈善法》实施之后，较大程度地促进了慈善事业的发展。2021年9月19日，登记的慈善组织共计9453个，截至2020年9月底全国登记认定慈善组织净资产规模已超1900亿元。目前，已经有647条慈善信托备案数据，财产总规模共计55.03亿元。另外，还有一定规模的股权慈善信托。近年来，慈善事业在扶贫、抗疫、救灾等方面都有优异的表现。

当然，我国慈善事业的规模和质量是和我国的经济发展水平不相称的，仍然有很大的发展空间。

（三）修订慈善法等相关法律，促进第三次分配的健康发展

（1）重视信义法原理。慈善法本身就是信任之法。但慈善法中对信义法的原则贯彻得不彻底。慈善法不仅要重视慈善信托制度的完善，还要用信义法原理构建慈善组织和慈善信托的治理机制。

内部治理的法律机制完善了，外部监管的压力就随之减轻了。自由、自治和管制是此消彼长的关系。

（2）配套制度的完善。实际上，制约我国慈善事业发展的两个瓶颈问题——慈善税制和多元化慈善财产问题的解决，并不需要修改《中华人民共和国慈善法》就可以得到解决，只需要国务院层面出台行政法规即可。

第一，最急迫的问题是要完善慈善税收政策，特别是建立慈善信托税制。目前，在整个慈善领域，慈善税收政策的不健全阻碍了慈善事业参与主体的积极性和慈善机制功能的展开。特别需要提及的是，作为灵活、高效、安全的慈善事业的组织形式——慈善信托的税制目前是"零规范"。如果在国务院层面出台行政法规，理顺和完善慈善税制，这将极大地促进慈善事业的发展。这对于促进第三次分配机制的建立意义重大。

社会对慈善事业税收优惠有很多误解。如即使没有税收优惠也不妨碍人们从事慈善、有税收优惠会导致慈善事业被滥用等。必须承认，在机制构建层面，税收优惠是必不可少的激励机制。

第二，扩大从事慈善事业的财产范围。不动产、股权进入慈善事业的规则需要相关部门和人士进行研究。比较急迫也比较容易做到的是要建立信托财产登记制度。因慈善事业事关公共利益，税收优惠事关财政收入和二次分配，所以政府部门应建章立制，对慈善事业依照法律进行严格和科学的监管，既要帮助、引导和鼓励慈善事业快速和谐地发展，又要严防慈善事业变成"输送私利"的工具。

四、服务信托的新天地——物业相关服务信托

目前，我国的物业信托制度出现了1.0版本和2.0版本，3.0版本还在发展和完善中。

首先，1.0版本是以物业公司作为单一受托人的模式。这是最基础也是最重要的一个模式。在该模式中，业主全体和物业服务公司签订信托合同，将信托法上的信义法理引入物业服务关系，并明确以下内容。

第一，信托财产是物业费、公共收益和其他意外所得。刨除物业公司的信托报酬（固定数额或者比例＋约定的激励报酬），刨除物业管理的费用和成本，剩余的全部财产都归属于受益人（全体业主）所有。

第二，委托人兼受益人是全体业主。业主个人或者业主群体可以行使信托法和信托合同约定的委托人和受益人的权力。

第三，受托人是物业服务公司。民法典已经明确物业公司在物业服务关系中的受信人地位，在实践中，只需要签订信托契约，把这种受信人地位再升级为信托受托人即可。

第四，受托人的义务包括约定义务和法定的信义义务。因此，特别是在利益冲突的行为方面，物业服务企业有自证清白的义务。至此，详尽而规范的财务信息和服务内容的公开透明义务就不再是合同法上的附随义务或者从合同义务，而变成物业服务企业法定的核心义务。

民主和自治需要良好的制度工具作为载体，信托制就是满足这一要求的安全、高效和规范的载体。信托制首先在成都市的很多社区落地，依靠的是成都

市良好的市民社会传统，依靠的是当地党委政府以社区营造为抓手的开明引导和大力支持，依靠的是社区治理专家和义工组织扫楼式的辛苦工作；依靠的是科技进步，使权利的维护和人民团结可以比较低的成本实现。

其次，2.0 版本为物业服务公司＋信托公司的双受托模式。2.0 版本引入规范的商业力量，利用不同受托人的社会化分工优势，加强受托人的相互制衡和相互协调，提升物业服务的专业化程度和资金管理水平。在这种模式中，物业服务公司专注于提供物业服务，信托公司负责信托财产的管理和分配，在有财产沉淀的小区，还可以获取收益。简单地说，信托公司负责管钱，物业公司负责花钱。管钱的不花钱，花钱的不管钱，隔离了风险，提升了效率。

信托公司被称为"信托综合店"，其可以从事各种信托业务：融资信托、投资信托、服务信托和管理信托等。但目前信托公司的主要信托业务是融资信托。如果信托公司能成为物业信托的受托人，那么这种业务属于典型的服务信托或者管理信托，即银保监部门鼓励信托公司从事的"本源信托业务"。受托人为专业的信托公司，经过发展，信托公司内部治理结构日益完善，信托业务管理逐步规范，信托公司具备足够的能力进行管理，特别是在资产流转、资金结算和财产监督、保障、传承、分配等服务领域展现了专业管理服务水平。

信托公司作为专业的受托人，受信托法和相关法律法规以及信托文件的约束，最重要的是受信义义务的约束。其法律地位和权利、义务、职权及责任是清晰的。

最后，3.0 版本以信托制梳理专项维修资金的管理体制。

专项维修资金是广大居民的"住房养老钱"，管好并用好这笔钱具有非常重要的现实意义。专项维修基金实际上构成了类似信托财产的只能用于特殊目的的财产（《住宅专项维修资金管理办法》第二条第二款指出："本办法所称住宅专项维修资金，是指专项用于住宅共用部位、共用设施设备保修期满后的维修和更新、改造的资金"），即使作为"共有人"的业主，也没有将特定份额归为己有的权力。上述管理办法第四条规定："住宅专项维修资金管理实行专户存储、专款专用、所有权人决策、政府监督的原则。"根据该条规定，专项维修资金属于独立的财产，由独立的机构单独管理，该财产只能用于特定用途，这实际上是一个非常规范和完整的对信托制度的表达。

一个更为直接的证明是，财政部于 2020 年 4 月 20 日印发的《住宅专项维修资金会计核算办法》（财会〔2020〕7 号）从财会制度上确认了专项维修资金是一种信托基金，虽然该办法并没有直接使用"信托"这一术语，而且任何管理专项维修资金的主体，包括业主委员会和代管的政府部门在内，都在客观上承担类似受托人的职责。《中华人民共和国物权法》《住宅专项维修资金管理办法》以及2021年正式生效的《中华人民共和国民法典》和之前的《住宅专项维修资金管理办法》虽然确立了专项维修资金制度，但对各方主体的权利、义务和责任并没有进行特别清晰的法律规定。如果能根据《中华人民共和国信托法》梳理和构造各方的权利、义务和责任，将使专项维修资金制度的合理性得到大幅提升。

信托机制在社会治理方面的一个重要功能是，它特别适合运用于主体因人数众多而虚化或者缺位的社会关系。住宅专项维修资金管理关系正是这样的一种社会关系。以专业的信托机构作为维修资金（基金）的管理人，可以将政府部门从自己不擅长的资金管理事务中解放出来，专心履行监管职责；可以提升大量沉淀的维修资金的管理效率，从而提升居民的福利；可以明确管理人的责权义，确保资金的安全和便利使用。这样，所有人无法参与管理问题、政府部门定位问题、基金保值增值问题、管理人责权义问题均可以迎刃而解。

目前，物业信托制1.0版本和2.0版本已经上线，3.0版本的落地任重道远，需要面对和化解大众和监管者的不解、误解和质疑，所以未来必然不是坦途。

第二节 完善信托法律基础设施建设的新探索

一、《关于在上海开展信托财产查询试点的意见》要点

上海银保监局、上海市地方金融监管局联合发布了《关于在上海开展信托财产查询试点的意见》（以下简称《意见》），信托财产查询试点工作在上海率先落地，自2021年10月1日起提供服务。《意见》要求，上海市各相关金融机构在发生不动产、未上市公司股权交易，接受不动产抵押、未上市公司股权质押时，应当查询相关财产是否已为信托财产，并在查询前获得财产所有人授权同意，且严格管理和运用查询结果。《意见》包含以下几个要点：

第一，查询人是上海市的相关金融机构。

第二，查询的登记事项是不动产和未上市公司股权是否已经为信托财产。

第三，查询的场景是在其进行不动产、未上市公司股权交易，接受不动产抵押、未上市公司股权质押之时。

第四，查询的前置事项得到财产所有权人同意。

本书讨论《意见》涉及的核心法律问题。

二、《关于在上海开展信托财产查询试点的意见》的适用范围有限

《意见》把查询作为交易标的的特定不动产或股权上是否设立信托，作为施加给相对人的一种法定义务（《意见》使用了"应当"两字）。由于《意见》的适用对象是"上海市的金融机构"，所以上海市的非金融机构不适用《意见》，上海市以外其他地区的任何主体即使和上海市的主体从事上述交易也不适用《意见》。因此《意见》的适用范围十分有限。

发布部门的潜台词似乎是：之所以对《意见》的适用范围作出限制，是因为在试点期间；如果试点成功，该规则即可在全国推广，可以适用所有类型的民事主体。但现实是，依靠金融监管部门单独发布规则，是无法约束所有市场主体的。从规则的制定权限和正当性的角度来看，即使是中央金融监管部门，也无权出台约束所有民事主体的规范。通过金融监管机构制定规则达到约束所有市场主体的意图很难实现。

信托登记制度，应当是能够普遍适用于民事（家族）信托、商事信托和慈善信托，普遍适用于营业信托和非营业信托的具有信托法基础设施性质的制度。而银保监会和金融监管部门只能创设仅适用于金融机构的"信托登记机构"和"信托登记"。这是《意见》的创新性很难达到预定目的的根本原因。

三、《关于在上海开展信托财产查询试点的意见》适用的交易场景有限

出台规则，应有该规则欲调整的具体交易场景。把该场景限制在信托交易中，那么可能和作为信托财产的不动产、股权的财产权人进行交易的主体包括信托设立端委托人的债权人、受托人的债权人和受益人的债权人；在以信托资金交易取得股权或者不动产的场景下，还会涉及信托债权人，股权的原股东、不动产的原产权人及各自的债权人等。上述主体不是金融机构的概率是很大

的。所以《意见》中的规则只有非常狭窄的适用范围。

四、欠缺违反查询义务的后果

《意见》虽然把查询作为一种义务进行规定，但并没有规定违反这种义务的后果。

这里推测一下是否进行查询的后果。进行查询的当事人了解到该不动产或者未上市公司股权是信托财产的，有可能不再进行交易；如果进行了交易，就不能以不知道该财产是信托财产作为抗辩事由。如果有查询义务的金融机构没有进行查询，该财产如果是信托财产，那么该金融机构不能以不知道该财产是信托财产作为抗辩事由。

目前存在一种很普遍的误解，即认为在股权作为信托财产的场景下，如果能证明受托人（信托公司）是以受托人身份持有股权，那么因信托财产具有信托法上的独立性，受托人就可以对抗所持股权所在公司的债权人对其主张股东责任。之所以这是一种误解，是因为信托持股产生的对第三人债权人责任的问题和信托财产的独立性问题是不相关的。受托人对第三人是否承担责任，取决于股东责任（如抽逃出资、出资不实）是否成立，或取决于信托法中受托人对第三人责任的规则，而这些和信托财产的独立性无关。而且，信托持股场景下的第三人并不一定是《意见》中的金融机构。所以，依靠《意见》不能达成"保护"信托公司受托人的目的。

五、强行要求金融机构查询效率不高

很显然，出台《意见》的监管部门的良好意图是，在信托法意义上的信托登记无法在短期内建立的背景下，将在中信登完成的"登记"作为一种公示手段，产生公示后果，以确保信托财产的独立性，打破信托登记制度缺位的僵局。但是，由于中信登并非信托法创设的信托登记部门，就不动产或者股权在中信登进行的登记并非信托法意义上的信托登记。因此，实践中到底会有多少不动产和股权作为信托财产在中信登登记本身是值得怀疑的。

以不动产为例，不动产所有权变更登记的主管部门是土地管理部门。以不动产设立信托必须包括两个过程：一是非交易产权过户（登记），二是信托登记。从效率角度来看，上述两个登记不应分开，否则会影响公示的权威性和统一性，导致产权登记和信托登记相背离。所以，不动产信托登记部门不应是土地管理部门以外的其他部门。监管部门在和《意见》同时发布的"问题解答"中强调"信托登记信息与不动产登记、公司登记信托之间并不会出现相互矛盾的情况"。"矛盾"或许不会发生，但会发生两种登记分别由两个机构办理的情形，这种"被迫"将两种登记分离的做法是效率低下的，并非解决问题的长远之计。

《意见》试图打破不动产公示的"行政部门垄断"，在学理上具有一定的意义。但创新的前提是提高效率，可《意见》中的尝试无法将作为信托财产的过户登记交由中信登办理，在客观上造成信托财产过户登记和信托登记由两个"登记"部门负责的尴尬局面，所以其注定是效率低下的，很难成功。

六、财产的原所有人的债权人查询的意义不大

信托登记制度不存在，《意见》尝试把实务中的变通做法合法化：财产过户登记部门进行产权交易变更登记，同时在中信登进行所谓的信托登记。但这种方法成本很高（特别是税的因素），在信托设立端直接以不动产设立信托的尝试是不多的。信托委托人、受托人和受益人的债权人进行不动产和股权查询的意义不大。而且，从信托法原理来看，如果是在交易端购入的不动产和股权，该财产即使不进行信托登记，根据信托财产物上代位性原理，其似应产生信托财产的独立性，不受委托人、受托人和受益人的债权人的追索。因此即使不存在信托登记制度似乎也不影响该财产作为信托财产的独立性，所以，该财产的原所有人的债权人查询的意义不大。

七、《关于在上海开展信托财产查询试点的意见》中的"财产所有人"是谁？

本部分探讨《意见》中的"财产所有人"是谁的问题。《意见》要求，查询人在查询之前要征得"财产所有权人"的同意。虽然《意见》的相关解答中将"财产所有人"解释为"拥有相关财产所有权的自然人、法人和非法人组织"，但依然无法确定这里的"所有权人"是谁，该表述不太严谨。

一般认为，这个所有权人是信托受托人。信托设立后，信托财产原则上成为受托人的特别财产，其名义所有人是受托人。所以，当解答中出现所有人可以是一般性的自然人、法人或者非法人组织时，难免会让人产生监管层允许非信托公司的受托人存在的遐想。

根据信托法，在民事信托或者家族信托（非营业信托）中，非信托机构成

为受托人是理所应当的，不需要信托业监管部门许可。但是，在中信登登记的信托均将信托公司作为受托人。如果《意见》中的财产所有人指的是受托人的话，那么《意见》中大可不必如此含糊其词，而是直接规定其为信托公司即可。当然，一个比较合理的猜测是，中信登要为非信托公司作为受托人的信托保留入口。

八、小结

由于信托法所要求的信托登记制度一直没有得到落实，金融监管部门长期以来进行了各种各样的尝试。很遗憾，这种尝试成功的可能性较小，这是因为金融监管部门出台的规则只能约束金融机构。即使是在营业信托或商事信托中，和信托财产打交道的当事人不可能只是金融机构。信托登记的问题在技术层面是最简单的问题，至少比信托税制更具可操作性，因此信托监管部门应大力推动土地管理部门建立信托登记制度，而非自己进行勉强的"创新"。

第三节 行业对类家族信托业务的新探索

2021年5月27日，某信托公司推出国内首款普惠家庭信托——"爱予信托关爱成长系列"，设立的最低门槛为40万元。这是信托业对家族信托业务的一种有益的探索。本节探讨这种新业务类型中的相关法律问题，以期深化对家族信托的理解。

一、关于信托产品名称和设立门槛

信托公司把上述产品命名为"普惠家庭信托"而非"家族信托"，很明显是为了规避资管新规对家族信托设置的1000万元的门槛。之前笔者曾经探讨过，监管设置家族信托最低资金门槛是不合适的。家族信托是非常灵活的设置，信托财产可以是包括资金、动产、不动产和其他财产在内的所有合法的可转让财产，如果有资金金额的门槛，设立信托时就需要对其进行估值，这无疑会增加信托设立的成本。家族信托原本可以分阶段加入信托财产，初始信托财产必须达到1000万元的要求阻碍了当事人的灵活安排。资管新规实施后，之前部分信托公司100万元起点的Mimi家族信托等就由于"不合规"而被叫停，这是新规限制了行业内部创造性的一个例证。笔者以为，信托公司作为受托人的家族信托门槛可以交由信托公司根据自身的具体情况进行自由设置，监管规则确定如此高且单一的标准并不合适。

这次某公司设计的"普惠家庭信托"门槛为 40 万元，明显不符合资管新规中 1000 万元的要求，但其通过改变名称进行规避并不违规。资管信托只规定了家族信托的基本特征，并没有对家族信托采取什么样的监管措施进行规定，没有规定家族信托相比资管业务能获得哪些"豁免"，更没有界定信托公司从事什么样的业务是违规的及违规的后果。信托公司从事"家庭信托"、慈善信托、物业相关服务信托，如果符合服务信托标准，仍然是符合监管鼓励的转型探索。

二、关于"他益信托"属性

除了不符合资管新规中 1000 万元资金门槛外，该家庭信托符合资管新规中关于家族信托的全部定义。

例如，家族信托必须是他益信托。无论是监管者还是实务操作者，都把是不是他益信托作为区分家族信托和传统的融资信托的重要标准。一种极端的理解甚至认为，家族信托的受益人必须是家庭成员。

所谓他益信托的要求，本身也是可以在事实上被规避的。例如，委托人可以是多个受益人之一，甚至是重要的受益人；再如，在存在充分信任的家庭成员间，如夫妻可以是对方设立的家族信托的受益人。或者家族信托的受益人是未成年的子女，由于委托人仍然是该未成年受益人的法定监护人，最终的后果和自益信托只有非常有限的差别，即他益的要求只是一种形式的要求（虽然是必要的要求），无法完全筛除当事人只是为了理财和提供融资而设立信托的隐藏目的。

而且，家族信托的核心功能和目的可能是财产转移（分配），但难以避免会存在一定的投资管理功能。家族信托仍然需要增值保值的投资需求，不能被认为存在投资行为，就不再是家族信托。家族信托在运用信托财产从事投资活动（提供融资）时，应当接受金融信托（资管产品）类似的监管。

三、关于"不可撤销"

为了确保信托财产得到长期管理，应确保信托财产对委托人的破产隔离功能。为了避免监管者将家族（家庭）信托认定为传统的融资信托，设计者努力强调该信托的信托财产的独立性，该家庭信托产品还要求委托人作出不撤销（回）的承诺，以此凸显家庭信托和资管产品的区别。

其实，家族信托并不一定要具有对委托人的破产隔离功能，有时委托人只需要利用其财富管理和传承功能。此时，委托人设立可撤销的生前信托（家族信托）并不违法。生前可撤销的家族信托甚至可以说是家族信托的一个很有吸引力的"卖点"，即强调信托的不可撤销性并不会使该信托更像家族信托，家族信托也没有必要成为没有可撤回信托。

四、关于"以主动管理的公募基金为投资标的"

此处有两个关键词，一是"主动管理"，二是"公募基金"。

最近监管部门提出服务信托（一般认为，家族信托是典型的服务信托）的概念，借以和监管着力"压降"的融资信托、通道类信托和非标类信托进行区别。即使是资管产品，监管也在力促其走向主动管理投资和标品投资。

不幸的是，服务信托的定义是不清晰的。资产证券化信托是转型业务之一，在这种业务中，受托人的功能有可能是消极的。即使是家族信托，按照信托法原理，其也可能包括部分被动信托的因素（委托人在家族信托中保留财产分配权、投资决策权和指示权是常见的，委托人甚至可以保留解除信托的权利）；如果委托人同意，投资于所谓的非标标的亦无不可。投资和融资是一枚硬币的两面，委托人通过家族信托为自己中意的企业提供"非标"式融资也是正常的操作。

五、暧昧的术语、严监管和自我审查用力过猛

在我国的信托业实务和监管领域，大量的不规范、内涵不清术语大行其道，不厘清这些术语的内涵，很难进行有效的监管，从业者也因此左右为难。

六、将受益人限定在家庭成员是错误的

第一，银保监会《关于加强规范资产管理业务过渡期内信托监管工作的通知》（信托函〔2018〕37号）（以下简称"37号文"）规定，家族信托是指信托公司接受单一个人或者家庭的委托，以家庭财富的保护、传承和管理为主要信托目的，提供财产规划、风险隔离、资产配置、子女教育、家族治理、公益

（慈善）事业等定制化事务管理和金融服务的信托业务。家族信托财产金额或价值不低于1000万元，受益人应包括委托人在内的家庭成员，但委托人不得为唯一受益人。单纯以追求信托财产保值增值为主要信托目的，具有专户理财性质和资产管理属性的信托业务不属于家族信托。

家族信托本质上属于民事信托，民事信托可以是营业信托（信托机构受托的民事信托），也可以是非营业信托（非信托机构受托的民事信托）。银保监会作为金融监管部门，无权对整个家族信托（包括非营业信托）下定义，但的确可以对作为营业信托（以信托公司作为受托人）的家族信托做出规范。"37号文"的定义虽有一些值得商榷之处（1000万元作为门槛；受益人应包括委托人在内的家庭成员等），但实践中，信托公司还应尽量遵照这个规范。

第二，即使严格按照上述规范，也不能得出家族信托的受益人必须都是受益人的结论。"37号文"规定，家族信托的"受益人应包括委托人在内的家庭成员"，但即便从文义解释来看，该规定也不能反面解释为家族信托的受益人只能是家庭成员。该条款要求，一个家族信托中应当有非设立人（委托人）以外的家庭成员成为受益人，但不能将该条款解释为要求所有的受益人都是家庭成员。

例如，在让甥侄成为受益人的同时，只要在该家族信托中植入一个家庭成员作为受益人即可。如果没有别的家庭成员的极端情况，委托人自己成为受益人就使该家族信托满足"37号文"的要求。

第三，从实务的角度解答上述问题是比较简单的，只需对相关规范进行解释即可。如果将"家庭成员"作为家族信托受益人的范围，就不得不采用《中华人民共和国民法典》上对家庭成员的定义。因此需要对四个相关概念进行梳理。

第一个概念是亲属。《中华人民共和国民法典》第一千零四十五条第一款规定："亲属包括配偶、血亲和姻亲。"这是一个非常宽泛的概念[①]。

第二个概念是近亲属。《中华人民共和国民法典》第一千零四十五条第二款规定："配偶、父母、子女、兄弟姐妹、祖父母、外祖父母、孙子女、外孙子女为近亲属。"另外，根据《中华人民共和国民法典》第一千一百二十七条第三款、第四款和第五款的规定，子女包括婚生子女、非婚生子女、养子女和

---

① 《中华人民共和国民法典》此外只有两条涉及亲属的："第一千零五十一条 有下列情形之一的，婚姻无效：（一）重婚；（二）有禁止结婚的亲属关系；（三）未到法定婚龄。第一千一百零七条 孤儿或者生父母无力抚养的子女，可以由生父母的亲属、朋友抚养；抚养人与被抚养人的关系不适用本章规定。"

有扶养关系的继子女,父母包括生父母、养父母和有扶养关系的继父母,兄弟姐妹包括同父母的兄弟姐妹、同父异母或者同母异父的兄弟姐妹、养兄弟姐妹、有扶养关系的继兄弟姐妹。

第三个概念是法定继承人。《中华人民共和国民法典》第一千一百二十七条第一款规定遗产按照下列顺序继承:第一顺序为配偶、子女、父母;第二顺序为兄弟姐妹、祖父母、外祖父母。

另外,根据《中华人民共和国民法典》第一千一百二十八条和第一千一百二十九条的规定,还有两种特殊的继承人。

一是代位继承人。被继承人的子女先于被继承人死亡的,由被继承人的子女的直系晚辈血亲代位继承(主要指孙子女和外孙子女)。被继承人的兄弟姐妹先于被继承人死亡的,由被继承人的兄弟姐妹的子女代位继承(主要指侄子女和外甥子女)。

二是"作为"第一顺位继承人的人:丧偶儿媳和女婿。"丧偶儿媳对公婆,丧偶女婿对岳父母,尽了主要赡养义务的,作为第一顺序继承人。"

可以看出,法定继承人的范围和近亲属的范围大致重叠,只是法定继承人的概念稍大。

第四个概念是家庭成员。根据《中华人民共和国民法典》第一千零四十五条第三款的规定,配偶、父母、子女和其他共同生活的近亲属为家庭成员。配偶、父母和子女以外的近亲属如果没有"共同生活"的话,就不是家庭成员,即"家庭成员"是一个比"近亲属"还要狭窄的概念。不过,"家庭成员"的概念按字面解释也有欠周延之处:如果按照一般的亲属关系厘定规则,从本人出发,本人的配偶、父母、子女属于本人的家庭成员,本人配偶的父母并非本人的近亲属,即使共同生活,也无法构成本人的家庭成员。这个是违反常识的。

"37号文"出台于《中华人民共和国民法典》之前,而在《中华人民共和国民法典》之前并没有法律对家庭成员进行界定,考虑计划生育对家庭结构的影响,很多人的家庭成员,甚至近亲属的数量都是不多的。将受益人的范围限定在家庭成员的范围内,不仅将亲属中的侄、甥、叔姑舅姨等排除在外,还把没有共同生活(共同生活为何?)的兄弟姐妹、祖父母、外祖父母、孙子女、外孙子女等近亲属排除在外,这个定义极大地限制家族信托受益人的范围,进而影响家族信托的设立。

《中华人民共和国信托法》规定的（私益）信托受益人是设立信托时确定或者可以确定的人（第九条），并未作出其他特别的限制。若此，委托人的未出生的孙辈、重孙辈都可以成为信托受益人。但如果按照目前业界流行的方式解释"37号文"，未出生的人不可能是家庭成员，就不能成为受益人，受益人连续型的家族信托就无法成立。

如此狭窄范围的受益人，如何可以称得上"家族"？这种信托如何可称之为"家族信托"？

如此一来，家族信托的财富久远传承功能如何实现？

如果对"37号文"的这一规范进行限缩解释，且容许这样的规范大行其道的话，借用德国某著名法学家的话，构成"规则对社会生活的强奸"。

第四，家族信托，英文为"family trust"，既可翻译为"家族信托"，也可翻译为"家庭信托"或者"家事信托"，可定义为主要使家族或家庭成员受益的信托，即使在家族信托中容忍部分非家庭成员甚至非亲属成为受益人，也不会改变该信托的性质。例如，家族信托不应排除某些非家庭成员成为受益人。比如，其他没有共同生活的亲属，如叔姑舅姨和其他族亲及表亲、没有完成收养手续的养子女、继子女、不愿意公开的私生子女，甚至关系密切的朋友、委托人意欲个别资助的失学儿童等。再如，家族信托也可以用作慈善事业，家族信托可以是一个慈善信托，也可以使慈善事业或者慈善信托成为家族信托的"受益人"，在这些场景下，受益人要么不存在，要么很明显不是家庭成员。

家族信托是一种意定机制，和合同、遗嘱及赠与（遗赠）相类似。只要不违反法律和公序良俗，通过信托处置自己的财产都是民事主体的自由。

不允许委托人选定的人成为家族信托的受益人，就是拒绝委托人通过家族信托的一揽子方案解决自己的关切，也在事实上侵害了民事主体的处分自由。

第五，通过限制家族信托受益人的范围能否确保信托目的的合法性。有观点认为，将家族信托的受益人限定在家庭成员之内，可以避免当事人利用家族信托进行洗钱或逃税。其实，任何信托，甚至其他的民事制度工具（合同、公司、合伙）都需要防止当事人将其作为实现非法目的的工具。反洗钱法和税法需要对滥用家族信托的行为加以规制，而非限定家族信托的适用范围。

第四节 信托法修改的展望及建议

《中华人民共和国信托法》实施近20年，取得的最大成就在商事信托领域。目前，狭义的信托业规模超过二十万亿元，民事信托（家族信托）超过千亿元规模，慈善信托规模不到40亿元。其实，无论是商事信托、民事信托还是慈善信托，都没有被完全激活。信托法的理论与实践有了一定进展，但信托实践仍然受到极大的限制，修订信托法的呼声越来越高。信托法已经不能完全满足现实需要，但就对其如何进行修订的问题，还欠缺系统的考察。

一、信托登记和信托税制不是修订信托法所能解决的

目前制约信托业和信托实践的最大问题是信托登记和信托税制。当然还有整个金融业的顶层设计问题。但是，这些问题都是不能通过修订信托法解决的。

《中华人民共和国信托法》第十条确立信托登记制度，第四条授权国务院制定信托业的规范，这个规范应能包含信托登记和信托税制的细则。但是，这些细则长达二十年都没有出台。信托法是信托的基本法，不可能规定信托登记和信托税制的具体操作规则，这是很多对立法能干什么一知半解的人所不明白的。修订信托法，也只能是重申信托登记制度和信托税制的基本原则，不可能解决信托登记和信托税制的落地问题。所以，信托法即使被修订，也不可能解决制约信托业和信托制度发展的这两大瓶颈问题。除非，信托法通过被修订，在附则中对行政部分规定明确的期限，要求行政部门在一定的期限内制定这些细则，但我国的立法中很少有这样的规定。

二、坚持信托法是调整民事、商事和慈善信托基本法的定位

很多批评者认为，信托法的制定是基于规范信托业和商事信托的背景，但制定出来的却是一部调整民事信托的信托法，这和我国目前主要为营业信托和商事信托的实践是相背离的，因此，需要修订信托法，强化其中的商事信托和营业信托的规则。这种观点有一定的道理。那么，是否有必要制定一部彰显商

事信托或营业信托特点的信托法呢？

促进信托制度在商事领域的发展固然重要，普及信托法理，普及信托制度在普通民事领域、慈善领域和其他社会领域的应用，并造福于民，都具有深远的意义。即使修订信托法，仍然需要坚持其民事、商事和慈善信托的基本法定位。

信托法是私法，很多规则都是任意性规则或者备用性规则（default rule），这些基本规则不能只变成应对商事信托场景特殊性的规则。在商事信托的场景下，当事人具有比较强的磋商能力，可以通过约定的方式改变这些任意性规则。至于信托业的监管，仍然需要国务院制定《信托业条例》或者由立法机构制定《信托业法》来解决相关问题。

三、受托人义务的规则只可能是抽象性规范，很难达到人们期待的可操作性

受托人义务的规则是信托法中的核心规则，《中华人民共和国信托法》中关于受托人义务的规定一直被批评为过分简略、抽象和不具有操作性。但这是一个错误的批评。

信托法关于受托人义务的规范不太适合太过具体，这和受托人义务本身属于信义义务的特点有关。信义义务是当事人有限理性的产物——由于当事人（特别是委托人）不可能签订一个完美完备的信托合同来约束受托人，受托人的义务因此多数属于法定义务；由于立法者的有限理性，针对受托人法定义务的规则一定是比较抽象的，将来要依靠监管规则、行业自治规则以及法院的判例来逐渐使这些抽象的规则具体化。

当然，信托法关于受托人义务的规范的确存在一些问题，比如，没有区分忠实义务和谨慎义务，对谨慎义务的内涵缺乏基本的界定，对忠实义务的内涵规定得不全面，对违反信义义务特别是忠实义务的后果（救济）的规定不全面。这些都可以通过修法加以完善。但关键问题在于，受托人义务产生于不完备的合同，正如公司法上董监高的义务也产生于不完备的合同，司法裁量的必要性增加了，司法应当直面这种不可避免的裁量权的行使。判例制的必要性也进一步凸显。

信托法规则的抽象性是应对信托关系复杂性的必然结果，信托法规则的实施要依靠司法通过判例对其进行具体化。立法没有能力做出过分具体的规定，

作为准立法的司法解释也无法很好地解决这个问题。

四、法院在民事信托领域的管理权增加，信托法的实施离不开司法功能的变革

某一部法律的实施不仅要依靠增加法律条文来实现，除了依靠行政法规和部门规章等来解决具体实施和监管问题，还需要完善司法的功能。即使最简单的民事案件，都可能会出现司法部门管理权的介入。在信托法这种构建长期财产管理机制的领域，纠纷的解决可能需要更多司法管理权的介入。

例如，2019年上海市第二中级人民法院审理的"李某1、钦某某等遗嘱继承纠纷二审民事判决书（上海市第二中级人民法院，〔2019〕沪02民终1307号）"中，法院通过解释，把当事人不甚明确的意愿解释为遗嘱信托，最大限度地尊重了立遗嘱人的意思自由。但是，仅靠法院宣告遗嘱信托的成立是不够的，该纠纷的最终解决可能还需要法院跟踪该信托中"受托人"的义务履行状况，特别是在大多数当事人对信托法所知甚少的背景下更应如此。

在家事或者家族信托中，司法有更多介入的必要性。比如，在一个长期存在的家族信托中，受托人在行使裁量权的过程中可能对其行为的正当性和合法性存在疑虑，此时，如果能到法院寻求指示，将会使民事信托制度得到更好的实施。

五、现行信托法存在的不足

现行的信托法的确存在一些待完善之处，这里仅就《中华人民共和国信托法》前三章的明显不当之处做不完全列举。

第一，第二条的"委托给"引起无数的理论争议。

第二，第三条把民事、营业和公益信托并列，引起信托分类的争议。

第三，第四条缺少了一个"的"字，导致很多法院误解为从事信托活动必须采取信托机构形式。

第四，第七条规定信托财产必须是委托人"合法所有"的财产，忽视了信托财产可以是所有权以外的财产和财产权利。

第五，第八条第二款规定信托设立采取的书面形式包括信托合同、遗嘱或者法律行政法规规定的其他书面文件。这种划分是有一定的混乱性的。从法律的分类来看，信托法律行为可以采取合同这种双方法律行为，也可以采取遗嘱

和宣言这样的单方法律行为，法律和行政法规规定的其他书面文件不可能超出这些理论分类。

第六，第八条第三款规定采取其他书面形式设立信托的，受托人承诺时，信托成立，混淆了双方法律行为和单方法律行为。

第七，第十一条第（四）项关于诉讼和讨债信托的规范内涵不明，产生一些错误的适用。

第八，第十二条关于委托人债权人撤销权的规定过于粗略。

第九，第十三条关于遗嘱信托受托人指定的规定不恰当、不周延。

第十，部分条文出现"委托人的信托财产"（如第十八条）的表述，容易引起误解。

六、坚持信托法作为私法的任意性

由于信托法为任意性规定，规范过于粗略大多数情况下并不一定会妨碍实践中实务部门的创造。

例如，信托法关于"委托给"的规范几乎从来没有给实务部门造成困扰；信托法中没有关于宣言信托的规定，但实践中出现了宣言信托的事例；虽然有法院受第十一条第（四）项误导做出信托公司讨债无效的裁决，但压倒性多数的判决认定对信托公司和著作权受托人机构行使权利的行为不构成诉讼信托或者讨债信托。

因此，不是说立法规定得越详尽越好，如果没有进行深入的研究，过分详尽和"具有可操作性"的条文反而会束缚实践的创造。

七、宣传信托法及信托观念

信托法实施近20年，虽然在民事、商事、社会、慈善等领域产生广泛的的影响，但即使在一些专业人士的头脑中，仍然存在对信托法及其观念的成见、误解和不解。

八、一个并非不切实际的期待

《中华人民共和国信托法》及其相关法律法规目前并未被列入任何层级的立法规划，短期内期待信托法规则进行修订是不现实的。但是，2016年通过的《中华人民共和国慈善法》已经纳入全国人大的修法计划。基于慈善事业在促进第三次分配和共同富裕中的重要功能，在慈善领域推动慈善税收特别是慈善信托税制的变革，推动慈善财产设立慈善信托登记制度的完善，并非不切实际的向往。如果慈善领域能实现税制和信托登记制度的变革，其影响绝不仅仅限于慈善领域。这里有理由期待《中华人民共和国慈善法》的修订将会对我国信托法律的完善提供极大的推动力。

中国信托业发展报告
（2022）

第六章

焦点探析：日本信托业史上的四次转型及对中国信托业的启示[①]

---

① 注：本章内容根据中国建投投资研究院研究员龚先念先生所著的《日本信托业史上的四次转型及对中国的启示》以及平安信托研究报告"2022信托公司六大机会"整理而成。

第一节　日本信托业历史沿革及其借鉴启示

日本自 1922 年颁布信托法、信托业法以来，已运营信托业务近百年。目前，日本信托制度完备，信托运用领域广阔，信托产品种类丰富，信托产业发展成熟，实现了信托的大众化和现代化。截至 2020 年末，日本信托资产规模高达 1327 万亿日元，中国只有其规模的 1/4。日本信托业百年的发展史并非一帆风顺，其经历了多次转型，才有了今天的成就。他山之石，可以攻玉，研究日本信托业的转型发展历程，将对当下中国信托业转型具有非常重要的借鉴意义。

一、始于 1922 年的规范发展转型

（一）转型背景

日本正式引进信托制度始于 1905 年，以《附担保公司债信托法》的制定为标志。其时代背景是，日本处于日俄战争结束后的经济恢复，以及轻工业向重工业转型时期，急需引进外资；当时的股份公司还不具备较高的可信性。为了增加公司债的信用力、便于外资筹措以及降低成本，采取将所有公司债权人的担保权进行信托，由受托人统一管理该担保权的保管与执行，由此，以公司为对象的信托制度在日本最先建立起来。

然而，附担保公司债信托业务只允许银行进行承办，且未广泛开展起来。之后，由于"一战"之后日本经济向好，大量信托公司开始设立，截至 1921 年底，日本全国已有 488 家信托公司，信托业务扩展到 30 余个品种，但大部分信托公司资本实力偏弱，且信托滥用现象十分普遍，大量不动产中介、高利贷、股票买卖、代理诉讼等业务全都在信托的名义下开展。大多数信托公司以放高利贷为主要收入来源，信托被看作没有社会信用的行业。1920 年以后，随着经济衰退，日本信托业初步发展隐藏的弊病逐渐暴露，信托公司倒闭现象屡见不鲜。鉴于信托业的混乱局面，日本大藏省开启了以行业规范为目的、以立法为手段的行业整顿工作。

(二) 转型的制度安排

第一，制定信托业法和信托法。1920年，日本大藏省和司法省分别主导信托业法和信托法的起草工作。两法案经法制审议会讨论后，最终于1922年4月21日颁发，1923年1月1日开始施行。

两法的主要制度安排有以下几个方面的内容：一是明确信托法律定义。信托法明确了信托的一般性法概念，以及与信托相关的有关法的基本原则等。二是设立营业许可制度。政府采取的方针是只限于向具有优良信用力的信托公司颁发营业执照。信托法明确规定，凡信托公司注册资本金最低限度为100万日元，不满足条件的公司不得使用"信托公司"的名称。三是界定营业范围，信托与银行分业经营。信托业法规定，信托公司不得兼营银行业务。随后的1928年，日本政府实施的《银行法》也规定商业银行不得从事担保有公司债券信托业务外的信托业务。

第二，将信托公司主业定位于长期融资功能。为了平衡信托业与银行业的发展，避免直接竞争，同时达到限制受托的目的，日本大藏省在向信托公司颁发营业执照时，规定金钱信托的信托期限不得少于2年（之后改为1年以上）、购买一个信托计划的初始金额不得少于500日元。然而在实际运营中，5年期的金钱信托基本上占总金钱信托的50%以上。

1931年，日本政府按五年期限划分金钱信托，五年以上为长期，五年以下为短期，但其更倾向于中长期，更加有利于吸收长期的、稳定资金，有助于资金的集聚。信托公司开始凸显长期融资功能，与发挥短期融资功能的银行相辅相成，共同发展。

(三) 转型的成效

(1) 信托市场的规范使行业集中度大幅提升。此次转型，日本大藏省采取了严格的许可批准方针，许多中小型信托公司纷纷合并或破产。截至1924年底，获得营业许可的信托公司仅有27家，与1921年相比，信托公司数量大幅减少了94%，实现了大藏省提升信托公司信用力的目标，信托行业集中度大幅提升。

(2) 形成以长期融资功能为主的金钱信托主业。"一战"后，日本从慢性债务国转变为债权国，经济结构从农业国转变为工业国，一方面有产者增多后将财产委托给专业机构管理运用的需求增加了，另一方面工业企业的长期资金需求显著增加。此时，定位于长期融资功能的金钱信托正好满足了二者的需求，取得快速增长。统计数据显示，1929 年 3 月末，日本信托财产总额为 12.68 亿日元，是当时日本银行存款总额的 1/8，其中金钱信托财产总额为 10.04 亿日元，占比为 73%。随着金钱信托业务的快速发展，日本信托业受托管理的信托财产总额不断增加，1924 年为 1 亿日元，1928 年增加到 12.6 亿日元，1936 年为 22 亿日元。

二、1948 年的信托银行混业经营转型

（一）转型背景

第一，战时经济体制导致日本信托业功能混乱。"二战"期间，为迅速集中各种资金、筹措大量军费，加强对银行贷款方向、利率的控制，日本政府实行金融规制。针对信托业，一是赋予信托公司吸储作用，降低信托业务客户投资门槛。1937 年开始将金钱信托的准入门槛从 500 日元降为 50 日元，使信托公司更多地起到和银行相同的储蓄作用，自此拉开日本信托业功能混乱的序幕。二是进一步提高行业集中度，以改组与合并的方式开启信托公司的清理整顿工作。截至 1940 年底，信托公司仅存 21 家。三是进一步强化战时资金统制，允许银行兼营信托业务。1943 年兼营法的制定，促使银行吸收合并信托公司。截至 1945 年底，信托业仅剩下 7 家专业信托公司，而兼营信托业务的银行有 11 家。

第二，"二战"后初期的严重通货膨胀导致信托业经营难以为继。"二战"后初期，日本政府为了复兴经济而采取的倾斜生产方式引发了严重的通货膨胀，同时，由于农地改革、《租地法》和《房屋租借法》的修订、《财产税法》的颁布，财阀解体，日本的地主阶级与富裕阶层不可避免地没落了。信托关系中委托人的委托需求日益萎缩，信托公司的业务陷入窘境，在经营上面临极度的困难。同时，日本借鉴美国制定的证券交易法不允许信托公司再办理证券承办业务，进一步恶化了信托公司的经营状况。

信托公司试图在困境中获得重生，其在 1947 年撤销了之前设定的金钱信托的五年期限，以期与银行一样利用吸收短期资金起到储蓄作用来寻求转机，但依然杯水车薪。更有甚者只能依靠销售彩券维持生计。

（二）信托银行转型的制度安排

为了重振信托业，1948 年日本政府接受了驻日联合国军总司令部的建议，

参考美国信托实践，让信托公司兼营商业银行业务，以此增加信托公司的利润来源。但是，让信托公司兼营商业银行业务是有违日本信托业法分业经营规定的。当时，日本政府并未通过直接修改信托业法的方式来达成此事，而是让信托公司先依照信托业法的规定退回信托业执照，后依照银行法获取普通银行执照，同时获取兼营法下兼营信托业的许可。1948年8月，日本政府发布《金融机构重建整备法》，将信托公司按银行法改组为信托银行。

（三）转型成效

第一，信托公司全部转型为信托银行。1948年8月，除1家信托公司转型为受托证券投资信托公司（不久后再次转型为证券公司）外，其余6家信托公司全部转型为信托银行。至此，信托业法下的信托公司全部消失了。此次转型后，从1949年开始，日本信托银行可以同普通银行一样吸收存款，与之对等，普通银行依然可以继续经营信托业务，从此日本正式进入混业经营时代。

第二，摆脱经营危机，但经营困境并未扭转。统计数据显示，1949年这6家信托银行的银行存款超过金钱信托的交易额，可以说，混业经营在很大程度上帮助日本信托业渡过生存危机。

然而，转型后的信托银行的经营困境并未扭转，其银行业务刚刚起步，分支机构少，筹措资金难，毫无竞争优势；信托业务依然由于通货膨胀的持续，十分不景气：法人不再委托长期运用资金，个人也因新日元的冻结而不再拥有资金运用的空间。

三、1952—1953年的长期金融功能转型

（一）转型背景

第一，1948年，日本的信托银行转型并不成功。转型后的信托银行受通货膨胀的影响，依靠短期、高利的策略吸引资金，当时的主要业务是期限为3~6个月的单独运用指定金钱信托（简称"指定单"），占受托总资产的80%以上。但由于该类业务与地方银行存在竞争关系，并违反当时政府采取的低利息政策，监管当局采取了几近禁止的经营限制。

第二，信托、银行混业经营扰乱金融秩序。自1943年兼营法推出后，金融混业经营导致金融监管多重性、金融风险连锁性、金融业务混乱性、金融竞争恶化性等一系列问题。相当多的信托兼营银行混同银行账户和信托账户，将

金钱信托资金用于银行存款等特例商品，不但成为扰乱金融秩序的重要因素，还在事实上否定了信托原本的功能，对信托业发展造成负面影响。

第三，政府暂停了"二战"后初期恢复工业的金融安排。为了抑制战后严重的通货膨胀，1949年日本政府采取了财政金融紧缩政策，断然停止了战后初期利用复兴金融金库来恢复工业的金融制度安排。作为替代，设立一个美援专项对口基金，将美援进口商品的日元收入用于提供长期工业项目贷款。但是实施一年后，政府发现，这种投资速度远不及按上涨的价格从消费者口袋里吸取资金来得快。而此时，随着经济景气好转，钢铁、煤炭、重化工等基础产业的资金缺口巨大且需求极为迫切。

第四，居民大量闲置资金没有储存在银行。1946年2月，日本政府为了应对飙升的通货膨胀，采取"更换新日元"和"存款封锁"政策，即发行新日元代替旧日元，同时对从银行取出存款的行为加以限制。这一政策直接导致居民储蓄意愿减弱，居民手中的大量闲置资金没有储存在银行，政府也难以通过银行机构动用储蓄用以支持基础产业发展。同时，指定单等金融产品的限制，使居民的闲置资金缺乏投资增值渠道。

（二）转型过程及制度安排

第一，信托行业向政府提出长期贷款产品构想。为了摆脱"二战"后经济动荡时期行业发展停滞困境，以及对期限短高分红信托产品的依赖，同时基于对当时社会融资需求和居民闲置资金灵活运用的分析判断，1951年，信托行业向政府提出向基础支柱产业提供长期贷款产品及资金的构想。

第二，信托业协会提出贷款投资信托方案。基于信托行业提议，1952年初，日本信托业协会起草了《关于贷款投资信托制度实施的探讨》，并提交给大藏省、日银总裁、日银政策委员会、众参两院大藏委员长等进行审议。

第三，制定贷款信托法。在信托业协会提议仅约半年后，1952年6月，日本政府颁布并实施了贷款信托法。该法将贷款信托业务锁定在"对资源开发或其他重要产业"提供长期稳定（信托期限2年以上）的资金的目的上，并享有补偿本金特约和补足利息特约。

第四，再次确立金融分业经营，将信托银行定位于长期金融。日本大藏省在1953年6月提出"长短分离、银信分离、银证分离、大小分离"的金融分业经营模式。这里面有三种"分离"与信托业直接相关。其中，"长短分离"明确长期金融业务与短期金融业务分离；短期金融业务（1年以内）由商业银行经营，主要向非金融企业提供短期资金贷款；长期金融业务（1年以上）由长期信用银行和信托银行等经营，主要是向非金融法人企业提供设备投资等长期贷款。"银信分离"明确银行业务与信托业务分离，一般银行不允许经营信托业务，只有信托银行可以开展信托业务。"大小分离"明确大企业和小企业的金融机构分离，信托银行主要面向大企业开展融资贷款活动。

（三）转型成效

第一，在制度层面构建信托银行的专营业务。在日本政府的金融行政干预下，原来银行按照《兼营法》可以兼营的信托业务被分离，不允许再兼营，银行的信托部移交给原有的信托银行或单独重组为独立的信托银行。截至1957年，11家兼营信托业务的银行中，有7家地方银行相继停止了信托业务，3家都市银行将信托业务让渡于新设立的2家信托银行，除大和银行外，信托专业主义得以实现。贷款信托业务成为信托银行专门面向大企业开展长期融资的专属业务，信托银行与商业银行分占市场的格局形成。

第二，贷款信托成为信托主业，信托实现大众化。贷款信托法将金钱信托定型化和小额化，信托银行以此获得新的客户群。贷款信托依靠其高安全性、高收益性以及收益税收优惠，取得超乎想象的发展。统计数据显示，日本全国曾一度有700多万个家庭参与贷款信托，委托人数量比信托业最发达的美国还多。截至1965年，贷款信托余额高达21927亿日元，比"二战"前的规模增加了近千倍。信托银行以贷款信托业务为中心，用10余年的时间一举扩大了市场规模，确立信托业在日本金融界的地位。

四、始于1992年的以受益权转换功能为主的转型

（一）转型背景

第一，日本进入资金充裕时代，企业低利率融资成为可能。1985年9月"广场协议"后，日元急剧升值导致日本出口增长减缓，日本银行开始加大金融缓和政策力度，持续下调基准利率，至1987年2月，降至"二战"后最低的2.5%水平，随之货币供应的增加率高达2位数，企业低利率融资成为可能，贷款信托业务受到较大冲击。

第二，金融自由化推动直接融资快速增长。20世纪80年代，日本开始阶段性地推行金融自由化，资本市场快速发展，股票价格持续上升，上市公司很

容易通过发行股票获取资金。大企业开始减少银行贷款，转为在股票市场上进行融资。随着发行公司债券的限制开始缓和，越来越多的企业通过发行公司债券、可转换债券、附认股权证公司债券、短期融资券等直接融资方式，从国内市场和海外市场获得资金，自此，贷款信托完全可以被替代了。

第三，企业融资需求大幅减少，资产运用需求增加。随着日本产业高度的成熟发展，企业对资金的需求不再像经济高速增长时期那样旺盛。企业没有资金需求，就把从直接融资市场低息获得的资金存入大额定期存款，获得利差收益；或用来购买特定金钱信托、信托基金等金融产品，获取投资理财收益。

第四，居民"从储蓄转向投资"的浪潮兴起。20世纪80年代后半期，日本土地价格开始暴涨，股票价格一路飙升，日本大众兴起"从储蓄转向投资"的巨大浪潮，居民储蓄大多投向房地产、股票，以及以投资信托为中心的资管产品，偏好小额、高流动性的投资人圈层显著扩大。而20世纪90年代开始实施的低利息政策，使贷款信托的预期收益率随之降低，产品优势逐渐丧失，从而导致贷款信托规模大幅减小。

第五，房地产和股价泡沫破灭成为压垮信托银行的最后一根稻草。在日本地价和股价暴涨时期，日本信托银行的贷款信托资金大举进入房地产业和金融服务业，1989年贷款信托进入房地产的资金规模为59162亿日元，进入金融业的为64215亿日元，均超过投入制造业资金规模的历史最高值（见图6-1）。1990年初，日本股价开始暴跌；1991年下半年，地价开始迅速下跌。这造成大量房地产业和金融机构破产倒闭，贷款信托形成巨额不良债权，贷款信托业务规模在1992年达到历史最高点后快速缩小。而对于信托银行而言，更为严重的是根据贷款信托法的规定，该类产品到期后要向投资人保本付息，信托银行面临严峻的经营危机。

此时，年金信托、金钱债权信托等其他业务虽有所发展，但其比重及利润贡献远低于贷款信托；土地信托、证券信托在泡沫经济崩溃后盈利状况急速恶化。在这些因素的综合作用下，自1952年以来一直以贷款信托为主业的日本信托业整体业绩大幅下滑，连续数年巨额亏损（见图6-2），以长期金融为核心的功能定位难以为继，全行业面临再次转型。

第六，泡沫经济破灭后的资产流动化需求开始盛行。20世纪80年代中期开始，日本的信贷资产流动化需求开始产生。首先是租赁公司、信贷公司想摆脱一直依存于金融机构拆借的间接金融，开始通过租赁债权、信贷债权的小额

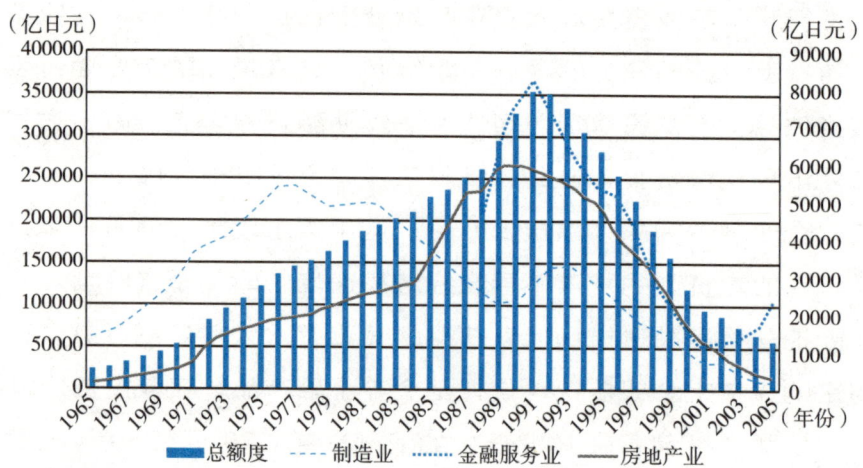

图 6-1　1965—2005 年日本贷款信托规模及资金流入行业变化情况

资料来源：笔者根据日本信托业协会统计数据绘制。

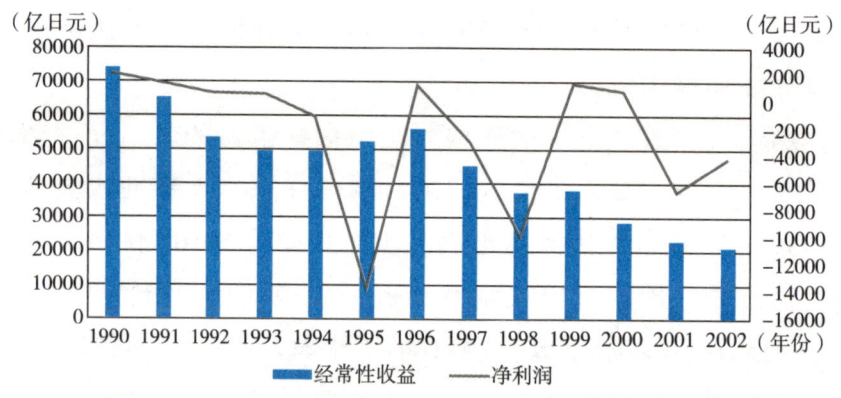

图 6-2　1990—2002 年日本信托业业绩变化情况

资料来源：笔者根据日本信托业协会统计数据绘制。

化销售实现资金调配需求。1988 年，由于日本金融机构的自有资本比率必须符合国际统一标准的迫切要求，住宅贷款债权流动化开始实施。

1992 年前后，日本股价和地价一泻千里，日本经济泡沫破灭，大量企业负债增加，信用评级大幅下降，企业资产流动化需求快速增长。虽然此时房地产的地价大幅下跌，但是房地产本身的收益情况是在变好的，很多企业将楼宇进行转化，优化财务报表，用以提升信用评级，以便于开展短期融资。同时，无力偿还贷款信托的房地产企业将房产抵押给信托银行，信托银行尝试通过不动产证券化解决经营问题。政府也希望通过资产证券化方式化解金融风险，于是租赁债权、信贷债权、一般贷款债权、以地方公共团体为对象的贷款债权的流动化需求变得更加广泛。2000年以后，企业表外化需求增加以及机构投资者投资需求的多元化，带动不动产流动化的普及。

（二）转型过程及制度安排

第一，信托业界积极推动资产流动化相关业务。在贷款信托业务快速萎缩的同时，年金信托、土地信托、证券信托等业务受股价和地价暴跌的影响，业绩大幅下滑。日本信托业协会统计数据显示，1990年信托业经常性收益为7.42万亿日元、净利润为2090亿日元，1992年下降为5.33万亿日元和662亿日元，降幅分别为28%和68%。

为了改善这一局面，信托业界基于自身房地产的专业优势（拥有房地产业牌照和估价师、交易师等房地产专家）、多年土地信托方面的经验，以及对当时房地产价值的判断，积极向政府提出开展房地产等资产证券化业务的申请。此举一方面可以化解部分贷款信托业务风险，拓展新的业务来源；另一方面房地产等资产证券化后，可以增加年金投资范围，从而改善年金信托业绩。

第二，监管部门认可贷款债权流动化的信托方式。1992年12月，日本大藏省对"关于提升金融机构贷款债权流动化等自由资本比率的对策"作出部分修改，对一般贷款债权流动化采取信托形式予以承认。1994年12月，大藏省再次对该对策进行修改，鼓励以地方公共团体为对象的贷款债权流动化采取信托形式。

第三，政府制定特定债权法减轻债权流动化的实务负担。日本民法第四百六十七条规定，债权转让必须满足对抗债务人和对抗第三人的要件。然而，在金钱债权流动化的实践中，常有将小额多数的债权集合起来进行让与的情形，若要具备对抗要件，则存在实际操作上的客观障碍。为此，日本于1993年6月颁布实施了《特定债权等事业管制相关的法律》，规定就租赁债权与信贷债权等特定债权，可采取公告的形式具备对抗要件。该法律在减轻债权流动化的实务负担上发挥了划时代的贡献。

第四，修改证券交易法，将住宅贷款债权信托受益权纳入交易对象。1993年，日本修改证券交易法，将住宅贷款债权信托受益权认定为证券交易法上的有价证券，从而扩大了资产流动化市场。

第五，制定不动产流动化的相关法律。1998年9月，日本实施了《特定目的公司特定资产流动化法》（SPC法）、《特定目的公司特定资产流动化法施行之际完备关联法律等的相关法律》，以房地产为标的的流动化制度得以确立；

特殊目的公司成立解禁。然而该法在原则上的制约较多，2000年5月，相关部门对其进行了修改，更名为《资产流动化法》（改正SPC法）。改正SPC法将SPC的流动化对象资产，从以往的金钱债权、不动产等信托受益权扩大到全部财产权。

2000年，日本政府修改《证券投资信托与证券投资法人法》，取消了原法中的"证券"二字，更名为《投资信托与投资法人法》。修改后的法律将投资信托的运用对象扩大为包含不动产在内的多领域资产，房地产投资法人成立解禁，进而资产流动化市场进一步扩大。

（三）转型成效

第一，资产流动化信托运用领域快速发展，受托规模快速扩大。在日本信托业界和政府的共同推动下，资产流动化信托迅速从租赁债权、信贷债权扩大到各种类型的金钱债权，包括住宅贷款债权、一般贷款债权、以地方公共团体为对象的贷款债权、票据债权、赊销债权等。2000年以后，不动产信托开始盛行。2001年J-REIT首次上市，随后住宅专营型（2004）、物流设施专营型（2005）、酒店专营型（2006）、产业基础设施专营型（2007）、康护设施专营型（2014）先后上市，2017年REIT取得医院房地产。

随着运用领域的快速扩大，自1995年开始，资产流动化信托规模实现快速扩大（见图6-3），2007年达到62.7万亿日元，超过贷款信托历史最高值。该类信托规模持续扩大，截至2020年末已达到91.1万亿日元。

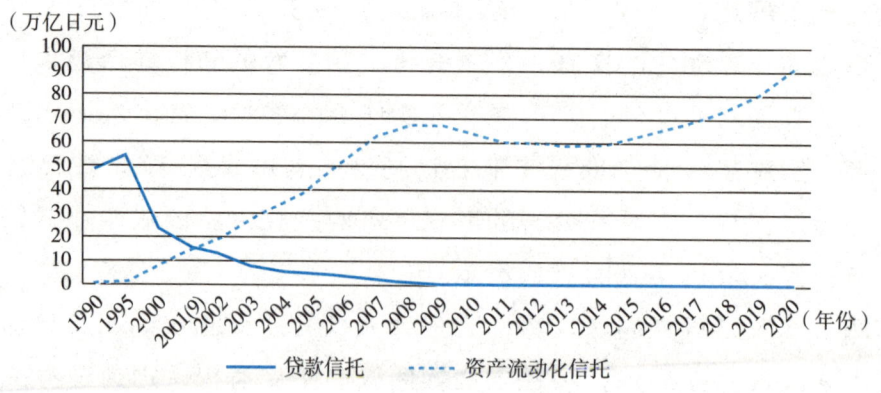

图6-3　1990—2020年日本资产流动化信托增长情况

资料来源：笔者根据日本信托业协会统计数据绘制。

第二，信托业整体规模持续扩大，经营业绩在10年后趋于稳定。由于资产流动化信托规模快速扩大，日本信托业信托资产规模整体上并未受到贷款信托规模快速缩小的影响，相反，1993—1998年略有增长，1999年后开始快速增长，截至2019年末，信托资产达到1260万亿日元，是1992年的6.3倍（见图6-4）。

从信托业业绩来看，经过大幅波动和调整，经常性收益和净利润在2003年开始企稳（见图6-4），净利润开始扭亏为盈。此后，经常性收益基本稳定在2万亿日元上下，净利润除受2008年金融危机影响外，基本保持在3000亿日元左右，超过20世纪90年代初的水平。

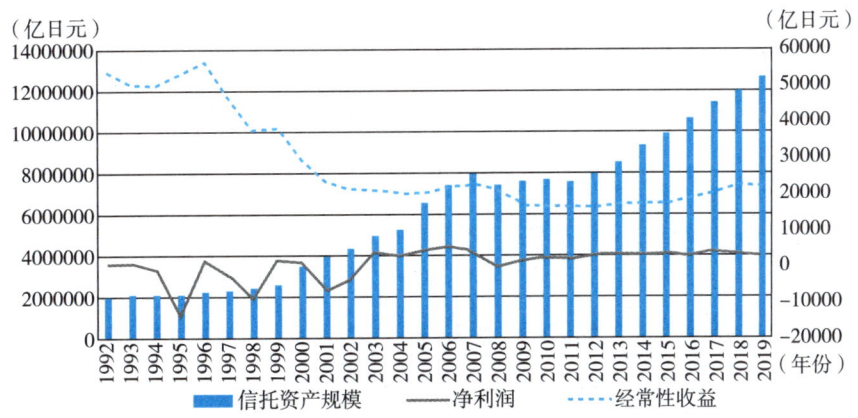

图6-4　1992—2019年日本信托业绩资产规模和业绩变化情况

资料来源：笔者根据日本信托业协会统计数据绘制。

第三，行业集中度进一步提高，规模效应大幅提升。1999年，排名第3的三井信托银行与排名第6的中央信托银行合并为中央三井信托银行。2000年，第一劝业银行、富士银行和日本兴业银行合并为瑞穗金融控股集团。2001年，三菱信托银行、日本信托银行和东京三菱银行合并为三菱东京金融控股集团；同年，东洋信托银行与东海银行、三和银行合并为日本联合金融控股集团。2005年，三菱东京金融控股集团与日本联合金融控股集团再次合并组成三菱UFJ金融集团。2009年，第一劝业富士信托银行、大和银信托银行与大和银行合并为理索那银行。2011年，中央三井信托银行与住友信托银行再次合并为三井住友金融控股集团。至此，日本信托业形成三井住友、三菱UFJ、瑞穗金融、理索那银行四大寡头格局。

在行业集中度大幅提高的基础上，日本信托业的规模效应进一步凸显，信托资产费用率（经常性费用/信托资产规模）快速下降（见图6-5），2003年后基本维持在0.3%以下的水平。

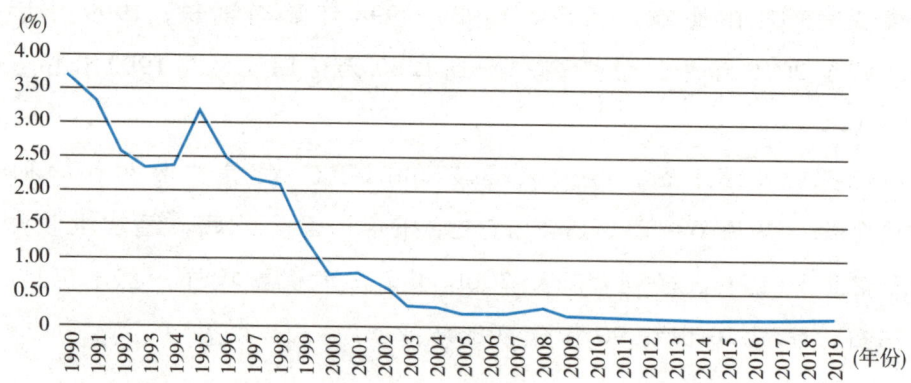

图6-5 1990—2019年日本信托业信托资产费用率变化情况

资料来源：笔者根据日本信托业协会统计数据绘制。

第四，信托业务三分格局形成，信托功能转型和商业模式转变成功。此次转型后，资产流动化信托业务的快速增长，既扩大了信托功能运用领域，也丰富了年金信托、金钱信托、金外信托的投资范围，两者相互促进，极大改善了日本的信托业务格局，日本信托业核心功能从单一的长期金融，转变为资产管理、资产流动化和资产运用三者并重（见图6-6）。

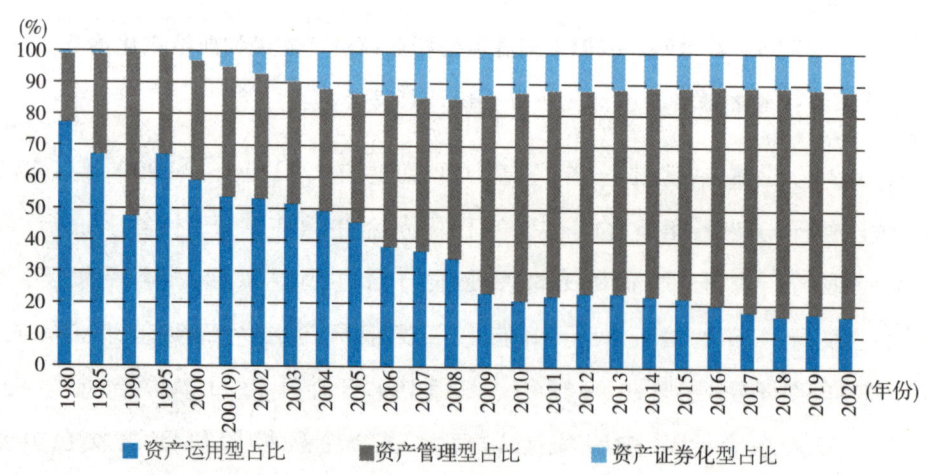

图6-6 1980—2020年日本信托业务格局变化情况

资料来源：笔者根据日本信托业协会统计数据绘制。

在新的业务格局下，日本信托业彻底转变了以贷款信托业务为核心、以赚取贷款利息为主要营收来源的商业模式，转变为以资产管理为核心服务、通过"管理费收入+超额收益提成"获取收益。在此模式下，作为管理费收入的信托报酬率显著下降，信托银行通过做大信托资产规模实现规模效应。

（四）对日本信托业四次转型的总结

第一，决定转型的核心是化解风险。回顾日本信托业四次转型的历程可以发现，决定转型的根本原因不是经营发展需要，或是社会需求改变，而是化解风险。1922年的第一次转型是为了化解信托公司无序经营造成的系统金融风险；1948年的第二次转型是为了帮助信托公司解决经营困境、化解生存危机；1952—1953年的第三次转型是为了化解信托、银行混业经营后违规开展相关业务扰乱金融秩序的风险，同时扭转转型后的信托银行的经营困局；1992年开始的第四次转型是为了解决因贷款信托巨额不良债权引发的信托银行经营危机。

第二，推动日本信托发展的原动力是经济生活需要。从日本信托业的四次转型可以看到，其有转型成功的，也有转型失败的。转型的目的是化解风险，然而真正推动日本信托百年发展的原动力来自经济生活需要。1905年引进的公司债信托，是日本政府为了筹措外资以发展重工业，推动经济转型和发展；1952年创设贷款信托，是为了满足基础产业发展的长期资金需求，以及居民闲置资金的运用需求；1992年以后资产流动化信托的快速发展，主要源于信贷资产流动化、企业资产尤其是不动产流动化需求的广泛增加，以及个人与机构投资需求的日益多元化。相反，如果没有市场需求，信托就没有发挥价值的空间，信托机构的经营就会出现问题。"二战"后初期的状况就是一个典型例子。

第三，不符合金融规律的金融业务终将被市场淘汰。贷款信托在日本信托史上发挥了极其重要的作用，其不仅帮助转型之初的信托银行扭转了经营困境，更让信托制度在日本社会普及开来。然而，贷款信托法本身的制度设计完全违背了金融规律，高收益、保本付息的贷款信托业务本质上就是假借信托名义的长期信贷业务，具有典型的规模转换、期限转换以及风险转换特征。最终，贷款信托在泡沫经济中将信托银行拖下水，自身也完全被市场淘汰。2009年9月21日后，信托银行不再销售该类产品；2017年底，该类信托账户余额清零，并正式退出历史舞台。

第四，"紧扣信托核心功能，业内积极推动，法制建设先行"是日本信托业数次成功转型的经验。日本信托业发展一直立足于信托的三大核心功能，即资产管理、受益权转换和破产隔离。顺应时代变化，在不同历史时期以最大化发挥信托功能的领域作为核心主业，日本才有了数次转型的成功。

日本信托业1948年后的两次转型都是在信托银行的积极推动下实现的。

在笔者与三井住友信托银行的交流中，对方认为，在日本，信托业界跟政府的关系比较对等，很多新业务都是信托业界与信托业协会发起并推动的，而中国国内信托业的创新更多的是在监管部门框定的范围内进行的探索。

日本信托业的四次转型还有一个明显的特征就是法制建设先行，即先立法、后展业。由于日本信托制度与大陆法系存在很多矛盾甚至冲突，为了灵活运用信托制度，日本政府采用特别立法的方法解决信托实务中的障碍，从而推动信托业务快速发展。

五、对中国信托业转型的启示

（一）信托业务要进入主流经济活动才能实现长期可持续发展

改革开放后，中国信托业的五次清理整顿和转型的根本目的都是化解金融风险。产生金融风险的症结在于，信托业务在金融制度安排中始终扮演着"补充、配合"的角色，总是无法进入主流经济活动，信托机构一直依靠"打擦边球、钻空子"谋求生存与发展。

对标日本信托发展的经验，中国信托业转型的根本出路在于进入主流经济活动，满足经济生活的主要需要，培育最大化发挥信托功能的经营主业。唯有如此，才能形成可持续发展的信托业务，进而使信托功能被广泛运用，信托制度价值充分体现。

（二）信托市场前景极广阔，中国的信托运用还处于初级阶段

从日本信托市场规模来看，自第一次规范转型以来，信托资产规模持续增长，1924年达到1亿日元，1992年达到200万亿日元，第四次转型后更是迎来高速增长。截至2020年末，信托资产达到1327万亿日元，近30年增长了6.6倍。如今，信托制度在日本被广泛运用于以资产运用、资产管理、资产继承和公益为目的的法人和个人；近年来，面向个人的信托业务覆盖了从青年至中年、老年的各种财产管理服务。日本信托业界认为，时至今日，日本的信托制度终于达到像美国那样以自身多样化的财产，为实现不同的目的而得到广泛运用的状态。

中国信托业协会统计显示，截至2020年末，中国信托资产规模为20.49万亿元，折合成日元为324万亿日元，只有日本信托规模的24%。而目前中国信托制度运用以融资为主要目的，基本还处于日本第三次转型后的阶段；信托

资产较为单一，基本以资金为主；个人信托业务刚起步。整体而言，中国的信托运用还处于较为初级的阶段。未来，全球普遍预期中国经济有希望、有潜力保持长期平稳发展，人均国内生产总值2035年将达到中等发达国家水平，这意味着中国人均收入将从1万美元增长到2万美元或3万美元。基于此，本书判断，中国信托市场规模将远超日本，信托市场前景极为广阔。

（三）受益权转换、资产管理功能是中国信托业转型可借鉴的方向

从日本信托业发展史来看，活用信托的金融功能胜过信托固有的资产管理功能的状况长期占据主角地位，并通过贷款信托实现了信托大众化。然而事实上，日本信托业自转型为信托银行后一直致力于资产管理和受益权转换功能的运用。从20世纪60年代开始，陆续开发了年金信托（1962年）、住宅贷款债权信托（1973年）、公益信托（1977年）等业务。在此阶段，由于个人财产、法人财产正处于形成的上升期，所以上述业务的市场规模极小，难以成为信托业的主营业务。直至90年代以后，随着个人、法人资产的形成，直接金融的兴起，以及高龄少子化社会结构的转变，资产证券化信托、年金信托、福祉信托规模快速扩大，受益权转换和资产管理功能逐步替代金融功能，成为日本信托业的核心功能。这一过程的实现是日本信托业界多年的夙愿。

对比日本信托业，当下中国信托公司转型的时代背景与20世纪90年代的日本有诸多相似之处：利率市场化、企业融资渠道多元化、直接融资比重持续提高、房地产泡沫以及资产证券化需求大幅增加等。因此，顺应时代变化，以受益权转换和资产管理功能运用为核心应该是中国信托业的未来发展方向。

（四）中国信托公司转变商业模式是大势所趋

日本信托业第四次转型清楚地告诉我们，随着企业融资需求的变化和融资形式的转变，以发挥长期融资功能、以赚取贷款利息为主要盈利模式的贷款信托业务难以持续，最终走向消亡。反之，资产流动化需求快速增长，日本信托银行抓住时机，转变商业模式，开发出不同资产类型的流动化信托产品，为企业、金融机构提供所需要的各种配套服务。在新的业务模式中，信托银行的信托报酬率大幅下降，但是信托资产规模持续攀升，信托行业的净利润水平保持稳定。

目前，对于中国信托公司而言，资管行业加快统一监管、利率市场化持续推进以及融资渠道的畅通等因素将冲击现有的业务模式，与日本当初一样，信

托公司以赚取利差为主要盈利来源的非标债权业务也将难以持续。我们判断，较低报酬的管理费收入将是信托公司未来的主要盈利模式，业内将通过做大规模获取基础管理费收入，通过做长期限获取超额收益分成。

（五）法制完备是推动信托业快速发展的先决条件

作为一个大陆法系国家，日本信托业能够超越信托发源地英国，很大程度上源于其法制建设上的成功。日本在1905年从美国引进公司债信托时，并没有马上照搬业务，而是先立法，制定了《附担保公司债信托法》，用法律条文对如何开展该类业务做了详尽的描述。此举在全世界的信托史上创了一个先例。此后日本的信托业务一直延续了这种先立法后展业的方法，很好地解决了一个没有衡平法传统的国家如何开展信托的现实问题。

反观国内，很多信托业务发展迟缓的核心原因就是法制建设不健全。尤其是信托财产登记制度长期缺位，导致信托财产的保护和隔离功能无法完全实现。税收制度也很不理想，在涉及信托的所得税、增值税、房产税等方面存在重复征税的现象。遗产税尚未征收，私人信托的税务筹划功能难以体现出来。这些都严重制约了家族信托、慈善公益信托等个人信托业务的发展。

（六）信托的大众化水平和信托行业的集中度是中国信托业转型不可忽视的重要因素

我们注意到，日本信托业在第三次转型后通过贷款信托产品实现了信托大众化，全国有700多万个家庭购买过该类产品。如果没有这个信托普及过程，以及大众对信托银行的良好认知，相信长期依赖于长期金融的日本信托业在第四次转型中不会那么顺利，至少转型周期不会那么短。

中国信托业远没有达到信托大众化的水平，并且由于历史上的数次整顿，行业整体形象欠佳。近年来虽然实现了快速发展，行业地位有所提升，但是监管部门对其核心业务影子银行的定位，让其难以摆脱热衷投机、扰乱宏观调控的负面形象。而信托公司拟转型的资管业务、非标股权业务等，不仅需要较长周期的投资业绩支撑，更需要长周期的品牌树立。因此，现阶段中国信托业转型的难度会比当年日本大。

日本信托业集中度在每一次转型后都有提高，尤其是第四次转型后，新的商业模式下信托报酬率极低，唯有提高规模效应才能做大做强，提高行业整体竞争力。为此，日本信托业自1999年开始先后进行了7次兼并重组，最终形成了三井住友金融控股集团、三菱 UFJ 金融集团、瑞穗金融控股集团和理索那银行四大支柱的格局。这是日本信托业成功转型和持续增长的关键原因之一。

如今的中国信托业转型面临严峻的金融同业竞争，在监管部门倡导的资管业务、财富管理业务和服务信托业务方向上都存在明显的竞争劣势，既不具备先发优势，又没有规模优势。未来，提高信托业集中度，加强行业内外的并购整合，是中国信托业弯道超车、快速提升核心竞争力的关键，也是中国信托业走向成熟的必由之路。

（七）转型要未雨绸缪、抓住时机、主动而为并保持定力

在日本信托业四次转型中，难度最大的是第四次，此时信托资产规模已经高达 200 万亿日元，贷款信托业务已经开展了 40 年，早已不是"船小好掉头"的状态。如若没有土地信托和房地产业多年的运营经验，日本信托业很难快速在资产流动化信托业务上取得突破。同时，抓住时代变迁赋予的新业务机会，主动向政府提出申请并推动相关制度建设的完备，如此才有了第四次转型的成功。

与此形成鲜明对比的是，同是在 1953 年金融分业政策中定位于长期金融功能的日本长期信用银行（简称长银），本已开始尝试向投资银行转型，但没有转型的定力，仍痴迷于过往赚快钱的模式，在 20 世纪 80 年代末期仍全力投入能够最快获得收益的不动产事业，企图沿用过去的商业模式在新世界里生存下去。不幸的是，不动产泡沫破灭后，这些投资纷纷变成了不良债权，1998 年 7 月，长银股价跌破面值，宣布破产，彻底失去了转型的机会。

面对同样的时代背景和市场需求变化，日本信托银行和长银都需要改变原有的商业模式，并为此必须付出艰苦的努力才能继续生存。然而事实上，由于两者做出了完全不同的选择，也产生了不同的结局。对于中国信托业界而言，若想转型成功，一定要有转型的魄力和定力，不要"等、靠、要"，抓住时机，主动而为，早做布局。

第二节 资管新规背景下中国信托业转型方向及市场机遇

从宏观来看，"十四五"规划发展方向明确且坚定，科技创新与产业升级两大经济主线进一步明确，结构性改革政策重心逐步聚焦共同富裕、落实"双

碳"行动与推进房地产平稳健康发展。

从行业来看，金融服务实体经济要进一步强化，信托公司传统三大主力业务即地产、城投、通道持续萎缩，行业面临根本性变革。

综合当前宏观经济与政策导向、市场发展趋势、信托牌照优势与能力禀赋等因素，2022年信托公司可重点把握六大业务机会。

一、"防风险"让位"稳增长"，REITs持续扩容下的新基建投资机会

"十四五"规划提出："到2035年实现经济总量或人均收入翻一番"，"加快新型基础设施建设"。在"需求收缩、供给冲击、预期转弱"三重压力下，"稳增长"取代"防风险"成为2022年中央经济工作头号目标，在"适度超前开展基础设施投资"的政策指引下，加大基建投资已成为核心抓手。

首批公募REITs交出靓丽答卷，9个REITs产品上市半年后平均涨幅达到19.17%，三季报业绩表现符合预期，项目基本面持续向好，市场预测未来5年内我国有望形成万亿元级别的REITs市场。

信托公司传统城投融资业务应加快向新基建投资业务转型，充分利用REITs市场退出优势，提前布局优质新基建项目，积极开展股权业务，分享新一轮基建投资红利。

二、"双碳"目标路线图落实下的新能源加快布局机会

"双碳"目标路线图明确2030年非化石能源消费占比达到25%以上（2020年这一数据为16.4%），2060年占比达到80%以上，光伏与风电行业步入发展快车道，市场预测"十四五"和"十五五"期间，新增装机容量分别为500GW和1000GW，对应的总投资额分别为2.6万亿元和4万亿元。

光伏平价后，技术带动转换效率不断提高，利润空间有望持续放大。大型风机产业化加速推动，项目造价阶梯式下降。"十四五"规划提出，持续开发九大大型清洁能源基地与五大海上风电基地，大型基地项目逐渐成为装机主力，并加速落地。

信托公司应发挥信托工具的灵活优势，积极挖掘光伏/风电行业股权投资、投贷联动等业务机会，将实体资产投资与股权投资相结合，分享行业高成长红利。

三、资本市场制度改革提速下的权益投资长期向好机会

2021年，中央经济工作会议首次提出"全面实行股票发行注册制"，资本市场建设上升为国家战略，制度改革全面提速。2021年，IPO数量、规模创新高，其中科创板、创业板、北交所上市占比超过七成；A股总市值逼近100万亿元，万亿元日成交额成为常态。资本市场在拓展创新型企业融资、引导经济脱虚向实方面的作用将日益凸显。

对照美国资本市场的发展历程，目前我国证券化率、机构化率类似20世纪90年代初的美国，宏观环境类似20世纪80年代初的美国。比如，经济调结构、直接融资占比提升、无风险收益率下行、资管破刚兑/净值化、养老金加快入市，中国权益市场有望迎来类似美国1982—2000年的"大爆发"阶段。

信托公司应抓住权益市场的大发展机遇，主动拥抱资本市场，加大PE股权、定增、可转债等一级/一级半市场业务布局；寻求差异化定位，提高二级市场产品的主动管理能力；阳光私募业务将迎来上量机遇。

四、地产"政策底"走向"市场底"下的住宅融资转型商业地产投资机会

中央明确坚持"房住不炒"，地产调控从严的大方向不变，逐步"去地产化"的转型路线不变。房地产行业处于从"政策底"向"市场底"的过渡阶段，房企复苏信号尚未到来，现金流趋紧状态不改。2022年上半年仍需密切关注政府相关部门及金融主体的配套动作，第一、第二季度商品房销售与去化情况，开发贷对民营房企投放节奏，企业自救的决心和动作等。

然而，传统商业地产逐渐复苏，仓储物流与长租公寓等不动产新业态需求旺盛。写字楼及零售物业空置率开始回落，租金跌幅逐渐收窄趋稳，需求延续恢复态势；电商发展刺激个人消费增长，高标仓储物流需求不断加大；人口红利、政策导向、购房限制等因素支撑一线城市长租公寓市场需求旺盛。

因此，信托公司应基于地产行业发展大势，主动从传统住宅融资向商业地产投资转型，大力布局仓储物流、长租公寓、IDC等基本面长期向好的细分领域。

五、私行货架固收产品供给不足下的固收+/FOF"非标"替代机会

招商银行与贝恩发布的2021年中国私人财富报告显示，长期来看，固收产品是高净值人群最主要的资产配置类型之一，其平均占比在50%左右。随着融资信托压降，地产项目不断"爆雷"，高净值人群对产品安全性的要求更高，私行财富货架类固收产品供给严重不足。市场调研显示，当前私行财富货架主要缺少5%~8%的类固收产品，缺口普遍在十亿元甚至数十亿元的量级。

截至2021年第三季度末，公募FOF规模合计为1885亿元，增幅达126%，其中偏债混合型的低风险FOF增速较快，占比达到63%；管理规模破100亿元的管理人从2020年底的3家增至6家。此外，2021年私募FOF发行数量接近2020年的2倍，以平安信托代表的多家信托公司纷纷加快布局FOF业务，规模实现快速增长，且成效显著。

信托公司应利用FOF、固收+产品大爆发的契机，结合过去在非标方面的渠道与客群优势，定位私行非标替代产品，与券商/公募基金进行错位竞争。

六、银行现金理财整顿下的信托现金管理产品做大机会

2019年至2021年6月，银行现金理财余额从0爆发式增至7.8万亿元，随后进入整顿阶段。相较于公募属性的现金理财，信托现金管理属于私募资管产品，其在集中度、结构设计、杠杆率、久期与投资范围上更加灵活，可以有效弥补现金理财供给缺口。

从过往规律来看，美联储加息之前，央行货币政策以服务本国经济为主，其积极开展跨周期、逆周期调节；加息后，央行对降息非常谨慎，市场普遍预测美联储最晚或于2021年第三季度至第四季度开启加息。在"稳增长"的目标下，2022年上半年或将是国内货币政策的宽松窗口期，这将利好债券市场。信托公司可以充分利用现金理财整顿与货币政策宽松的双重窗口期，加快做大信托现金管理产品。

综上，信托行业的市场格局与盈利模式受到前所未有的冲击，信托公司应摒弃过往被动转型的模式，主动转型为"真资管、真股权、真服务"，在能力建设、风控文化、盈利模式等方面全力变革。

展望2022年，信托公司应聚焦三大方向。一是产业投资，紧跟国家政策

导向，聚焦专精特新、新基建、新能源等领域，布局高景气、高优势细分赛道；二是信托资管，利用产品灵活性与底层资产优势，坚定走公募基金与券商的差异化之路；三是服务信托，发挥信托牌照优势，寻找可规模化的商业场景。但上述目标对信托公司的人才梯队、运营能力、风控文化、管理机制等方面均提出较高的要求。随着信托行业变革和转型的深入，行业分化必然进一步加剧，资本实力雄厚、风控质量和盈利水平稳健、专业积累深厚的信托公司或将迎来新的发展机遇。